Z 33021

Dijon
1800-1803
Bacon, François
Œuvres

janvier   Tome 10

Z. 2410
E. — 10.

33016

ŒUVRES

DE

FRANÇOIS BACON,

CHANCELIER D'ANGLETERRE.

TOME DIXIÈME.

A PARIS,

CHEZ ANT. AUG. RENOUARD, LIBRAIRE,
RUE ANDRÉ-DES-ARCS, N°. 42.

OEUVRES

DE

FRANÇOIS BACON,

CHANCELIER D'ANGLETERRE,

TRADUITES PAR ANT. LASALLE;

Avec des notes critiques, historiques et littéraires.

TOME DIXIÈME.

A DIJON,

DE L'IMPRIMERIE DE L. N. FRANTIN.

AN 10 DE LA RÉPUBLIQUE FRANÇAISE.

HISTOIRE

DE

LA VIE ET DE LA MORT,

HISTOIRE DES VENTS,

ET LA NOUVELLE ATLANTIDE.

PLAN

DE CES DEUX HISTOIRES.

Dans chacune de ces histoires, après un court *préambule*, nous indiquons aussitôt les *lieux particuliers* et propres à la recherche (ou *les principaux points à considérer et à éclaircir*); ce qui, en dirigeant et facilitant la recherche actuelle, peut aussi en provoquer de nouvelles sur le même sujet. Car nous sommes *maîtres des questions et non des choses* (dont la parfaite connoissance peut seule nous mettre en état de résoudre ces questions et d'y faire des réponses satisfaisantes); ce que nous faisons toutefois, sans nous *astreindre,* avec trop d'exactitude et de rigueur, à l'*ordre* selon lequel ces *questions* ont été d'abord proposées; autrement cette *esquisse,* qui doit être un *secours* et une *facilité,* pourroit devenir un *obstacle.*

L'*histoire* et les *expériences* qui, dans un ouvrage de ce genre, doivent tenir le premier rang, occupent en effet la première place dans les deux suivans.

Lorsque, dans l'exposé de ces faits, il est nécessaire de donner l'*énumération* des choses décrites, en montrant leur *ordre* et leur *enchaînement,* nous les rédigeons sous la forme de *tables;* dans tout autre cas, nous les détachons les uns des autres, et les décrivons chacun à part.

Comme l'*histoire* et les *expériences* nous manquent trop souvent, sur-tout ces *expériences lumineuses et décisives,* ces *exemples de la croix,* à la lumière desquels l'entendement peut saisir les véritables *causes* des phénomènes, nous donnons des *mandats* ou des *indications d'expériences nouvelles*, et appropriées (autant du moins que nous le pouvons faire), au point à éclaircir, et à la question dont nous cherchons la solution. Ces *indications* sont une sorte d'*histoire désignée ;* car, au fond, que pourrions-nous faire de plus, nous qui frayons la route, et y faisons les premiers pas ?

Lorsque nous exposons quelque *expérience* un peu *délicate*, nous avons soin de décrire dans le plus grand détail le procédé que nous avons suivi en la faisant, soit pour prévenir les méprises où l'on pourroit tomber en la répétant, soit pour mettre les autres en état de découvrir nos propres erreurs, si nous en avons commis, soit enfin pour les exciter à chercher eux-mêmes des procédés plus exacts et plus précis.

A ces descriptions nous joignons toujours des *motifs de défiance et de circonspection*, des *avertissemens sur les trompeuses apparences des objets, et sur les erreurs sans nombre* auxquelles on est exposé dans les recherches et l'invention ; afin de chasser, autant qu'il est possible, et par une sorte d'*exorcisme*, tous les *phantômes* de l'esprit humain.

L'*histoire* et les *expériences* sont toujours suivies de *nos observations* sur les faits exposés; observations destinées à *préparer l'interprétation de la nature*, et à mettre du moins sur la voie.

Après ces observations particulières sur les faits décrits dans chaque article, nous hasardons quelques *explications générales*, quelques *ébauches d'interprétation* (ou d'*indications de causes*), mais avec beaucoup de réserve et de circonspection; notre dessein, dans ces premiers essais, n'étant pas de montrer *précisément qu'elles sont*, mais seulement *quelles peuvent être* ces *causes*, et nos indications sur ce sujet, se réduisant à de simples *probabilités*.

Ensuite nous établissons quelques *règles* ou *principes*, mais seulement *amovibles* ou *provisoires*, qu'on peut regarder aussi comme de simples *ébauches* en ce genre, et telles qu'elles ont pu se présenter à notre esprit; à nous, dis-je, qui cherchons encore ces principes, et n'avons garde de prononcer magistralement sur ce point; car, en supposant même que nous n'ayons pas tout-à-fait saisi les véritables, les nôtres peuvent toujours être de quelque utilité.

Ne perdant jamais de vue l'*utilité du genre humain* (quoique la lumière elle-même soit infiniment plus précieuse que tous ces objets, qu'elle nous met en état de découvrir et de distinguer); cependant nous avons soin, en finissant, de donner quelques *indications* et quelques *vues*, pour *solliciter* et *agacer*, en quelque manière, l'*attention* et la *mémoire* des hommes, relativement à la *pratique*, persuadés qu'ils ne sont que trop souvent assez aveugles et assez malheureux pour ne pas voir ce qui est à leurs pieds, si on n'a soin de le leur montrer.

En conséquence, dans le dernier article, nous proposons les *entreprises*, et en général les *choses jugées impossibles*, ou du moins celles *qui ne sont pas encore inventées*, et qui se rapportent aux différens points de notre recherche, en y joignant *celles d'entre les découvertes déjà faites, qui en approchent le plus*, et que, par cette raison, nous qualifions d'*approximations*. Ce que nous faisons dans la double vue d'*éveiller l'industrie humaine, en lui montrant ce qui reste à faire, et de l'encourager, en lui rappellant ce qui est déjà fait.*

On voit, par tout ce que nous venons de dire, que les histoires, du genre de celles qu'on va lire, peuvent non-seulement *tenir lieu de ce qui nous manque dans cette* TROISIÈME PARTIE, mais de plus, *préparer* suffisamment *soit à la quatrième*, par l'*alphabet* (*physique* (1)), et les *tables de lieux* qu'on y trouve,

---

(1) J'ai donné dans plusieurs notes une idée de cet alphabet; mais, comme ce morceau, quoique fort court, est très abstrus et très métaphysique, pour ne pas le mêler avec des ouvrages plus accessibles, je le renvoie au quinzième volume, où se trouvera la partie la *plus épineuse* de la collection.

soit à la sixième, par les *résumés d'observations*, les *ébauches d'applications*, et les *deux règles provisoires* que nous y donnons (1).

---

(1) Le savant Anglois, qui a dirigé l'édition in-4°. place les deux histoires suivantes dans la quatrième partie de la grande restauration ; mais on voit ici qu'il s'est mépris, et qu'il n'avoit pas bien saisi le plan de Bacon.

La seconde partie, où le *Novum Organum* est l'exposé de la grande méthode de notre auteur, dont nous n'avons que la partie *inductive* et *analytique*, qui est elle-même incomplette, la partie *synthétique* nous manquant absolument.

La troisième partie se subdivise en deux autres, dont la première est composée *d'histoires pures*, ou *un peu étendues par quelques explications fort courtes et détachées les unes des autres*; la seconde l'étant *d'histoires raisonnées*, telles que les deux suivantes, où l'on trouve des *résumés d'observations*, des *ébauches d'interprétation*, ou *d'indications de causes*, et des *ébauches d'applications*, ou *des règles provisoires*; par ces *ébauches d'interprétation*, il prépare *à la quatrième partie*; et par ces *ébauches de règles, à la sixième*, comme il le dit lui-même.

La quatrième partie de la restauration étoit destinée à appliquer la double méthode du *Novum Organum* à quelques sujets particuliers et d'élite ; ce devoient être, comme il le dit aussi, autant de *formes* ou de *moules* que ceux qui auroient adopté sa marche, auroient pu suivre dans leurs recherches et leurs exposés.

La cinquième devoit contenir des *ébauches de pratique*, déduites non par sa méthode, mais par la méthode ordinaire, par la simple *analogie d'un à un*, ou par ce qu'il appelle *la chasse de Pan*.

La sixième devoit être *la pratique même*, qualifiée par lui de *philosophie seconde*, et composée d'abord de *règles générales* déduites, par un simple *changement d'expressions*, des *principes généraux*, trouvés dans la quatrième partie par la *méthode inductive ou analytique*, qui, avec la *méthode synthétique*, étoit le sujet du *Novum Organum;* principes dont la collection est appellée *philosophie première :* puis de *règles particulières* déduites, par la *méthode synthétique*, de ces règles générales.

Tel étoit le plan qu'avoit embrassé son vaste génie : les quatrième, cinquième et sixième parties nous manquent totalement ; une grande portion de la troisième manque aussi ; toute la *portion synthétique* de la seconde manque également ; et sur les dix subdivisions de la partie *inductive* et *analytique*, nous n'en avons que deux.

HISTOIRE

De la vie et de la mort, ou de l'art de prolonger la vie humaine.

PRÉAMBULE.

L'*art est long* et *la vie est courte*, disoit Hippocrate, en tête d'un de ses plus beaux traités; cette plainte s'est fait entendre dans tous les temps; il semble donc que nous, qui tendons de toutes nos forces *à la perfection de tous les arts*, nous soyons obligés, pour être fidèles à notre plan, de nous occuper de celui qui a pour objet *la prolongation de la vie humaine*, en implorant la faveur du *grand Être qui est la double source de la vie et de la vérité.*

La vie humaine, il est vrai, n'étant qu'un tissu de maux et d'erreurs, prolonger sa vie n'est trop souvent que prolonger ses misères, en multipliant ses fautes; et aux yeux de tout mortel qui n'aspire qu'à l'éternité, quelques années de plus sont à peine un véritable gain. Cependant une plus longue vie étant aussi un moyen de pratiquer plus long-temps la vertu, un tel avantage, aux yeux mêmes d'un chrétien, n'est rien moins que méprisable. Enfin, il ne seroit pas difficile de prouver, par des exemples tirés de l'ancien et du nouveau testament, qu'une vie très longue ayant été accordée à de saints personnages, à titre de récompense, peut par conséquent être regardée comme le premier des biens. Mais comment parvenir à ce but? Cette seconde question n'est pas aussi facile à résoudre que la première; et elle l'est d'autant moins, que, pour l'éclaircir, il faut d'abord détruire les préventions produites par ces principes faux et ces règles trop vantées sur lesquelles on se fonde ordinairement; car toutes ces assertions du troupeau des médecins, *sur l'humide radical* et sur la *chaleur naturelle*, ne sont pas moins illusoires que séduisantes; et les éloges excessifs donnés aux *préservatifs ou médi-*

camens chymiques, commencent par bercer de chymériques espérances ceux auxquels ils en imposent, et finissent par tromper leur attente.

Or, l'objet propre de cette recherche n'est pas ce genre de mort qui est occasionné par la *suffocation*, la *putréfaction*, ou les différentes espèces de maladies, sujet qui appartient à l'*histoire médicinale*, mais seulement celui qui a pour cause cette décomposition graduelle, cette *atrophie*, ou ce desséchement qui est le lent effet de la vieillesse. Cependant la mort proprement dite, je veux parler de ce qui se passe à l'instant précis où la vie s'éteint totalement, et qui peut être produit par tant de causes différentes, tant extérieures qu'intérieures (*causes* qui, malgré leur *extrême diversité*, ne laissent pas d'avoir *quelque chose de commun*, et de conduire à la mort par des routes assez semblables); ce sujet, dis-je, nous paroît avoir quelque relation avec celui que nous allons traiter, mais nous le réserverons pour la fin.

Tout ce qui peut, *en se réparant par degrés*, subsister dans sa première intégrité, peut, par cela seul, être *éternel comme le feu des vestales*. En conséquence, les médecins et les philosophes, voyant que les *corps animés* pouvoient réparer, par voie d'*alimentation*, leurs pertes continuelles, et en quelque manière *se refaire* par cette voie ; que néanmoins ils ne possédoient cette faculté que durant un certain temps, et que, vieillissant peu à peu, ils finissoient par mourir, ne trouvèrent d'autre moyen pour rendre raison de cette mort inévitable, que de supposer, dans le corps animal, je ne sais quel *humor radical primitif* et *inné*, qui n'étoit pas susceptible d'une réparation totale et proprement dite, mais qui se réparoit seulement en partie par une sorte d'*apposition incomplette*, même dès l'enfance ; opération qui devenoit de plus en plus imparfaite, par le simple effet de l'âge, et qui, à force de décroître, finissoit par se réduire à rien ; toutes idées superficielles, et qui prouvent assez qu'ils avoient fort mal approfondi ce sujet ; car le *corps* de l'*animal,* durant l'*adolescence* et la *jeunesse,* se répare complettement et dans toutes ses parties. Nous devons dire même que la *quantité* de matière de ces parties va en augmentant , et leur *qualité,* en s'*améliorant* de plus en plus, pendant un certain temps ; ensorte que , par rapport à la *matière,* la *réparation* pourroit être *éternelle,* si le *mode* de cette réparation étoit toujours le même ; mais la vérité est qu'elle devient de plus en plus défectueuse ; dès l'âge où le corps commence à s'affoiblir, cette réparation n'est rien moins qu'uniforme , certaines parties réparant assez bien leurs pertes, tandis que d'autres ne réparent les leurs que difficilement et incomplettement ; déchet qui va toujours en augmentant ; ensorte que , dès cette époque, le corps humain commence à subir une espèce de *supplice semblable à celui de Mézence, les parties vivantes mourant par leurs embrassemens avec les parties mortes ;* je veux dire que les parties les plus réparables s'*affoiblissent* d'abord, et *périssent enfin*, parce qu'elles sont unies et entrelacées avec les parties moins réparables. Car, même dans le déclin de la vie, les esprits, le sang, la chair, la graisse, réparent aisément leurs pertes, au lieu que les parties plus sèches ou plus poreuses, telles que les membranes, ou toutes les tuniques, les nerfs, les artères, les veines, les os, les cartilages, et même la plupart des viscères; enfin, presque toutes les parties organiques, se réparent plus difficilement et toujours avec quelque déchet. Or, ces parties mêmes dont nous venons de parler, et qui doivent concourir par leur action à la réparation des parties qui, de leur nature, sont réparables, perdant peu à peu leur force et leur activité, deviennent ainsi de moins en moins capables d'exercer les fonctions qui leur sont propres. D'où il arrive qu'en très peu de temps toutes les parties de l'édifice se dégradent assez rapidement (même les parties qui ont naturellement la faculté de réparer leurs pertes), parce que les organes ou instrumens de réparation s'affoiblissant par degrés, elles ne peuvent plus elles-mêmes se réparer aisément ou complettement, mais diminuent et s'affoiblissent peu à peu, jusqu'à l'époque où elles sont entièrement détruites (1). Or, si la

---

(1) Cet exposé nous met en état de déterminer avec précision le problème que l'auteur résout dans cet ouvrage : y a-t-il, dans le corps humain, des parties moins réparables que les autres ? Quel est l'âge, et quelles sont, à chaque âge, les circonstances où le corps humain, pris en totalité, répare le mieux ses pertes ? et quelles sont aussi celles où il les répare le moins ? Qu'y a-t-il de commun entre les circonstances de chacune de ces deux espèces opposées ? Quelle est la différence caractéristique entre la jeunesse et la vieillesse ? Quelles sont les causes qui agissent dans toutes les circonstances (y compris l'âge) où ces parties sont plus réparables ? Qu'y a-t-il de commun entre ces causes ? Cette cause générale, ou quelques-unes de ses espèces sont-elles en notre disposition ? Tout considéré, il paroît que l'inaptitude de certaines parties, ou de la totalité du corps, à la réparation, ou, ce qui est la même chose, la cause de la vieillesse et de cette mort graduelle dont il s'agit de

vie du corps humain est ordinairement astreinte à une période limitée et assez courte, c'est parce que l'action de l'esprit (semblable à une flamme douce), qui en consume sans cesse la substance; cette action, dis-je, combinée avec celle de l'air extérieur, qui dessèche aussi cette substance, en en suçant et en pompant, pour ainsi dire, l'*humor*, finit par détruire tout cet appareil d'organes, d'instrumens, de machines dont le corps n'est que l'assemblage, et le rend ainsi inhabile aux fonctions réparatoires. Telles sont les *voies réelles, les véritables causes de la mort naturelle*, et celles qui doivent fixer toute notre attention. Car, enfin, comment un

---

reculer le terme, est l'*imperméabilité*, et que la vieillesse est une sorte de *raccornissement* universel; et, s'il est permis de risquer ce mot, une sorte de *terrification*; les molécules de notre corps se rapprochant peu à peu, et toutes étant comprimées ou comme forgées, par la double action de l'air extérieur, ou des autres corps qui agissent extérieurement, et par la réaction du principe vital qui agit du centre à la circonférence.

mortel à qui les voies de la nature seroient inconnues, pourroit-il prévenir son action, ralentir sa marche, et quelquefois même la faire rétrograder?

Ainsi, la recherche actuelle a deux objets principaux; l'un est la *consomption* du corps humain, ou l'*action déprédatrice* exercée sur sa substance; l'autre est sa *réparation* ou *réfection ;* deux effets que nous envisagerons en vue d'*empêcher l'un*, autant du moins qu'il sera possible, et de *renforcer l'autre*. Or, le premier de ces deux effets doit être attribué et rapporté principalement à l'*action combinée de l'esprit et de l'air extérieur;* les *deux agens* qui exercent ces *déprédations* dont nous parlons. Le second se rapporte à tout l'*appareil d'instrumens* et de *mouvemens* nécessaires pour l'*alimentation;* d'où résulte la réparation. La première partie de cette double recherche, je veux dire celle qui a pour objet la *consomption*, est, à bien des égards, commune aux corps animés et aux corps inanimés. Car tous ces effets, que l'*esprit inné* qui réside dans tous les corps tangibles, soit morts, soit vivans, et l'air ambiant, produisent sur les corps inanimés, ils les produisent ou tendent à les produire aussi sur les corps animés ; avec cette différence toutefois que l'effet de cette double action est tantôt détruit ou affoibli ; tantôt augmenté et renforcé par celle de l'*esprit vital* qui se trouve de plus dans les derniers ; l'expérience et l'observation prouvant assez qu'il est une infinité de corps inanimés qui, sans aucune espèce de réparation, ne laissent pas d'être d'une fort longue durée : au lieu que, sans l'alimentation et la réparation qui en est l'effet, les corps animés dépérissent et s'éteignent aussi-tôt, à peu près comme le feu. Ainsi, la recherche dont nous sommes occupés a deux parties ; car on peut envisager le *corps humain* d'abord comme *inanimé* et *non alimenté*, puis comme *animé* et *alimenté*. Après ces observations préliminaires, passons aux différens *points de considération* qu'embrasse cette recherche.

Points de considération, ou articles de la recherche qui a pour objet la vie et la mort.

I.

1. Première recherche sur la nature de la *durabilité* et de la *non-durabilité* (1),

---

(1) Ceux d'entre nos lecteurs qui seront choqués de ce terme nouveau, pourront y substituer cette expression : *sur la nature de la substance durable ou non-durable, prise en général :* le véritable objet de cette recherche est *la faculté de durer,* ou le *défaut de cette faculté ;* et elle peut être énoncée de cette manière : *chercher le mode commun de tous les corps de longue durée, et le mode commun de tous les corps de courte durée,* en tirant ses exemples des trois règnes. Si le second mode est diamétralement opposé au premier, celui-ci sera la *forme ou cause essentielle de la faculté de durer, ou de la durabilité,* et le résultat aura toute la certitude possible. Au reste, nos lecteurs observeront d'eux-mêmes qu'en faisant cette traduction, comme en faisant toute autre chose, je marche perpétuellement entre deux inconvéniens, et que je ne puis éviter l'un sans tomber dans l'autre. Si je traduis mot pour mot, en

envisagée soit dans les corps inanimés, soit dans les végétaux; recherche qui ne doit être ni trop détaillée, ni trop méthodique, mais faite d'une manière serrée, sommaire, et comme en passant.

2. Autre recherche sur la *dessiccation*, la dissolution insensible, et la consomption des corps inanimés et des végétaux, ainsi que sur les modes et les causes de ces effets; recherche qui doit aussi avoir pour objet les causes qui peuvent empêcher ou retarder la *dessiccation*, la

---

imitant servilement la *précision de l'auteur*, comme la langue me refuse quelquefois dix ou douze mots par page, je couvre tout ce livre de barbarismes; et si je veux parler purement, je suis obligé à chaque instant d'user de circonlocutions, et je tombe dans une prolixité fastidieuse : quel parti prendre ? celui qu'on doit prendre dans tous les cas semblables, tenir à peu près le milieu, en donnant un peu plus dans le moindre inconvénient, pour éviter plus souvent le pire, et en sacrifiant presque toujours la petite règle à la grande, dans l'impossibilité où l'on est de les observer toutes deux. Or, la pureté du langage chez une nation continuellement dirigée par l'autre sexe, et d'un

dissolution, la *consomption* des corps, et tout ce qui peut les maintenir dans une parfaite intégrité; enfin, tous les moyens d'*assouplir*, d'*amollir*, et de *faire*, en quelque manière, *reverdir* les corps, lorsqu'ils commencent à se *dessécher*.

Cette dernière recherche ne doit pas non plus être *trop détaillée* ni *trop exacte*, ces points de considération appartenant proprement à la précédente. Ils ne sont qu'*accessoires* dans celle-ci, et n'y peuvent servir qu'à donner quelques lumières

---

goût excessivement délicat, est plus nécessaire que la précision du style. Ainsi nous risquerons quelques termes nouveaux qui, hors de cet ouvrage, ne reparoîtront jamais. Pour secourir efficacement une langue dans sa dédaigneuse misère, comme pour faire accepter des secours à un indigent orgueilleux, il faut feindre de lui prêter ce qu'on veut lui donner, et paroître lui refuser les termes dont elle a le plus besoin, afin qu'elle s'en empare. Dans les notes et le commentaire, notre règle constante sera de fuir avec soin toute innovation par rapport aux mots, et de choisir nos expressions dans la partie la plus noble de la langue commune.

relativement à la *prolongation* et à la *restauration de la vie*, dans les animaux, où l'on observe des phénomènes fort analogues (comme nous l'avons déja dit), un peu différenciés toutefois par l'*esprit* qui les *anime*. De cette recherche sur les *corps inanimés* et sur les *végétaux*, nous passerons à celle qui a pour objet les *animaux*, l'*homme* excepté.

3. Troisième recherche, ayant pour objet la *longue ou la courte durée de la vie des animaux*, ainsi que les *causes, conditions* ou *circonstances* qui peuvent contribuer à l'une ou à l'autre.

Or, comme on peut distinguer *deux sortes de durée*, savoir : celle des corps qui se conservent dans leur *identité absolue*, et celle des corps qui *subsistent par voie de réparation*; la première n'ayant lieu que dans les *corps inanimés*; et la dernière, qui a lieu dans les *animaux* et les *végétaux*, étant le produit de l'*alimentation*, on tournera en conséquence ses recherches vers l'*alimentation* et son *méchanisme*; en un mot, vers son *mode, commun et constant;* tous points qui ne doivent pas non plus être trop approfondis dans cet article, vu qu'ils appartiennent proprement à ceux où l'on traite de *l'assimilation* et de *l'alimentation*, mais qui ne doivent être ici que légèrement touchés, ainsi que les précédens.

De la recherche sur les *animaux*, et en général sur tous les corps susceptibles *d'alimentation*, on passera à celle qui envisage l'*homme* même ; et comme c'est notre *principal sujet*, l'*analyse* doit y être *plus détaillée, plus précise, plus sévère* dans tous ses points, et aussi *complette* qu'il est possible.

4. Quatrième recherche *sur la longue ou courte durée de la vie des hommes,* considérés dans les *différens âges du monde,* dans les *différentes régions,* sous les *différens climats,* dans les *différens lieux* de leur *naissance* et de leur *domicile.*

5. Cinquième recherche, ayant pour objet la longue ou courte durée de la

vie des hommes des *différentes nations, hordes, races, familles*, etc. (où elle peut être, en quelque manière, regardée comme *héréditaire*); à quoi il faut joindre les relations de cette durée aux différentes *complexions, constitutions, habitudes de corps, statures*, etc. *durée* qui doit aussi être envisagée relativement au *mode*, à la *mesure* et au *temps* de l'*accroissement* de la *taille*, sur-tout en *hauteur*; enfin, par rapport à la *structure* et à la *conformation* du corps.

6. Sixième recherche sur la longue ou courte durée de la vie des hommes, envisagée par rapport au *temps de la naissance;* recherche où il faut toutefois laisser de côté les *observations astrologiques*, comme celles des *signes*, des *constellations*, etc. en se bornant aux observations les plus communes en ce genre, s'il s'en trouve de telles, et aux faits les mieux constatés; par exemple, à ce qui concerne la *naissance au terme de sept, de huit, de neuf ou de dix mois;* durant la *nuit* ou durant le

jour; dans telle *saison,* dans tel *mois de l'année.*

7. Septième recherche, ayant pour objet la durée de la vie des hommes, envisagée comme dépendante de leurs *alimens,* de *leur régime,* de leurs *exercices,* et d'autres causes semblables; car, pour ce qui concerne *les qualités de l'air* dans lequel ils vivent, c'est un point qui se rapporte proprement à celles des articles précédens, où il est question du *lieu* de leur *domicile.*

8. Huitième recherche, ayant pour objet la longue ou courte durée de la vie des hommes, envisagée comme étant l'effet de leurs *occupations habituelles,* de leur *genre de vie,* de leurs *affections* ou *passions,* et d'autres *causes accidentelles* de cette nature.

9. Neuvième recherche, ayant pour objet spécial les *médicamens* ou *préservatifs,* auxquels on attribue ordinairement la *propriété* de *prolonger la vie.*

10. Dixième recherche, qui a pour objet les *signes* ou *pronostics* qu'on peut

former sur la longue ou courte *durée de la vie* des individus; non pas ceux *qui annoncent une mort prochaine* (sujet qui appartient proprement à *l'histoire médicinale*); mais ceux qui se manifestent, et qui peuvent être observés, même *dans l'état de santé*, soit qu'ils fassent partie des *signes physionomiques* proprement dits, ou qu'ils se rapportent à toute autre classe.

Jusqu'ici cette recherche sur la longue ou courte durée de la vie humaine, est, en quelque manière, *confuse* et *sans méthode, sans art*; il est donc nécessaire d'y joindre une recherche *plus méthodique, tendant plus directement à la pratique,* et procédant *par indications de buts particuliers, de fins spéciales.* Ces *indications,* prises en général, sont de *trois espèces.* Nous entrerons dans de plus grands détails sur ce sujet, et nous donnerons les subdivisions de ces trois genres, lorsque nous nous occuperons de la recherche même, après en avoir dénombré les différens points. Ces trois vues générales sont, 1º. d'*empêcher la consomption;* 2º. de *perfectionner le mode de la réparation;* 3º. de *renouveller et de rajeunir ce qui a vieilli.*

11. Première (1) recherche, relative

---

(1) Nos lecteurs observeront que je *nombre* et *compte* ces *recherches*, quoique l'auteur ne le fasse pas, quelques-uns de ses numéros répondant à de simples distributions; et ce n'est pas au hazard que je le fais : le but principal de la collection de Bacon est d'*apprendre* aux hommes à *penser*, et sur-tout à *inventer* et à *vivre méthodiquement*. Or, on ne peut *connoître un tout* qu'autant que l'on *connoît toutes ses parties* et leurs *rapports*, soit *entre elles*, soit *avec la fin de ce tout*. On ne peut *connoître toutes ses parties* qu'après les avoir examinées successivement et *considérées une à une*. Or, après les avoir *comptées*, on est plus disposé à les considérer ainsi. Ce n'est ordinairement qu'après avoir *conçu les choses comme distinctes*, et les avoir détachées les unes des autres par la pensée, qu'on prend la peine de les *nombrer;* et réciproquement, lorsque, commençant à les *distinguer*, on *prend d'abord la peine de les nombrer*, cette *numération* même nous avertissant qu'elles doivent être *distinguées*, nous ra-

aux moyens de *préserver le corps humain* de l'action des causes tendantes à le *dessécher* et à *consumer* sa substance, ou du moins relative à ceux qui peuvent *ralentir le progrès de ces causes*, et diminuer toute disposition de cette nature.

12. Seconde recherche, ayant pour objet *tout le procédé* et le *progrès caché de l'alimentation* (d'où résulte la *réparation du corps humain*); en vue de la rendre aussi parfaite qu'il est possible, et sans aucun déchet.

13. Troisième recherche, sur les moyens d'*évacuer tout ce qui a vieilli*, et d'y *substituer une substance toute nouvelle;* recherche qui envisage également les moyens d'*amollir* et d'*humecter* toutes les parties *desséchées* et *durcies*.

---

lentissons le *mouvement* de notre *esprit* pour les *considérer une à une; considération successive* qui nous met en état de les *concevoir encore plus distinctement*. La *numération* est la *clef de l'analyse* qui est la *clef de la vraie philosophie*. C'étoit aussi la principale clef de *Socrate*, comme nous le ferons voir en analysant les dialogues de Platon.

Or, comme il est difficile de bien connoître les *routes* qui *conduisent* à la *mort*, sans avoir au préalable bien scruté, bien examiné et bien reconnu le *siége*, le *domicile*, ou plutôt l'*antre même de la mort*, on doit encore faire une recherche expresse sur ce sujet, non pas toutefois *sur tous les genres de mort indistinctement*, mais seulement sur ceux qui sont l'effet de la simple *privation*, d'une *simple défaillance* (ou d'un *déficit*); en laissant de côté toutes les *morts violentes*, celles de la première espèce étant les seules qui se rapportent à l'*atrophie de la vieillesse*, à cette *consomption lente et graduelle* qui est le simple effet de l'*âge* et du *temps*.

14. Cinquième recherche sur l'*article* (sur l'instant même) ou les *préliminaires de la mort*, et sur toutes les *routes* qui y *conduisent* : (bien entendu qu'il ne s'agit ici que de celles qui sont l'effet d'une *simple défaillance*, et non déterminées par des *causes violentes*).

Enfin, comme il est nécessaire de connoître le *caractère distinctif* et la *forme ou cause essentielle* de la *vieillesse,* but auquel on parviendra, si l'on saisit avec précision les *différences existantes entre la jeunesse et la vieillesse,* par rapport à toutes les fonctions, et en général à l'état et à l'habitude du corps, cette différence étant comme le tronc d'où part cette vaste ramification d'effets, qui est notre objet actuel, il ne faut pas non plus négliger cette recherche.

N'épargnez aucun soin ni aucune expérience, pour connoître les *différences caractéristiques de ces deux âges, par rapport à l'état total du corps et aux facultés de toute espèce;* recherche qui doit aussi avoir pour but de savoir s'il n'est pas quelque faculté humaine qui subsiste dans la vieillesse même et sans aucun déchet (1).

---

(1) Je n'ai pas besoin de dire, et le lecteur sent assez par lui-même que ce plan est un chef-d'œuvre; mais n'est-il pas un peu trop vaste et trop magnifique? Quelles sont les différences caractéristi-

NATURE DE LA DURABILITÉ.

HISTOIRE

Qui se rapporte à la question de l'article premier.

1. Les *métaux* sont de si *longue durée*, qu'on n'a jamais pu déterminer, par

---

ques entre la jeunesse et la vieillesse ? Quelles sont les causes de ces différences ? Ces causes sont-elles en notre disposition ; sommes-nous maîtres de provoquer, d'empêcher, d'accélérer, de ralentir, de renforcer, d'affoiblir leur action ? Quelle est la meilleure manière d'employer les moyens répondant à ces causes ? Si ces quatre questions étoient résolues, tout seroit fait ; car, pour me mettre en état de prolonger ma jeunesse, je n'ai pas besoin de connoître les causes de la longue ou courte durée de la coque d'un œuf. Mais le lecteur ne doit jamais oublier que le sujet propre de cet ouvrage *n'est point l'art de prolonger la vie humaine, mais l'art de composer des histoires raisonnées et destinées à faciliter l'interprétation de la nature,* ou la *découverte des causes;* que cet ouvrage n'est qu'un simple *exemple*, faisant *partie de la troisième des six grandes divisions* de cette *vaste logique* que notre auteur appelloit *la grande restau-*

l'observation, la mesure de cette durée ; quand ils se dissolvent (spontanément), cette *dissolution* qui n'est que superficielle, est le simple effet de cette *rouille* que le temps leur fait contracter, et non celui d'une *perspiration*, deux causes qui n'ont aucune prise sur l'*or*.

2. Quoique le *mercure* soit *fluide* et susceptible d'être aisément *volatilisé* par l'action du *feu*, néanmoins nous ne connoissons aucun fait qui prouve que ce métal soit sujet à être consumé par le laps de temps, sans le secours du feu, et à contracter la rouille.

3. Les *pierres*, sur-tout les *plus dures*, et une infinité d'autres *fossiles*, sont aussi de très longue durée, même lors-

---

ration des sciences. Ainsi, quand cet ouvrage ne contiendroit pas une seule vérité positive, l'objet n'en seroit pas moins rempli ; puisque son véritable *objet* n'est pas *la découverte même de la vérité*, mais seulement *la méthode qu'on doit suivre pour la découvrir* ; et telle partie de ce plan qui, dans cette recherche, peut passer pour superflue, seroit absolument nécessaire dans une autre.

qu'ils demeurent exposés à l'air, à plus forte raison lorsqu'ils sont renfermés dans le sein de la terre. Cependant on voit des *pierres* à la *surface* desquelles se forme une sorte de *nitre*, qui est comme leur *rouille*. Les *pierres précieuses* et les *crystaux* l'emportent sur les métaux mêmes par la durée, en observant toutefois que les corps de la première classe perdent, à force de temps, un peu de leur brillant et de leur éclat.

4. On s'est assuré, par l'observation, que *les pierres exposées au nord se corrodent* et se *dégradent plus vîte* que celles qui sont *exposées au midi*. C'est ce qu'on observe sur-tout dans les *pyramides*, les *obélisques*, les *temples* et autres grands édifices. Au contraire, le *fer*, exposé au *midi*, se *rouille plus vîte*, comme on en peut juger par les barreaux, ou les grillages qu'on met souvent aux fenêtres (1); ce qui est d'au-

---

(1) Dans les collèges, les couvens et autres prisons.

tant moins étonnant que, dans la *putréfaction* (genre de *décomposition* auquel la *rouille* doit être rapportée), l'humidité accélère la dissolution ; au lieu qu'une dissolution sèche est accélérée par la sécheresse même.

5. Quant aux *végétaux* (nous ne parlons ici que de ceux qui sont hors de terre), les *souches* et les *troncs* des arbres les plus durs, ou le bois et les matériaux qu'on en tire peuvent durer plusieurs siècles. Mais on observe quelque inégalité, à cet égard, entre les différentes parties du tronc ; par exemple, dans certains arbres ou arbrisseaux creux, tels que le *sureau* (ou le *bambou*), le milieu est occupé par une moëlle ou pulpe très molle, et les parties extérieures sont beaucoup plus dures ; mais, dans les arbres solides et pleins, tels que le *chêne*, l'intérieur (ce qu'on appelle *le cœur de l'arbre*) est ce qui dure le plus (1).

---

(1) Il paroît que ces deux mots *dur* et *durée* n'ont qu'une seule et même origine ; c'est l'*effet* et sa *cause*.

6. Les *feuilles* et les *fleurs* des plantes, ainsi que leurs *tiges*, sont de très courte durée. Elles se décomposent peu à peu et se résolvent en poussière, à moins qu'elles ne se putréfient; les *racines* durent davantage.

7. Les os des *animaux* sont de très longue durée, comme on le voit dans les *charniers* et les *reliquaires*. Il en est de même des *cornes* et des *dents;* on en voit des exemples dans l'*ivoire* et dans les *dents de cheval marin.*

8. Les *peaux* et le *cuir* sont aussi de très longue durée, comme le prouve celle du *parchemin* des anciens manuscrits: le *papier* peut aussi durer plusieurs siècles; mais il le cede, à cet égard, au *parchemin.*

9. Les *corps,* qui ont été *exposés à l'action du feu,* tels que le *verre* et la *brique,* durent beaucoup. Les *viandes,* les *fruits,* et en général les substances cuites, se conservent plus long-temps que les *substances crues;* et ce n'est pas seulement parce que cette coction les pré-

serve de la *putréfaction*, c'est encore parce qu'après l'*émission de l'humor aqueux*, *l'humor huileux*, qui reste, *se conserve mieux*.

10. *L'eau* est, de tous les liquides (1), celui que l'*air* absorbe le plus vîte ; l'*huile*, au contraire, ne s'évapore que très lentement, comme on l'observe non-seulement dans ces liquides isolés, mais même dans les matières (les composés), dont ils font partie : par exemple, du *papier* imbibé d'*eau*, et qui acquiert, par ce moyen, un foible degré de transparence, redevient presque aussi-tôt blanc et opaque, l'*humor aqueux* s'exhalant promptement sous la forme de vapeur. Au contraire, le *papier huilé* conserve long-temps sa transparence, l'*huile* dont il est imbibé ne s'exhalant point, ou presque point. Aussi voit-on que les *faussaires* ont soin de

---

(1) De tous les liquides naturels, veut-il dire ; car certains liquides artificiels, tels que l'*éther*, s'évaporent au moins mille fois plus vîte.

mettre sur la signature qu'ils veulent contrefaire, un papier huilé, et viennent ainsi à bout de la calquer fort exactement.

11. Toutes les *gommes* sont de fort longue durée; il en est de même du *miel* et de la *cire*.

12. Mais le plus ou le moins de *constance* ou d'*instabilité* des causes qui agissent sur les corps, ne contribue pas moins que la nature même de leur substance, ou de celles qui agissent sur eux, à leur conservation ou à leur dissolution. Par exemple, les *bois* et les *pierres* sont, toutes choses égales, de plus longue durée, lorsqu'ils demeurent perpétuellement plongés dans l'eau ou dans l'air, que lorsqu'ils sont tantôt mouillés ou simplement humectés, et tantôt exposés à l'air sec. Enfin les pierres employées dans les édifices durent davantage, lorsqu'on a soin de les poser de manière que leurs différentes faces soient tournées vers les mêmes points du monde qu'elles regardoient dans la carrière : observa-

tion qui s'applique aux végétaux transplantés.

OBSERVATIONS GÉNÉRALES.

1. Prenons pour première base une proposition qu'on peut regarder comme un principe certain ; savoir : *Que, dans tout corps tangible, réside un esprit ou une substance pneumatique, couverte, enveloppée et comme revêtue des parties tangibles; que cet esprit est la première cause de toute dissolution et de toute consomption; qu'en conséquence, le vrai préservatif contre ces deux inconvéniens est la détention de l'esprit.*

2. L'esprit peut être *détenu* (retenu dans l'intérieur) par deux espèces de causes; savoir, ou par une *forte compression,* je veux dire, par toute cause qui le resserre dans les limites d'un corps comme dans une prison, ou par une sorte de *détention spontanée.* Cette dernière peut avoir lieu aussi dans deux espèces de cas; savoir, lorsque l'*esprit* a *peu d'activité* et de *force pénétrante,*

ou lorsque l'*air ambiant le sollicite moins*
à se porter au dehors, et *à s'exhaler.*
Ainsi, il est *deux espèces de corps durables*; savoir, les *substances dures* et
les *substances huileuses* (oléagineuses).
L'effet propre de la dureté est de resserrer
et de contenir l'esprit ; celui des substances oléagineuses est, en partie, de le rendre moins irritable et de calmer ses mouvemens ; en partie, d'empêcher que l'air
ne le sollicite à l'émission ; car l'air est
consubstantiel (analogue) à l'eau, et
la flamme l'est à l'huile. Nous terminerons ici notre recherche sur la nature de
la *durabilité* et de la *non-durabilité*, envisagées dans *les corps inanimés.*

HISTOIRE.

13. Les *plantes herbacées*, de nature
froide, sont de courte durée et meurent
au bout d'une année, tant la racine que
la tige ; de ce genre sont la laitue, le
pourpier, même le froment et toute espèce de bled. Il est, toutefois, dans cette classe même, quelques plantes qui vi-

vent trois ou quatre ans, telles que la *violette*, le *fraisier*, la *pimprenelle*, la *prime-vère*, l'*oseille*, *etc*. (1); mais la *bourrache* et la *buglosse*, deux plantes si semblables tant qu'elles végétent, ne différent cependant pas peu par rapport à la durée, la *bourrache* étant annuelle, et la *buglosse*, plus vivace.

14. Mais, parmi les *plantes herbacées*, ou *les arbustes*, *de nature chaude*, il en est beaucoup qui subsistent pendant un assez grand nombre d'années. On peut ranger dans cette classe l'*hyssope*, le *thym*, la *sauge*, la *sariette*, certaine espèce de *marjolaine*, la *mélisse*, l'*absynthe*, la *germandrée*, etc. Le *fenouil*, dont la tige meurt promptement, se reproduit par ses racines; quant au *basilic* et à la *marjolaine odoriférante*, ces plantes végéteroient assez long-temps si elles n'avoient point à supporter l'hiver; aussi voit-on que, plantées ou semées dans un lieu bien couvert et un peu

---

(1) Il les qualifie d'*herbes*.

chaud, elles sont plus vivaces. On s'est assuré par l'expérience, qu'une bordure d'*hyssope* (du genre de celles auxquelles on donne différentes figures, et qui servent d'ornement dans les jardins), pour peu qu'on ait soin de la tailler deux fois par an, peut durer jusqu'à quarante ans.

15. Les *arbustes, arbrisseaux,* ou *arbres de petite taille,* vivent jusqu'à soixante ans, quelques-uns même deux fois plus.

La *vigne* peut aussi vivre soixante ans, et, quoique vieille, elle ne laisse pas de rapporter. Le *romarin,* placé dans un lieu convenable, parvient aussi à la soixantieme année; mais l'*acanthe* et le *lierre* parviennent quelquefois à la centième année. Il n'est pas aussi facile de déterminer la durée du *buisson épineux* (de la *ronce*); parce que ses scions, s'inclinant vers la terre, y reprennent et poussent de nouvelles racines, ce qui fait qu'on ne peut démêler les jeunes d'avec les vieux.

16. Parmi les arbres de haute taille, les plus vivaces sont le *chêne*, l'*yeuse*, le *frêne* sauvage, l'*orme*, le *hêtre*, le *châtaignier*, le *plane* (ou *platane*), le *figuier ruminal*, le *lotos*, l'*olivier*, sauvage ou cultivé, le *palmier*, le *mûrier*, etc. Quelques arbres de cette classe vivant jusqu'à huit cents ans, et même les moins vivaces parvenant à la deux-centième année.

17. Mais les *arbres résineux* et qui exhalent une odeur forte, tels que le *cyprès*, le *sapin*, le *pin*, le *buis* et le *genièvre*, sont, quant à leur bois, et à la matière qu'on en tire, de plus longue durée que ceux dont nous parlions au commencement du n°. précédent, mais un peu moins vivaces, quant à leur végétation; cependant le cèdre vit presque autant que ceux dont nous parlions à la fin du même n°. à quoi peut contribuer sa haute taille et son grand volume.

18. Le *frêne*, espèce d'arbre dont la pousse est prompte et vigoureuse, peut vivre cent ans et plus; âge auquel par-

viennent aussi quelquefois la *férule*, l'*érable*, le *cormier*; mais le *peuplier*, le *tilleul*, le *saule*, le *sycomore* et le *noyer*, sont moins vivaces.

19. Le *pommier*, le *poirier*, le *prunier*, le *grenadier*, le *citronnier*, le *néflier*, le *cornouiller* et le *cerisier*, peuvent parvenir jusqu'à la cinquantième ou la soixantième année, sur-tout lorsqu'on a soin de les débarrasser de cette mousse dont quelques-uns se trouvent revêtus.

20. Généralement parlant, et toutes choses égales d'ailleurs, le *volume total* des arbres et des autres végétaux a quelque relation et quelque proportion avec leur *durée, les plus grands* étant ordinairement *les plus vivaces; durée* qui est aussi assez communément proportionnelle à leur *solidité* et à la *consistance* de leur matière. De plus, les arbres qui portent des *glands* ou des *noix*, vivent ordinairement plus que ceux qui portent des *fruits* ou des *baies*. De même les arbres *tardifs*, soit quant à leurs

fruits, soit relativement à la pousse et à la chûte de leurs feuilles, sont *de plus longue durée* que les arbres *précoces*, sous l'un ou l'autre de ces trois rapports. Enfin les arbres *sauvages* végètent plus long-temps que les arbres *cultivés;* et ceux qui portent des *fruits acides*, sont *plus vivaces* que ceux qui donnent des *fruits doux.*

OBSERVATIONS GÉNÉRALES.

1. Il est, par rapport à l'*alimentation* et à la *rénovation*, une différence sensible entre les *plantes* et les *animaux;* différence qu'*Aristote* a judicieusement observée ; savoir, que le corps des animaux est circonscrit dans certaines limites, a des dimensions déterminées ; et que, passé cette époque, où il a acquis tout le volume propre à son espèce, les alimens peuvent bien le *conserver* et le *continuer;* mais que dès-lors il ne reçoit plus aucun *accroissement* très sensible (du moins en *hauteur*), et n'acquiert plus aucune partie nouvelle, si l'on en excepte

les *cheveux* et les *ongles* qu'on peut regarder comme des *excrémens;* d'où il s'ensuit nécessairement que les *sucs des animaux vieillissent plutôt;* au lieu que les *arbres,* qui poussent périodiquement de nouvelles branches, de nouveaux scions, de nouvelles feuilles, de nouveaux fruits, ont toujours un certain nombre de parties nouvelles, savoir celles mêmes dont nous venons de parler; et, comme toute substance, encore *verte, neuve, adolescente,* attire les sucs alimentaires avec plus de force et d'activité que celle qui a déja commencé à se dessécher, une conséquence nécessaire de ce renouvellement, est que le tronc même, par lequel ces sucs alimentaires sont obligés de passer pour se porter dans les branches, s'en appropriant une partie, reçoit ainsi une nourriture plus abondante et plus active; ce qui le ranime et le fortifie : conséquence d'autant plus évidente, qu'elle est confirmée, d'une manière très sensible, par une autre observation (que n'a pas faite *Aristote,* qui n'a pas non plus expliqué le premier fait aussi clairement que nous venons de le faire); je veux dire que, dans les *haies,* les *taillis* et les arbres élagués, cette attention de retrancher ou d'accourcir quelques branches, ou quelques scions, en fortifie le tronc ou la tige, et rend l'un ou l'autre plus vivace.

Dessiccation ; causes qui la préviennent ou la retardent; amollissement des parties desséchées.

HISTOIRE

Répondant à la question de l'article 2.

1. Le *feu,* ou une *chaleur très forte desséche* certaines substances, et *liquéfie* les autres, comme l'observe le poëte.

Il fait voir comment l'action d'un seul et même feu durcit le limon et liquéfie la cire.

Ce *feu,* dis-je, ou cette *chaleur* dessèche la *terre,* les *pierres,* le *bois,* les *étoffes,* les *peaux* et toutes les matières qui ne sont pas susceptibles de devenir *liquides* ou *fluides*. Mais l'un ou l'autre *liquéfie* les *métaux*, les *gommes*, le *beurre*, le *suif* et autres matières semblables.

2. Cependant on doit observer, par rapport à ces matières mêmes que le *feu liquéfie*, que, si la chaleur a beaucoup d'intensité, elle finit par les *dessécher*; c'est ce qu'on observe dans les *métaux* exposés à l'action d'un feu d'une grande force. On voit alors qu'après l'émission de leur partie volatile, tous (l'or excepté) perdent de leur poids et deviennent plus fragiles. De même les substances *huileuses*, dont nous parlions, étant exposées à l'action d'un grand feu, se *grillent*, se *torréfient*, deviennent fort sèches et forment des espèces de *croûtes*.

3. L'*air*, sur-tout, lorsqu'il est libre, a sensiblement la propriété de *dessécher*, jamais celle de *liquéfier*. On en voit des exemples dans les chemins ou la surface des champs, qui, après avoir été détrempés par les *pluies*, se *dessèchent*; ainsi que dans le *linge*, lorsqu'après l'avoir la-

vé, on le fait sécher en l'exposant à l'air; enfin, dans les *herbes*, les *feuilles* et les *fleurs*, qui se *dessèchent* aussi, même à l'*ombre*. Mais l'*air* produit plus promptement et plus sensiblement ces effets, lorsqu'il est *échauffé* par les *rayons solaires* (en supposant toutefois qu'ils n'occasionnent pas la *putréfaction* des matières qu'on expose à leur action), ou lorsqu'il est en *mouvement*, comme on l'observe dans les temps où il règne de grands *vents*, et dans les lieux où il y a des *courans d'air*.

4. La *vieillesse*, ou la *vétusté*, est une cause puissante, mais très lente, de *dessiccation;* ce dont on peut voir une infinité d'exemples dans tous les corps qui *vieillissent* sans se *putréfier;* mais la *vieillesse*, ou la *vétusté*, n'est rien par elle-même; ce n'est point, à proprement parler, une *cause*, mais seulement une certaine *mesure* ou *quantité de temps*. La véritable cause de l'effet dont nous parlons, n'est autre que l'*esprit inné* des corps qui, *suçant*, pour ainsi dire, et *pompant*

peu à peu leur *humor*, l'entraîne ensuite avec soi en s'exhalant; à quoi il faut ajouter l'*air ambiant* qui se multiplie en consumant continuellement les esprits innés des différens corps, et en se les appropriant.

5. Le *froid* est, à proprement parler, ce qui *dessèche* le plus; car toute dessiccation n'a lieu qu'en conséquence de la *contraction*, qui est l'effet propre et direct du *froid*. Mais, quoique nous puissions donner à la *chaleur* la plus grande intensité, par le moyen du *feu*, nous n'avons en notre disposition qu'un froid très foible; par exemple, le *froid* naturel de l'*hiver*, ou ce *froid artificiel* que nous pouvons nous procurer par le moyen de la *glace* et de la *neige*, combinées avec le *nitre*. C'est pourquoi les dessiccations artificielles, opérées par le froid, sont très légères, et ne résistent point à l'action des plus foibles causes. Nous voyons cependant que la *gelée dessèche* la surface de la terre, et que les *vents* du *mois de mars* produisent cet effet plus promptement et

plus sensiblement que le *soleil* même ; ce vent qui *lèche,* pour ainsi dire, et *absorbe l'humidité,* étant aussi une *cause de froid.*

6. La *fumée* d'un foyer peut *dessécher* certaines substances, telles que le *lard*, les *langues* de *bœuf*, etc. qu'on suspend pour cela dans les cheminées, et sur lesquelles, comme on sait, elle produit cet effet.

7. Le *sel,* à l'aide d'un temps un peu long, dessèche plusieurs substances, non-seulement à leur surface, mais même intérieurement, comme on en voit la preuve dans les *viandes* et les *poissons salés;* car on sait que, lorsqu'on les a laissés fort long-temps dans le *sel,* ils se *durcissent* très sensiblement, même à l'intérieur.

8. Les *gommes* très *chaudes,* appliquées sur la *peau,* la *dessèchent* et la *rident;* effet que produisent aussi certaines eaux *astringentes.*

9. L'*esprit de vin,* bien déphlegmé, dessèche à tel point et imite tellement les effets du *feu* à cet égard, que le *blanc*

d'œuf qu'on tient plongé dans cette liqueur, y devient d'un blanc mat, et que le *pain* s'y *torréfie*.

10. Certaines *substances* réduites en *poudre* ont, ainsi que des *éponges*, la propriété de *dessécher*, en *absorbant l'humidité*, comme on le voit par l'effet de cette poudre qu'on jette sur une écriture fraîche. Le *poli* et le *tissu serré* de la surface d'un corps (conditions qui ne permettent pas à une vapeur de pénétrer dans ses pores) dessèchent aussi, mais *accidentellement* et *médiatement*, en exposant cette vapeur à l'action de l'air : on en voit des exemples dans les *diamans*, les *miroirs* et les *lames d'épée*. Car, lorsqu'on souffle dessus, leur surface se couvre d'abord d'une vapeur fine et déliée, qui s'évanouit bientôt et se dissipe comme un léger nuage. Ces recherches sur la *dessiccation* peuvent suffire pour le moment.

11. Les *habitans* des parties *orientales* de l'*Allemagne*, pour conserver le froment ou d'autres espèces de grains, les

mettent dans des caves ou autres souterrains qui leur servent de *greniers;* avec la précaution toutefois de les environner de paille, dont ils revêtent les parois de ces cavités jusqu'à une certaine hauteur, pour en éloigner et absorber toute l'humidité naturelle de la terre; par ce moyen les grains se conservent jusqu'à vingt ou trente ans. Et non-seulement ils les préservent ainsi de la putréfaction, mais (ce qui tend plus directement à l'objet de la recherche actuelle) ils conservent tellement leur *verdeur* (*fraîcheur*), qu'on en peut faire de très bon pain. Quelques historiens nous apprennent que cette méthode étoit aussi en usage dans la *Cappadoce,* dans la *Thrace* et dans certaines provinces de l'*Espagne*.

12. Les *grains* se conservent très bien dans des greniers placés au haut des édifices, et dont les *fenêtres* sont tournées vers l'*orient* et vers le *nord*. On parvient aussi à ce but par un autre moyen; on a deux greniers, l'un au-dessus de l'autre; le plancher inférieur du grenier supérieur

DE LA VIE ET DE LA MORT. 53

est percé, et le grain s'écoule continuellement par ce trou, comme le sable dans certaines *horloges;* puis quelques jours après on le rejette, avec des pelles, dans le grenier supérieur; ensorte que ce grain est dans un mouvement continuel. Or, on doit observer que l'effet des moyens de ce genre sur le grain, n'est pas seulement de le préserver de la *putréfaction*, mais encore de le conserver *frais,* et d'en *retarder* la *dessiccation;* effet dont la cause n'est autre que celle même que nous avons indiquée plus haut; savoir : l'*émission plus prompte de l'humor aqueux;* émission qui, étant accélérée par le mouvement du grain et par le vent, naturel ou artificiel, empêche ainsi celle de l'*humor oléagineux* qui s'exhaleroit avec l'*humor aqueux*, si l'émission de celui-ci étoit plus lente. On a observé aussi que, sur certaines montagnes, où l'air est très pur, les cadavres se conservent pendant plusieurs jours, presque sans le plus léger indice de putréfaction.

13. Les *fruits,* tels que des *grenades,*

des *citrons*, des *pommes*, des *poires*, etc. et même des *fleurs*, comme la *rose*, le *lilas*, etc. mis dans des vaisseaux de terre bien bouchés, s'y conservent fort long-temps; quoique, dans cette expérience, les variations de l'air ambiant, sur-tout par rapport au *chaud* et au *froid*, qui pénètrent et se font sentir jusque dans l'intérieur de ces vaisseaux, puissent nuire un peu à l'effet qu'on veut obtenir. Aussi parviendra-t-on plus sûrement à ce but, si l'on a soin de boucher exactement ces vaisseaux; et après les avoir ainsi bouchés, de les enfouir : effet qu'on obtiendra également, si, au lieu de les enfouir, on les tient plongés au fond de l'eau, pourvu toutefois que cette eau soit ombragée comme celle des *puits* ou des *citernes* pratiquées dans les maisons. Mais lorsqu'on veut les tenir au fond de l'eau, il vaut mieux les mettre dans des vaisseaux de *verre*, que dans des vaisseaux de *terre*.

14. Généralement parlant, les corps *enfouis*, ou tenus, soit dans des *sou-*

terrains, soit au *fond* de *l'eau*, conservent mieux leur fraîcheur, que ceux qu'on tient au-dessus de la *surface* de la *terre*.

15. Voici un fait qu'on a observé dans les *glacières* qui se trouvent sur les montagnes, dans des excavations naturelles, ou dans des puits creusés *ad hoc*. Si on y laisse tomber par hazard une *pomme*, une *châtaigne*, ou une *noix*; quelques mois après, lorsque la neige, en se fondant, les laisse reparoître; ou encore lorsqu'on les trouve dans cette neige même, ces fruits paroissent aussi frais et aussi beaux que s'ils venoient d'être cueillis.

16. Dans les campagnes, on conserve le *raisin* en mettant les *grapes* dans de la *farine*; quoique cette substance leur donne une saveur moins agréable, ils ne laissent pas d'y conserver leur *humor* et leur *fraîcheur*. On s'est assuré aussi par l'expérience que des *fruits* qui ont plus de *consistance*, se conservent non-seulement dans la *farine*, mais encore dans la *sciure*

de bois, et même dans des tas de grains entiers.

17. C'est une opinion assez généralement reçue, que les corps se conservent mieux dans les liqueurs qui en sont extraites, et qui sont comme leurs *menstrues*, que dans toute autre ; par exemple, les *raisins*, dans le *vin*, les *olives*, dans l'*huile*, etc.

18. Les *grenades* et les *coings* se conservent très bien, lorsqu'après les avoir plongés un instant dans l'*eau de mer*, ou dans une *eau salée* quelconque, et les en avoir tirés, on les expose à l'*air libre*, pour les faire *sécher*, mais à l'*ombre*.

19. Les corps suspendus dans le *vin*, l'*huile* ou la *saumure*, se conservent aussi fort long-temps ; beaucoup mieux encore dans le *miel* et l'*esprit de vin* ; infiniment mieux (du moins à ce qu'on dit) dans le *mercure*.

20. Un autre moyen pour *conserver* des *fruits* fort long-temps et dans toute leur *fraîcheur*, c'est de les enduire de *cire*, de *poix*, de *plâtre*, de *pâte*; ou de les met-

tre simplement dans des *boîtes,* de petits *sacs,* des *capsules,* etc.

21. C'est un fait constaté, que des *mouches,* des *araignées,* des *fourmis,* qui tombent par hazard dans de l'*ambre* encore liquide, dans des *gommes* d'arbres, et qui y demeurent comme ensevelies, s'y conservent ensuite sans se *putréfier* jamais, quoique les corps de cette nature soient fort *mous* et aient très peu de *résistance.*

22. Pour *conserver* des *raisins* ou d'autres *fruits* pendant un certain temps, il suffit de les tenir *suspendus;* d'où résultent deux principaux avantages; l'un, qu'ils n'éprouvent aucune *contusion* ou *compression;* ce qui leur arriveroit s'ils étoient *posés* sur quelque corps *dur;* l'autre est qu'ils sont *environnés d'air,* également et uniformément, en tous sens.

23. On a observé dans les *végétaux* qui se *putréfient* ou se *dessèchent,* que l'un ou l'autre genre d'altération ne commence pas également dans toutes leurs parties, mais qu'elle se manifeste d'abord dans celles par lesquelles ils attiroient la

substance alimentaire. Aussi recommande-t-on d'enduire de *poix liquide* ou de *cire* le *pédicule* (ou la *queue*) des *pommes,* ou d'autres fruits semblables.

24. On observe aussi dans les *lampes,* les *chandelles,* les *bougies,* etc. que les grosses mèches consument le *suif,* la *cire* ou l'*huile,* plus vîte que ne le font les petites (1). Il en est de même de la *flamme* d'une *mèche* de coton, par rapport à celle d'une *mèche* de *jonc,* de *paille,* d'*osier,* etc. et des mèches de flambeaux faites avec du *genièvre* ou du *sapin,* relativement à celles qui sont de frêne. De plus, toute *flamme* mise en *mouvement* et *agitée* par le *vent,* consume plus promptement (son *aliment*) qu'une *flamme tranquille,* et par conséquent moins promptement dans une *lanterne* et dans un *bocal,* que dans l'*air libre.*

25. La *nature* et la *préparation* de l'*aliment* ne contribue pas moins à la *durée*

---

(1) Sublime découverte !

DE LA VIE ET DE LA MORT. 59

de la *flamme* des *lampes*, *chandelles*, etc. que la *nature* de cette *flamme* même ; la *cire*, par exemple, dure plus que le *suif*; le *suif* un peu *humide*, plus que le *suif* très sec ; et la *cire dure*, plus que la *cire molle*.

26. Les *arbres*, lorsqu'on *remue la terre* tous les ans autour de leur *pied*, en deviennent *moins vivaces*. Si l'on ne fait cette opération que tous les cinq ou tous les dix ans, ils le sont davantage. La méthode de *retrancher* quelques *rejettons*, *scions* ou *branches*, contribue aussi à leur *durée*. Les *engrais* de *fumier*, de *craie*, etc. et les fréquens *arrosemens*, les rendent tout à la fois *plus féconds* et *moins vivaces*. Voilà ce que nous avions à dire sur les *causes* qui peuvent *empêcher* ou *ralentir* la *dessiccation* et la *consomption*.

L'*amollissement* des *substances desséchées* (qui est ici notre principal but), est un sujet sur lequel nous avons peu d'expériences et d'observations. C'est pourquoi nous joindrons à celles de ce genre quelques exemples tirés des *animaux*, et même de l'*homme*.

27. Lorsqu'on fait *tremper* dans l'*eau* les *branches* ou *scions* de *saules* qui fournissent des *liens* pour les arbres, ils deviennent *plus flexibles*. On tient aussi *plongées* dans l'*eau* les *verges* et les *férules*, pour empêcher qu'elles ne se *dessèchent*. De plus, lorsque des *boules* de jeu se sont *fendues* ou *gercées* en se *desséchant*, si on les laisse *plongées* dans l'*eau* pendant quelque temps, ces ouvertures disparoissant ensuite, elles paroissent pleines et entièrement solides.

28. Des *bottes*, ou des *souliers* de *cuir*, qui se sont *durcies* et *roidies*, en *vieillissant* et en se *desséchant*, deviennent *plus molles* et *plus souples*, pour peu qu'on les *frotte* de *suif* auprès du *feu*; et même simplement *approchées du feu*, elles s'*amollissent* quelque peu. Les *vessies* et les *membranes desséchées* et *durcies*, s'*amollissent* également lorsqu'on les fait *tremper* dans de l'*eau*, où l'on a mêlé un peu de *suif*, ou quelque autre

substance grasse; et ce même effet, on l'obtient encore plus sûrement en les *frottant* un peu avec ces substances.

29. Lorsqu'on *fouille* et *remue* la *terre* autour des *vieux arbres*, auxquels depuis long-temps on n'a donné aucune espèce de culture, ils *poussent* de *nouvelles feuilles* et *rajeunissent* sensiblement.

30. Des *bœufs* qui ont *vieilli* à la *charrue*, et qui sont presque entièrement épuisés par ce travail pénible, étant *mis* ensuite dans de *gras pâturages*, y font, pour ainsi dire, *chair neuve;* cette *chair* est ensuite *plus tendre* et *plus analogue*, par la *saveur*, à celle des *jeunes bœufs*.

31. Une *diète stricte*, fréquemment *réitérée*, jointe à l'usage du *gayac*, du *biscuit* (de *mer*) ou d'autres substances semblables, et telle qu'on la prescrit pour le traitement des *maladies vénériennes*, des *rhumes obstinés*, de certains genres d'*hydropisie*, fait tomber le malade dans un état de *maigreur* et de *foiblesse excessive;* mais ensuite quand il commence à se *rétablir* et à recouvrer ses forces, il pa-

roît sensiblement *plus jeune, plus verd* et, en quelque manière, *plus neuf*. Nous sommes persuadés que des *maladies amaigrissantes,* mais ensuite *traitées à fond,* et *guéries radicalement,* ont contribué à prolonger la vie de plusieurs individus.

OBSERVATIONS GÉNÉRALES.

1. La plupart des hommes ont une vue très perçante dans la nuit de leurs notions vagues et phantastiques; mais le *grand jour de l'expérience* semble les *éblouir* et les *aveugler.* Ils parlent assez de la *sécheresse,* qu'ils traitent de *qualité élémentaire,* des *causes* de *dessiccation,* et des *périodes naturelles des corps;* périodes au-delà desquelles ils se *putréfient* et se *consument.* Mais ils ne disent rien du *commencement,* du *progrès* et de la *fin* de la *dessiccation* et de la *consomption,* ou ne font sur cet important sujet aucune observation qui soit de quelque prix.

2. La *dessiccation,* et la *consomption* qui en est l'effet, envisagées dans leur to-

talité, sont le produit de trois genres d'actions; actions qui ont pour *principe commun, l'esprit inné des corps,* comme nous l'avons déja observé.

3. Le premier genre d'action est l'*atténuation de l'humor,* et sa *conversion en esprit.* Le second est l'*émission* ou l'*évaporation de cet esprit.* Le troisième est la *contraction des parties grossières,* aussitôt après l'*émission de l'esprit.* Le dernier n'est autre que cette *dessiccation* et ce *durcissement* même dont nous sommes actuellement occupés.

4. Quant à l'*atténuation,* il ne peut rester aucun doute sur la cause à laquelle nous l'attribuons ; en effet, l'*esprit* qui se trouve renfermé dans tout corps tangible, *ne s'oublie pas lui-même;* mais tout ce qui peut lui donner prise dans ces corps où il est *resserré* et comme *assiégé,* tout ce qu'il peut *consumer* et *digérer,* il le travaille, le transforme totalement, le convertit en sa propre substance, se multiplie par ce moyen, et engendre ainsi de *nouvel esprit.* Si cette assertion avoit be-

soin de preuve, il est un fait qui peut tenir lieu d'une infinité d'autres ; savoir : que tout *corps* qui se *dessèche* excessivement, *perd* sensiblement de son *poids*, et devient *creux, poreux, sonore, retentissant*. Car il est d'ailleurs certain que l'*esprit préexistant* dans un corps, ne contribue point à son *poids;* mais au contraire tend à le *soulever* et à l'*alléger*. D'où il s'ensuit nécessairement que l'esprit qui se trouvoit dans le corps, a converti en sa propre substance l'*humor* et les sucs propres qui auparavant *étoient pesans :* de là cette *diminution de poids* dont nous parlons. Tel est donc le premier genre d'action, je veux dire l'atténuation de l'humor et sa conversion en esprit.

5. Le second genre d'action, qui est la *sortie* ou l'*émission* de l'*esprit*, est également certain. En effet, lorsque cette *émission* est *prompte* et *abondante,* elle se manifeste aux sens mêmes; savoir : à la *vue*, par les *vapeurs* qui s'*élèvent* du corps; et à l'*odorat*, par les *odeurs* qui

s'en *exhalent*. Lorsque cette *émission* est *lente* et *graduelle*, comme celle qui est simplement l'*effet* du *temps*, elle échappe aux sens, mais elle n'en est pas moins réelle.

Je dirai plus : lorsque l'assemblage du corps en question est si serré, ou si ferme que l'*esprit* n'y peut trouver de passages et d'issues, alors, en vertu de cet effort même qu'il fait pour s'échapper, il chasse devant lui les parties les plus grossières du corps, et les pousse au-delà de la surface ; comme on en voit des exemples dans la *rouille* des *métaux* et dans la *carie* de toutes les substances *grasses*. Tel est le second genre d'action; savoir, la *sortie* ou *l'émission* de *l'esprit*.

6. Le troisième genre d'action est un peu plus *caché* et n'en est pas moins *certain* ; je veux parler de la *contraction des parties grossières*, après *l'émission de l'esprit;* car l'on sait que les *corps*, après *l'émission de l'esprit* qu'ils contiennent, se *resserrent*, se *contractent*,

et occupent un moindre espace ; ce qui est souvent sensible à la vue même ; par exemple, dans la *pulpe des noix*, des *noisettes* ou des *amandes*, qui, lorsqu'elle est *desséchée*, ne remplit plus exactement sa coquille ; dans les *poutres* ou les *piliers* et les *pieux* de bois qui, étant encore *verds*, joignent bien exactement, mais qui en se *desséchant*, se *retirent* et laissent du *jour;* ainsi que dans les *boules* ou les *billes* qu'on emploie pour certains *jeux ;* et autres corps semblables, qui, en se *desséchant*, se *fendent* et se *gercent* en plusieurs endroits, leurs parties se *contractant*, et en conséquence laissant nécessairement du *vuide* entre elles. On en voit d'autres preuves dans les *rides* des corps *desséchés ;* l'effet nécessaire de l'*effort* qu'ils font en se *contractant*, étant d'*abaisser* certaines parties et d'*élever* les autres ; car lorsque les extrémités se retirent et se rapprochent, le milieu se soulève nécessairement, effet très sensible dans les *vieux papiers,* les *vieux parchemins,* la *peau* des *animaux* et la *surface* d'un *fromage mou;* tous corps qui se *rident* en *vieillissant.* En troisième lieu, ce même genre d'action devient encore plus sensible dans les corps qui, étant exposés à l'action d'une *chaleur forte,* non-seulement se *rident,* mais même se *plissent,* reviennent sur eux-mêmes, et semblent se *rouler;* c'est ce qu'on observe dans le *parchemin,* le *papier* et les *feuilles* exposées à l'action du *feu.* En effet, comme la *contraction,* qui est le simple effet du *temps,* est *plus lente,* elle n'occasionne que des *rides,* au lieu que celle qui est l'effet du *feu,* et qui est *plus prompte,* occasionne des *plis* proprement dits (1); mais dans une infinité de corps qui ne sont pas susceptibles de se *rider* ou de se *plisser,* tout l'effet se réduit à une simple *contraction,* à un res-

―――――――――――――――

(1) Les *rides* ne sont que de *petits plis,* et les *plis* ne sont que de *grandes rides;* il n'y a entre les unes et les autres d'autre *différence* que celle du *plus au moins.*

serrement, au *durcissement*, à la *dessiccation*, comme nous l'avons supposé d'abord. Dans les cas où l'*émission de l'esprit* et l'*absorption de l'humor* sont portées à tel point qu'il n'en reste plus assez pour que les parties, en se retirant, demeurent unies et cohérentes, alors la *contraction*, proprement dite, cesse nécessairement, et le composé se résout en une poussière fine et incohérente, qui se dissipe au plus léger contact, et se répand dans l'air. C'est ce qu'on peut observer dans les corps dont la *consomption* a été portée au dernier période ; par exemple, dans le *papier* et le *linge* entièrement brûlés ; enfin, au bout de quelques siècles, dans les *cadavres embaumés*. Tel est le troisième genre d'action ; savoir : la *contraction des parties grossières après l'émission de l'esprit*. On doit observer que cette *dessiccation*, qui est l'effet du *feu* et de la *chaleur*, n'est qu'*accidentelle* (*médiate*), leur effet propre et direct étant seulement d'*atténuer* et de *dilater* l'*esprit* et l'*humor*, effet dont la conséquence, purement *accidentelle*, est que les autres parties se *retirent* et se *rapprochent* les unes des autres, soit en vertu de l'*horreur du vuide*, soit par quelque autre *mouvement* (*tendance, effort,*) dont il n'est pas question ici.

7. Il est certain que la *putréfaction*, ainsi que la *dessiccation*, a pour cause l'*esprit inné* des corps, mais agissant d'une manière bien différente dans les deux cas ; car, dans la *putréfaction*, l'*esprit*, en partie, poussé au dehors, et en partie, retenu, produit à l'intérieur des effets étonnans ; et si alors les parties intérieures se rapprochent, c'est moins en vertu d'une *contraction locale*, que par une sorte d'*attraction*, chacune s'unissant à ses homogènes.

De la longue ou courte durée de la vie, considérée dans les animaux.

HISTOIRE

Qui se rapporte à la question de l'article 3.

Nous n'avons, sur la *durée moyenne de la vie des animaux*, que des connoissances très imparfaites, les *observations* en ce genre étant *très superficielles*, et les *traditions fabuleuses*. La servitude corrompt et fait dégénérer les animaux domestiques, et les variations excessives de l'air abrègent la vie des animaux sauvages.

Enfin, les *causes*, les *circonstances*, ou les *conditions* qu'on peut regarder comme des *concomitances* (1), telles que

---

(1) Pour abréger l'expression, nous emploierons quelquefois ce mot dont nous avons fait un fréquent usage dans la *Balance naturelle* ; il représentera tous les suivans : *les causes, les circonstances ou les conditions qui déterminent le fait en question, ou qui en font partie.*

le *volume du corps de l'animal*, le *temps de la gestation*, le *nombre des petits,* provenant de chaque *portée* ou *couvée,* le *temps de l'accroissement,* ne peuvent être d'un grand secours dans cette recherche, parce qu'elles se compliquent et se combinent de différentes manières, et en différentes proportions, se trouvant quelquefois *réunies,* quelquefois *séparées.*

1. La *durée de la vie moyenne de l'homme* (autant du moins qu'on peut le conclure des observations les plus certaines) excède sensiblement celle de presque tous les autres animaux. Ici les *concomitances sont assez d'accord, et presque toutes dans le même sens;* le *volume* total est *grand* et la *taille haute;* le *temps de la gestation* est de *neuf mois;* chaque *grossesse* ne produit ordinairement qu'*un seul fœtus;* la *puberté* n'a lieu qu'à *quatorze ans;* et l'*accroissement* dure jusqu'à *vingt.*

2. La *durée moyenne de la vie de l'éléphant,* comme on n'en peut douter,

excède celle de la vie humaine. Les relations qui supposent que, dans les animaux de cette espèce, la *gestation* est de *dix ans*, doivent être regardées comme *fabuleuses;* celles qui la portent à *deux ans,* ou du moins au-delà d'une année, sont plus certaines; mais d'ailleurs le *volume* de ces animaux est *énorme*, et leur *accroissement* dure jusqu'à *trente ans.* Leurs *dents* sont très *grandes* et très *fortes.* On a observé aussi que le *sang* de l'*éléphant* est *plus froid* que celui de tous les autres animaux. Enfin, il peut vivre jusqu'à deux cents ans.

3. On croit communément que les *lions* sont *fort vivaces,* parce qu'on en trouve quelquefois qui ont perdu toutes leurs dents. Mais un tel signe est un peu équivoque ; la perte de leurs dents pourroit avoir toute autre cause, entr'autres leur haleine extrêmement forte.

4. L'*ours* est un animal *paresseux* et grand *dormeur* ; cependant sa vie n'en est pas plus longue. Or, un signe qui annonce assez cette courte durée, c'est

que le *temps* de la *gestation*, dans cette espèce d'animaux, est extrêmement *court*, et va tout au plus à *quarante jours*.

5. Le *renard* est un animal en qui l'on trouve aussi réunies plusieurs conditions qui sembleroient devoir concourir à la prolongation de sa vie; il est couvert d'une bonne *fourrure*; il est *carnivore*; il vit dans un *terrier*: cependant il n'est pas très *vivace*. Quoi qu'il en soit, il est certain qu'il doit être rapporté à la même classe que le *chien*, animal dont la *vie* est fort *courte*.

6. La vie moyenne du *chameau* est assez longue; il vit ordinairement cinquante ans, et quelquefois même cent.

7. La durée de la vie du *cheval* tient le milieu entre celles des animaux précédens; elle est rarement de quarante ans; le plus ordinairement de vingt: mais cette courte durée doit être imputée à l'*homme* qui le réduit en servitude; car la race de ces chevaux généreux, connus autrefois sous le nom de *chevaux*

du soleil, est entièrement détruite, chevaux qui, paissant en toute liberté, et se donnant carrière dans de gras pâturages, avoient toute la vigueur que leur espèce peut acquérir. Cependant le *cheval* croît jusqu'à la sixième année, et peut engendrer même dans sa vieillesse. La *gestation* de la *jument* est de plus longue durée que la *grossesse* de la *femme*, et rarement elle met bas des jumeaux. L'*âne* vit à peu près autant que le *cheval*, mais le *mulet* est plus vivace que l'un et l'autre.

8. On croit communément que le *cerf* vit fort long-temps; opinion toutefois qui n'est fondée sur aucune observation certaine et directe. Quelques relations parlent de je ne sais quel *cerf* (extrêmement vieux), et portant un collier qui indiquoit son âge; collier qui étoit presque entièrement recouvert par la chair et la graisse de l'animal. La longue durée de la vie du *cerf* est d'autant moins probable, que, dans l'espace de cinq années, il prend tout son accroissement, et qu'ensuite à son

premier bois, qui tombe et se renouvelle tous les ans, succède un autre bois, dont les parties sont moins serrées et moins branchues.

9. La vie du *chien* est fort courte, comme nous le disions plus haut; elle s'étend rarement au-delà de vingt ans, quelquefois même elle ne passe pas la quatorzième année. Cet animal est d'une complexion fort chaude; sa vie est fort inégale; elle se passe tantôt à faire des exercices violens, tantôt à dormir. Sa femelle met bas plusieurs petits d'une seule portée, et la gestation dure neuf semaines.

10. Le *bœuf*, eu égard à sa taille et à sa force, vit fort peu et parvient tout au plus à la seizième année; la femelle toutefois est un peu plus vivace que le mâle; cependant elle ne met bas qu'un seul veau par chaque portée, et la *gestation* dure six mois. Cet animal est paresseux et très charnu; il engraisse aisément, et ne se nourrit que d'herbages.

11. Rarement le *mouton* parvient à la dixième année; ce qui semble contraire

à quelques-uns de nos principes; car cet animal est de grandeur moyenne; il est bien fourré; et (ce qui peut paroître étonnant) quoiqu'il ait très peu de bile, sa *laine* ne laisse pas d'être plus crépue et plus frisée que le poil d'aucun animal. Le *bélier* n'est en état d'engendrer que vers la troisième année, ce qui dure jusqu'à la huitième. Quant à la *brebis*, sa fécondité dure autant que sa vie; les animaux de cette espèce sont d'une constitution très foible, et sujets à beaucoup de maladies; rarement l'individu parvient à l'âge propre à son espèce.

12. Le *bouc* (ainsi que la *chèvre*) vit à peu près autant que le *mouton*, et lui ressemble à beaucoup d'autres égards; cependant il est beaucoup *plus agile*, et sa chair est un peu *plus ferme*; deux causes qui doivent le rendre *plus vivace*; mais il est beaucoup PLUS LASCIF, ce qui doit *abréger* d'autant la *durée* de sa *vie*.

13. Le *porc* peut vivre jusqu'à quinze ans, et même jusqu'à vingt; c'est de tous les animaux celui dont la chair est le plus

DE LA VIE ET DE LA MORT. 77

humide (*onctueuse*). Cependant il paroît que l'effet de cette constitution n'est pas de rendre sa vie plus longue. Nous n'avons point d'observations certaines relativement au *sanglier,* ou *porc sauvage.*

14. Les limites de la vie du *chat* sont entre six ans et dix. C'est un animal fort agile ; ses esprits sont si âcres et si ardens, que sa semence, au rapport d'*Elien*, brûle la femelle : d'où est née sans doute cette opinion, *que la chatte conçoit dans la douleur, et met bas avec facilité.* Le *chat* est un animal fort avide, et semble *dévorer* plutôt que *manger.*

15. Le *lièvre* et le *lapin* parviennent rarement à la septième année ; les animaux de ces deux espèces engendrent fréquemment ; ils ont beaucoup de petits à chaque portée, et quelquefois même des *superfétations*. Il y a toutefois entre ces deux espèces cette différence, que le *lapin* vit dans un *terrier,* au lieu que le *lièvre* se tient à la surface de la terre, et que la *chair* de ce dernier est plus *noire* que celle du premier.

16. Généralement parlant, les *oiseaux* sont beaucoup moins grands que les *quadrupèdes*. En effet, l'*aigle*, ou le *cigne*, n'est nullement comparable, pour le volume, au *bœuf*, ni l'*autruche* à l'*éléphant*.

17. Les *oiseaux* sont très bien couverts, car la *plume* a plus de *chaleur* et est plus serrée contre le corps, que la *laine*, le *poil* ou les *cheveux*.

18. Quoique les *oiseaux* aient plusieurs petits à chaque couvée, cependant ces petits ne se trouvent pas tous ensemble dans la matrice. Mais la femelle pond un à un (successivement et périodiquement) les œufs d'où ils proviennent; ce qui procure au fœtus une nourriture plus abondante. Les *oiseaux* ne mâchent point ou presque point leurs alimens; quelquefois même on les trouve encore entiers dans leur jabot; cependant quelques-uns brisent les coquilles des *noix* ou des *noisettes*, et en tirent l'*amande* ou la *pulpe*. On pense communément qu'ils sont d'une constitution fort chaude, et qu'ils ont une grande force digestive.

19. Le mouvement des *oiseaux*, tandis qu'ils volent, tient le milieu entre les *mouvemens propres aux membres ou aux extrémités* (des animaux terrestres), et le *mouvement* de *gestation* (1). C'est par conséquent le genre d'*exercice* le plus *salubre*.

20. Une observation très judicieuse d'*Aristote*, par rapport aux *oiseaux* (observation toutefois qu'il n'auroit pas dû appliquer aux autres animaux), c'est que la *semence du mâle contribue beaucoup moins à la génération que la substance de la femelle*, et qu'elle fournit plutôt un *principe d'activité*, une *sorte d'énergie*, qu'*une matière proprement dite* (2).

---

(1) Nous avons appellé *gestation* le séjour du fœtus dans la matrice, et nous appellerons *mouvemens de gestation*, les mouvemens analogues à ceux de l'oiseau qui vole, du poisson qui nage, ou de l'homme qui va à cheval ou en voiture.

(2) Les mouvemens convulsifs de la génération et l'épuisement qui la suit, semblent annoncer qu'elle dépend, en grande partie, d'une *abondante émission d'esprits vitaux*.

Aussi est-il impossible de démêler, à la *simple vue*, les *œufs féconds* d'avec les *œufs stériles*.

21. Presque tous les *oiseaux* acquièrent, durant la première année, ou fort peu de temps après, tout le volume propre à leur espèce. Il est vrai que, dans certaines espèces, l'âge de l'individu est indiqué par le plumage, et dans d'autres par le *bec*. Mais la *taille*, ou le *volume* total du sujet, ne fournit aucune indication de cette nature.

22. On croit communément que l'*aigle* vit fort long-temps ; mais combien d'années précisément ? c'est ce qu'on ignore. On regarde comme un signe de longue vie, dans les *oiseaux* de cette espèce, l'avantage qu'ils ont de *changer de bec; renouvellement* qui semble les *rajeunir;* d'où est venue cette expression proverbiale, *la vieillesse de l'aigle*. Mais, pour donner de l'un et de l'autre une juste idée, au lieu de dire que le *rajeunissement de l'aigle renouvelle son bec*, il faut dire, au contraire, que c'est le *renouvellement*

de son bec qui le rajeunit. Car, lorsque le *bec* de cet *oiseau*, à force de croître, est devenu excessivement *courbe*, il ne peut plus prendre ses alimens qu'avec beaucoup de difficulté.

23. On croit aussi que les *vautours* vivent fort long-temps, et parviennent quelquefois à la centième année. De même les *milans*, et en général tous les oiseaux vulgairement appellés *oiseaux de proie*, sont très *vivaces.* Quant à l'*épervier*, comme il *dégénère* dans la *servitude* où l'*homme* le réduit pour son propre usage, la durée ordinaire de la vie des oiseaux de cette espèce est moins connue; cependant on a vu des *éperviers apprivoisés* qui ont vécu trente ans, et des *éperviers sauvages* qui en ont vécu quarante.

24. On prétend que le *corbeau* est aussi *fort vivace*, et peut même vivre un siècle; c'est un *oiseau* carnivore; il vole moins fréquemment et est plus sédentaire que ceux des autres espèces; sa chair est fort noire; mais la *corneille*, qui, à la *voix* et à la *taille* près, lui ressemble beaucoup,

est un peu moins vivace ; cependant elle passe pour vivre aussi fort long-temps.

25. On s'est assuré, par l'observation, que le *cigne* est aussi *très vivace*, et qu'il peut vivre près d'un siècle ; c'est un *oiseau* fort bien emplumé ; ses plumes sont grandes, fortes et serrées contre le corps. Il est *ichthyophage* (*mangeur* de *poissons*) et dans un perpétuel mouvement de *gestation* ; il aime les eaux courantes.

26. L'*oie* peut aussi être rangée parmi les oiseaux vivaces, quoiqu'elle se nourrisse principalement d'*herbages* et d'autres substances analogues ; sur-tout l'*oie sauvage*, dont la longue vie est consignée dans cette expression proverbiale usitée en Allemagne : *il est plus vieux qu'une oie sauvage.*

27. Il faut, sans doute, que la vie des *cicognes* soit de très longue durée, s'il est vrai (comme le prétendoient les anciens) que les oiseaux de cette espèce n'approchoient jamais de la ville de *Thèbes,* parce qu'elle avoit été prise un grand nombre de fois. Car, pour qu'elles eus-

sent été capables d'une telle précaution, il auroit fallu qu'elles eussent une assez heureuse mémoire pour se rappeller les événemens d'un siècle entier et plus, ou que les pères et les mères, dans cette espèce, enseignassent la *géographie* et l'*histoire* à leurs petits; mais toute cette relation doit être regardée comme une fable.

28. Dans les relations qui concernent le *phénix*, la partie fabuleuse est tellement dominante, que le peu de vérités qui peuvent s'y mêler, s'y trouvent entièrement noyées. Qu'on le voie toujours, lorsqu'il prend son essor, accompagné d'une infinité d'oiseaux de différentes espèces, cette circonstance, qui paroît ordinairement si merveilleuse, est précisément ce qui m'étonne le moins; car on observe à peu près la même chose, par rapport au *hibou*, lorsqu'il paroît durant le jour, ou relativement à un *perroquet* échappé de sa cage.

29. C'est un fait assez bien constaté que le *perroquet* peut vivre jusqu'à soixante ans, quel que fût d'ailleurs son âge au mo-

ment où il a été apporté des pays chauds. Il se nourrit d'alimens de toute espèce, qu'il semble mâcher. Son bec se renouvelle de temps en temps. C'est un oiseau revêche et un peu féroce, sa chair est fort noire.

30. Le *paon* peut vivre jusqu'à vingt ans ; ces espèces d'yeux qu'on voit sur son plumage, ne paroissent point avant sa troisième année. Cet oiseau a le pas lent et grave ; sa chair est blanche.

31. Le *coq* ordinaire est un oiseau vif, ardent, lascif, guerrier, peu vivace ; sa chair est également blanche.

32. Le *coq-d'inde* vit un peu plus que le coq ordinaire ; c'est un oiseau fort colère, et sa chair est blanche.

33. Le *pigeon ramier* est très vivace et parvient quelquefois à la cinquantième année. C'est un oiseau qui aime le grand air ; il perche et fait son nid sur les arbres les plus élevés. Quant au *pigeon de colombier* et à la *tourterelle*, leur vie est courte et s'étend tout au plus jusqu'à la huitième année.

34. Mais les *faisans* et les *perdrix* peuvent vivre jusqu'à seize ans. Les oiseaux de ces deux espèces multiplient beaucoup, et leur chair est d'une couleur un peu plus obscure que celle des oiseaux de basse-cour.

35. On prétend que de tous les *oiseaux de petite taille, le merle* est le plus vivace; quoi qu'il en soit, c'est un oiseau hardi, mutin et bruyant.

36. La courte durée de la vie des *moineaux* est assez connue; on l'attribue communément à l'excessive lubricité des oiseaux de cette espèce; mais le *chardoneret,* qui n'est pas plus gros, peut vivre jusqu'à vingt ans.

37. Nous n'avons aucune observation certaine sur la durée de la vie des *autruches;* tout ce que nous savons sur ce point, c'est que celles qu'on a voulu rendre *domestiques,* ont très peu vécu. Quant à l'*ibis,* on sait seulement, en général, que cet oiseau est très vivace, sans avoir pu encore déterminer avec précision sa durée.

38. La durée de la vie moyenne des *poissons* est moins connue que celle des *animaux terrestres;* parce que, vivant sous les eaux, ils sont plus difficiles à observer. La plupart des animaux de cette classe ne respirent point; en conséquence, leurs esprits sont plus renfermés, plus clos. Ainsi, quoiqu'ils se rafraîchissent un peu par leurs *ouies,* cependant un tel rafraîchissement ne peut être aussi continu que celui qui est l'effet de la respiration.

39. Comme les *poissons* vivent dans l'eau, ils n'ont point à craindre cette *dessiccation,* qui est l'effet de l'*air ambiant* et des *déprédations* que ce *fluide* exerce sur les *corps animés* qui sont exposés à son action. Cependant, il n'est pas douteux que l'*eau,* qui environne un corps animé, ainsi que celle qui pénètre, par ses pores, dans son intérieur, et qui s'y loge, ne soit plus contraire à la durée de la vie, que l'*air même*.

40. On sait d'ailleurs que leur *sang* est beaucoup *moins chaud* que celui des *a-*

nimaux terrestres. Quelques-uns sont *très voraces,* et dévorent même ceux de leur propre espèce. Leur *chair* est *plus molle* et a moins de cohérence que celle des *animaux terrestres;* cependant ils sont susceptibles d'un plus grand accroissement, comme on en peut juger par le *volume* énorme des *baleines,* dont on tire une si prodigieuse quantité d'*huile.*

41. On croit que les *dauphins* vivent environ trente ans ; fait qu'on a vérifié, en coupant la queue à quelques-uns; ils croissent jusqu'à l'âge de dix ans.

42. Il est une observation assez étonnante, qu'on prétend avoir faite sur les *poissons.* Ces animaux, dit-on, passé l'époque de leur plus grand accroissement, diminuent ensuite d'années en années, mais seulement *entre tête et queue;* ces deux dernières parties conservant leurs premières dimensions.

43. On a vu jadis, dans les *viviers des Césars,* des *murenes* qui ont vécu jusqu'à soixante ans. Il est certain, du moins, que, par une longue habitude, elles de-

venoient tellement familières, que l'orateur *Crassus,* en ayant perdu une, à laquelle il étoit fort attaché, la regretta au point de verser des larmes.

44. De tous les *poissons d'eau douce,* le plus vivace est le *brochet,* qui peut vivre jusqu'à quarante ans. C'est un *poisson* fort vorace; sa chair est sèche et ferme.

45. Mais la *carpe,* la *brême,* la *tanche,* l'*anguille* et autres semblables poissons, passent rarement la dixième année.

46. Le *saumon* croît rapidement et vit très peu ; il en est de même de la *truite ;* mais la *perche,* qui croît plus lentement, est aussi plus vivace.

47. Nous n'avons point d'observations assez certaines ou assez exactes, pour être en état de déterminer avec précision la durée de la vie de la *baleine,* ou de ces gros poissons dont quelques-uns lui font la guerre. Il en faut dire autant des *phoques,* des *loups-marins, vaches-marines, lions-marins* et d'une infinité d'autres poissons.

48. On croit communément que le *cro-*

codile est fort vivace, et que le temps de son accroissement est fort long; on prétend même qu'il est parmi les animaux, le seul qui croisse durant toute sa vie; c'est un animal ovipare, très vorace, carnivore, féroce, et revêtu d'une enveloppe qui le garantit très bien de l'action de l'eau. Quant aux autres espèces de la classe des *testacées,* nous n'avons, par rapport à la durée de leur vie, aucune observation sur laquelle nous puissions faire fond.

OBSERVATIONS GÉNÉRALES.

Il est difficile d'établir quelque *règle fixe et certaine,* par rapport à la durée de la vie dans les différentes espèces d'animaux; vu le petit nombre ou le peu d'exactitude des observations qu'on a faites sur ce sujet, et la *complication des causes* qui peuvent, par leur *concours* ou leur *opposition, augmenter* ou *diminuer* cette *durée.* Ainsi nous nous contenterons de faire quelques observations générales sur ce sujet.

1°. On trouve plus d'*animaux vivaces* dans la classe des *oiseaux*, que dans celle des *quadrupèdes* : du premier genre sont l'*aigle*, le *vautour*, le *milan*, le *pélican*, le *corbeau*, la *corneille*, le *cigne*, l'*oie*, la *cicogne*, la *grue*, l'*ibis*, le *perroquet*, le *pigeon ramier*, etc. quoique ceux de cette première classe prennent tout leur accroissement dans l'espace d'une année et soient beaucoup plus petits : différence qu'on peut attribuer à plusieurs causes. En premier lieu, l'*enveloppe* des *oiseaux* les garantit fort bien des variations soudaines et des intempéries de l'*air atmosphérique* ; et comme ils vivent dans un *air libre*, ils ont, à cet égard, quelque analogie avec les *habitans des montagnes*, qui respirent un air très pur et qui vivent fort long-temps. De plus, leurs *mouvemens habituels*, qui participent du *mouvement de gestation*, et de celui qui est *propre aux membres* ou *aux extrémités* (comme nous l'avons déja observé), est moins fatigant ; il ébranle moins les parties intérieures, et par conséquent il est plus salubre que ceux des *animaux terrestres*; à quoi l'on peut ajouter que, peu après leur formation, ils n'éprouvent, *dans la matrice des femelles*, aucune *compression*, ni aucune *disette d'alimens*, comme les *animaux terrestres;* les femelles pondant successivement et périodiquement les œufs d'où ils proviennent. Mais la principale cause de cette différence dont nous voulons rendre raison, est que les *oiseaux* se forment *plus de la substance de la mère que de celle du père;* en conséquence, *leurs esprits* doivent être *moins ardens* et *moins enflammés.*

2°. On peut poser pour principe : *que les animaux, dont la substance est extraite de celle de la mère, plus que de celle du père, sont plus vivaces;* et de ce genre sont les *oiseaux*, comme nous venons de le dire. On peut supposer également *que ceux qui séjournent plus long-temps dans la matrice, tiennent davantage de la substance de la mère et moins de la semence du père; qu'en con-*

séquence *ils doivent être aussi plus vivaces;* ensorte que notre sentiment, sur ce sujet, est que, même dans notre espèce (et c'est une observation que nous avons faite sur plusieurs individus), *ceux qui ressemblent plus à leur mère qu'à leur père, sont plus vivaces, et qu'il en est de même des sujets provenus d'hommes un peu âgés et d'épouses fort jeunes,* en supposant toutefois que les pères soient d'une constitution saine et n'aient aucune des infirmités propres à cet âge.

3°. Tous les *corps organisés*, dans le temps même où ils se forment, ou peu de temps après leur formation, sont plus affectés par tout ce qui peut leur être utile ou nuisible, que dans tout autre temps ; d'où il suit que, si le fœtus est moins comprimé dans la matrice, ou y trouve une nourriture plus abondante, l'individu qui en provient doit être plus vivace ; deux conditions qui se trouvent réunies, soit dans les *oiseaux*, dont les fœtus sortent successivement et périodiquement, soit dans les *animaux vivi-*

pares qui n'ont qu'un seul petit à chaque portée.

4°. Or, *un plus long séjour du fœtus dans la matrice contribue, de trois manières, à la prolongation de la vie*. Car alors, en premier lieu, *la substance du fœtus participe davantage de celle de la mère*, comme nous l'avons déja observé. En second lieu, *au moment de sa naissance, il est plus fort et mieux consolidé*. Enfin, *il n'est pas sitôt exposé à l'action de la force déprédatrice de l'air extérieur;* d'ailleurs *un long séjour du fœtus dans la matrice annonce que les périodes naturelles et propres à son espèce* sont de *plus longue durée*. Or, quoique le *bœuf* et le *mouton* (deux espèces où le *temps* de la *gestation* est de six mois) soient *peu vivaces*, néanmoins cette courte durée de leur vie, qui semble être une exception à la règle, *ne la détruit point*, attendu qu'elle peut être attribuée à d'autres causes plus puissantes que celles qui sont l'objet de cette règle.

5°. *Les animaux qui ne se nourrissent que de graines et d'herbages, vivent peu. Les animaux carnivores, ou encore ceux qui se nourrissent de graines, de semences et de fruits, comme les oiseaux, sont plus vivaces.* Car les *cerfs* eux-mêmes, qui vivent fort long-temps, ne se nourrissent pas seulement d'herbes; mais, suivant une expression proverbiale, ils trouvent *la moitié de leur nourriture au-dessus de leur tête.* Quant à l'*oie,* outre les *plantes graminées* dont elle se nourrit, elle semble tirer de ces eaux mêmes où elle se plaît, quelque substance ou émanation salutaire.

6°. Notre sentiment est qu'*une enveloppe chaude et serrée qui garantit le corps de l'animal de l'action de l'air extérieur, contribue aussi à la prolongation de sa vie;* l'effet de cette action étant d'affoiblir et de miner peu à peu les corps qui s'y trouvent exposés (1). C'est

---

(1) Il paroît que ce fluide, en desséchant la substance du corps animé, accélère ce *raccornis-*

dans les *oiseaux* que l'avantage d'une telle enveloppe se manifeste le plus sensiblement ; et si le *mouton*, quoique bien couvert et bien fourré, vit fort peu, cette courte durée doit être attribuée à ce grand nombre de *maladies* auxquelles il est sujet, et aux *herbages* qui font toute sa *nourriture*.

7°. Le *principal siége des esprits* est certainement dans la *tête;* or, une observation qu'on n'applique ordinairement qu'aux *esprits animaux*, mais qui doit être *généralisée*, et qui peut passer pour certaine, c'est que l'*esprit* est ce qui *lèche*, pour ainsi dire, *dérobe* et *consume* le plus promptement *la substance du corps animé :* ensorte que toute cause qui *en augmente la quantité, l'inflammation* ou *l'acrimonie, abrége,* par cela même, *la durée de la vie.* En conséquence, nous

---

sement universel qui constitue la *vieillesse;* car, lorsqu'on vit au grand air, le corps est *plus sec* et *plus ferme,* que lorsqu'on mène une *vie sédentaire.*

pensons que *la longue durée de la vie des oiseaux* vient sur-tout de ce qu'ils ont *la tête fort petite,* eu égard à leur volume total, et par la même raison, que *les hommes, qui ont un crâne fort ample, et en général la tête fort grosse, vivent moins long-temps que les autres.*

8°. Nous pensons (et c'est une observation que nous avons déja faite) que, de tous les mouvemens propres aux animaux, *le plus favorable à la prolongation de la vie,* c'est celui de *gestation;* mouvement commun aux *oiseaux aquatiques,* tels que le cigne; à *tous les oiseaux,* en général, *durant leur vol* (genre d'action toutefois où il se trouve combiné avec des mouvemens assez pénibles des extrémités); enfin, aux *poissons,* sur lesquels jusqu'ici on n'a pas fait des observations assez exactes ni assez multipliées, pour qu'on puisse en conclure avec certitude qu'en général ils sont fort vivaces.

9°. *Les corps qui ont besoin d'un temps plus long pour acquérir toute la perfection dont ils sont susceptibles* (et il ne s'agit pas simplement ici de l'*augmentation* de leur *volume total;* mais de toute cette *gradation* par laquelle ils parviennent à leur *complette maturité;* par exemple, dans l'*homme*, des *dents* qui poussent d'abord, de ce *poil folet* ou de ce *duvet* qui paroît à l'époque de la *puberté*, de la *barbe* qui pousse ensuite, etc.); ces corps, dis-je, sont, par cela même, *plus vivaces* et de *plus longue durée.* Cette lenteur avec laquelle ils marchent vers leur perfection, annonçant la longue durée de leurs périodes naturelles, d'où résulte nécessairement celle de la période totale dans laquelle leur vie est circonscrite.

10°. *Les animaux d'un naturel fort doux* (tels que le *mouton* et le *pigeon*), *vivent fort peu*, la *bile* étant, dans le corps de l'*animal*, le *stimulant* qui anime tous les mouvemens, et qui fait *que toutes les fonctions s'exécutent avec plus de vigueur.*

11°. *Les animaux dont la chair est noire*, ou de *couleur obscure*, sont ordinairement *plus vivaces* que ceux dont la *chair* est *blanche* et de *couleur claire;* cette *couleur obscure* annonçant que les *sucs* du corps sont *moins fluides* et *moins faciles à dissiper.*

12°. Dans toute *substance corruptible,* la *quantité* même de la *matière contribue* à la *conservation du tout;* par exemple, un grand feu s'éteint plus lentement qu'un petit; une petite quantité d'eau s'évapore plus vîte qu'une grande (1); un tronc d'arbre ne se dessèche pas aussi promptement qu'une branche ou un scion. Ainsi, généralement parlant (dans les *espèces,* veux-je dire, et non dans les *individus*), *les grands animaux sont plus vivaces que les petits;* à moins que quelque autre cause plus puissante ne détruise l'effet naturel de ce plus grand volume.

---

(1) Et une même quantité d'eau, *faisant partie d'une petite masse,* s'évapore plus vîte que si elle faisoit partie d'une grande ; parce que, dans le premier cas, présentant à l'air une plus grande surface, elle est ainsi plus exposée à son action.

Sur l'alimentation, ses différens modes et son progrès.

HISTOIRE

Répondant à la question de l'article 4.

1. *L'aliment doit être d'une nature inférieure à celle du corps à alimenter, et tiré d'une substance moins composée.* Par exemple, les *plantes* se nourrissent de *terre* et d'*eau*; les *animaux*, de la substance des *plantes*; et l'*homme*, de la *chair* des *animaux*. Cependant, il y a aussi des *animaux carnivores*, et l'*homme* même se nourrit en partie de *végétaux*; mais une nourriture uniquement composée de végétaux, convient peu à l'*homme* et à ces *animaux carnivores*. Ils pourroient peut-être, moyennant une longue habitude, se *nourrir uniquement de fruits*, de *semences* et d'autres *végétaux cuits*, mais non de *feuilles* et d'*herbages* seulement, comme l'a prouvé l'expérience même qui a obligé de séculariser l'ordre des *Feuillans,* proprement dits.

2. *Des alimens dont la substance a trop d'analogie et d'affinité avec celle des corps à alimenter, ne leur conviennent point.* En effet, les animaux qui vivent d'herbages ne touchent pas à la viande ; et même parmi les animaux *carnivores*, il en est peu qui mangent ceux de leur propre espèce. Quant aux hordes d'*antropophages* qu'on a pu découvrir, elles ne faisoient pas de la chair humaine leur nourriture ordinaire ; c'étoit par un esprit de vengeance qu'ils mangeoient leurs ennemis ; ou ils n'avoient contracté cet horrible goût que par une dépravation qui étoit le pur effet de l'habitude. Quoi qu'il en soit, on sait que, si l'on resème dans un champ le *bled* qui en est provenu, il réussit moins que le grain tiré d'ailleurs ; et lorsqu'on veut faire une greffe, on a communément l'attention de ne point enter un rejeton ou un scion sur le tronc auquel il appartenoit.

3. Mieux l'aliment est préparé, et plus sa substance est analogue à celle du corps à alimenter (en supposant toutefois que

cette analogie ne soit pas trop grande), plus aussi la plante (grande ou petite) devient féconde, et plus l'animal prend d'embonpoint. Un rejeton, ou un scion, qu'on met simplement dans la terre, y prospère moins que si on l'inséroit dans un tronc d'arbre, ou une tige de nature analogue, où il trouveroit un aliment mieux préparé et mieux digéré. De même si nous devons en croire certaines relations, la graine d'oignon, mise simplement dans la terre, comme à l'ordinaire, ne donnera pas d'aussi gros oignons que si on l'eût insérée dans la tête d'un autre oignon ; ce qu'on peut regarder comme une espèce de greffe dans la racine et dans la terre même. De plus, on s'est assuré, par des expériences multipliées dans ces derniers temps, que des arbres provenant de scions ou de branches d'*arbres de forêts,* tels que l'*orme,* le *chêne,* le *frêne,* etc. greffés sur des troncs d'arbres de leurs espèces respectives, donnent de plus grandes feuilles que ceux qu'on se procure par toute autre voie. Enfin, l'on sait que les viandes crues conviennent moins à l'homme que les viandes cuites.

4. Les *animaux* se *nourrissent* ordinairement par la *bouche*, et les *plantes*, par les *racines*; les *fœtus* des animaux, par les *vaisseaux ombilicaux*. Les *oiseaux*, durant un temps fort court, se nourrissent du jaune de l'œuf où ils sont renfermés; jaune dont une partie reste quelquefois dans leur bec, lorsqu'ils sont éclos.

5. *Toute substance alimentaire se porte naturellement du centre à la circonférence;* c'est-à-dire, de l'*intérieur* à l'*extérieur*. On doit observer toutefois à ce sujet que les *arbres* et les *plantes* se nourrissent plutôt par leur *écorce* et leurs *parties extérieures,* que par leur *moëlle* et leurs *parties intérieures*. En effet, lorsqu'ils restent dépouillés de leur écorce, même pendant un temps fort court, ils meurent bientôt. Et le sang qui coule dans les vaisseaux des animaux, ne nourrit pas moins les parties situées au-dessous, que celles qui se trouvent au-dessus.

6. On peut, dans toute espèce d'alimentation, envisager deux espèces d'actions; savoir: l'*impulsion* et l'*attraction*. La première dépend de la *fonction* (de l'*action*) *intérieure*, et la dernière, de l'*extérieure*.

7. Les *végétaux se nourrissent et s'assimilent simplement la substance alimentaire, mais sans aucune excrétion ;* car les *gommes* et les *larmes* sont plutôt des produits d'une sorte de *surabondance*, que de vraies *excrétions ;* et les *tubérosités peuvent* être regardées comme des *maladies*. Mais la *substance* des *animaux* a une *perception plus vive et plus délicate* de *celles* qui lui *ressemblent;* perception qui est accompagnée d'un *dégoût*, en conséquence duquel elle *rejette les matières inutiles* (ou nuisibles), en *s'assimilant les matières utiles*. Une circonstance qui excite toujours notre étonnement, lorsque nos réflexions se portent sur le *pédicule* des fruits, c'est que toute cette substance alimentaire, qui produit quelquefois de si gros

fruits, puisse passer par un canal si étroit; car il n'est point de fruit qui adhère au tronc immédiatement et *sans pédicule*.

8. On doit observer que la *semence des animaux n'est susceptible de nutrition qu'autant qu'elle est récente* (récemment extraite), *au lieu que les semences des végétaux conservent fort long-temps cette propriété*. Cependant un *rejeton*, ou un *scion*, ne *reprend* qu'autant qu'il est encore *verd*, lorsqu'on le met en terre; et, si l'on n'a soin de recouvrir de terre les *racines* mises à nu, elles ne végètent pas long-temps.

9. Il est dans les animaux une *gradation de substance alimentaire*, qui suit (ou doit suivre) le *progrès de l'âge;* tant que le fœtus est dans la matrice, les sucs du corps de la mère lui suffisent; peu après sa naissance, il se nourrit de son lait, puis d'alimens solides et liquides. Enfin, aux approches de la vieillesse, il semble préférer les alimens qui ont de la consistance et une saveur marquée.

Remarque et précepte. Des observations et des expériences qui aideroient singulièrement à résoudre la grande question dont nous sommes actuellement occupés, ce seroient celles que l'on tenteroit pour savoir *s'il est possible de nourrir les animaux par l'extérieur*, et, en général, *autrement que par la bouche;* nous savons du moins qu'on ordonne des *bains de lait* aux sujets tombés en *état de consomption* et de *marasme.* Il est aussi des médecins qui pensent qu'il ne seroit pas impossible de nourrir, *par la voie des clystères,* un sujet fort affoibli (1).

Ainsi, il faut s'attacher sérieusement à cet objet; car, s'il étoit possible de

---

(1) On prétend que le *cardinal d'Auvergne* fut nourri par cette voie pendant un temps assez long. Le sujet sans doute ne pouvoit faire bonne chère par une telle voie. Cependant, si l'on entreprenoit, je ne dis pas de nourrir un sujet dont l'estomac auroit perdu toute sa force digestive, mais du moins de le substanter assez pour l'empêcher de mourir, ce ne seroit pas sans fondement.

nourrir un individu de notre espèce *par l'extérieur, et par toute autre voie que l'estomac*, on pourroit, par ce moyen, suppléer au *défaut d'alimentation résultant de cette diminution de force digestive, qui est un des principaux inconvéniens de la vieillesse, restaurer plus parfaitement le sujet*, et, en quelque manière, *le réintégrer complettement*.

Sur la durée plus ou moins longue de la vie, envisagée dans l'espèce humaine.

HISTOIRE

Relative aux questions des articles 5, 6, 7, 8, 9 et 11.

1. Nous lisons dans l'*écriture sainte,* qu'après le *déluge* il y a eu des hommes qui ont vécu plusieurs siècles ; cependant aucun des *patriarches* n'a vécu mille ans. Cette vie si longue ne doit pas être regardée comme une grace spéciale, et une sorte de privilège accordé à la *ligne la*

plus sainte; car on y compte *onze générations* depuis Adam jusqu'au déluge, au lieu que celle de *Caïn* n'en forme que huit ; ensorte que la *race maudite semble avoir été plus vivace que la race des saints* (1). Après le déluge, cette durée de la vie humaine, qui fut d'abord si longue, diminua tout à coup de la moitié, mais seulement dans ceux qui étoient nés depuis ; car *Noé,* qui étoit né auparavant, vécut aussi long-temps que

---

(1) Parce qu'ils sont plus robustes, et parce qu'ils les mangent ; ceux qui mangent les autres devant naturellement vivre plus long-temps que ceux qui sont mangés. Sur une cinquantaine d'*octogénaires* dont je puis me souvenir, j'en trouve tout au plus cinq qu'on puisse qualifier d'*honnêtes gens* et d'*hommes sociables.* La vie de l'honnête homme en ce monde est une sorte d'*exil ;* au lieu que le *fripon,* en quelque lieu qu'il s'arrête, se trouve toujours en très nombreuse compagnie, et est toujours chez lui : le premier est toujours *mélancholique,* parce qu'il est *toujours battu ;* le dernier est souvent dans la *joie,* parce qu'il a souvent *sa revanche.*

les précédens, et passa l'âge de six cents ans. Ensuite, après trois générations depuis le déluge, la vie humaine fut réduite au quart de sa durée primitive, je veux dire, à environ deux cents ans.

2. *Abraham*, personnage magnanime et d'une foi inébranlable, vécut cent soixante et onze ans. *Isaac*, homme chaste, d'un caractère moins énergique, et dont la vie fut moins agitée, vécut cent quatre-vingts ans. Mais *Jacob*, éprouvé d'abord par des disgraces multipliées, et après avoir eu un grand nombre d'enfans, ne laissa pas de parvenir à l'âge de cent quarante-sept ans. Ce patriarche fut d'un caractère doux, patient, mais un peu rusé (1). *Ismaël*, homme courageux et guerrier, vécut cent trente-sept ans. Mais *Sara*, femme d'une grande beauté, d'un caractère courageux, mère tendre, épouse complaisante, non moins

---

(1) Il vendit un peu cher ses lentilles, comme l'a observé le *patriarche de Ferney*, qui a trop poivré les siennes.

célèbre par la mâle liberté avec laquelle elle parloit à son époux, que par sa déférence pour lui, et la seule femme dont les livres saints aient spécifié l'âge (à l'époque de sa mort), vécut cent vingt-sept ans. *Joseph*, homme d'une prudence consommée et d'une profonde politique (1), après avoir été affligé de grandes disgraces durant sa première jeunesse, mais ensuite continuellement heureux, mourut à l'âge de cent-dix ans. *Levi*, son frère, mais beaucoup plus âgé, termina sa carrière à l'âge de cent trente-sept ans; il fut trop sensible aux affronts et d'un caractère extrêmement vindicatif. Son fils vécut à peu près autant, ainsi que son petit-fils, père d'*Aaron* et de *Moyse*.

---

(1) Politique d'autant plus profond, que le peuple d'*Egypte*, dans une année de famine, s'étant vendu à lui pour un peu de bled, il le revendit au roi; tel le père, tel le fils. Et comme ils vécurent tous deux beaucoup moins qu'*Abraham* et *Isaac*, il paroît que l'esprit mercantile n'est pas favorable à la prolongation de la vie.

3. *Moyse*, personnage très courageux et cependant d'un caractère fort doux, mais un peu *bègue*, vécut cent vingt ans. Or, ce *Moyse* même, dans le pseaume qui porte son nom, dit affirmativement que la durée ordinaire de la vie humaine n'est que de *soixante et dix ans*, et que les plus robustes en vivent tout au plus quatre-vingts; mesure qui, pour le dire en passant, est encore aujourd'hui celle de la vie humaine, et qui, depuis son temps, semble avoir été toujours à peu près la même. *Aaron*, qui étoit plus âgé de trois ans que son frère, mourut la même année; homme qui parloit avec plus de facilité, mais d'un caractère foible et incapable de résister aux clameurs d'une multitude. Quant à *Phinéès*, petit-fils d'*Aaron*, il vécut trois cents ans; ce qu'on doit attribuer à quelque grace spéciale et extraordinaire, en supposant toutefois que la guerre des *Israélites* contre la tribu de *Benjamin* (expédition où il fut consulté) ait eu réellement lieu dans le temps auquel la rapporte l'é-

criture sainte(1): c'étoit un homme excessivement jaloux. *Josué*, personnage toujours occupé d'expéditions militaires, grand capitaine, et heureux dans toutes ses entreprises, vécut cent dix ans. *Caleb* fut son contemporain, et il paroît qu'il étoit à peu près du même âge. *Ehud*, qui fut aussi un des juges, vécut au moins cent dix ans ; car l'écriture sainte nous apprend qu'après la victoire remportée sur les *Moabites*, la *Terre-Sainte* jouit, sous son commandement, d'une paix de quatre-vingts ans. Elle le peint comme un homme aussi infatigable qu'intrépide, et qui sembloit s'être dévoué pour le salut du peuple.

4. *Job*, après le rétablissement de sa fortune, vécut encore cent quarante ans, quoiqu'avant sa disgrace il fût assez âgé pour avoir des enfans d'âge viril ; per-

---

(1) C'est un blasphême; car on sait que le St. Esprit qui l'a dictée toute entière, ne commet jamais d'*anachronisme*, et n'a pas besoin d'*almanach*.

sonnage né pour les affaires et le gouvernement; bienfaisant, modéré, de la plus sublime patience, et fait pour servir d'exemple à tous les infortunés. Le grand prêtre *Héli*, homme d'un excessif embonpoint, d'un caractère tranquille et doux, mais trop indulgent pour les siens, vécut quatre-vingt dix-huit ans. Il paroît que le prophète *Elisée* étoit âgé de plus de cent ans lorsqu'il mourut; car il est dit qu'après l'*assomption d'Elie*, il vécut encore soixante ans : or, à l'époque de cette assomption, il étoit déja si âgé, que les enfans tournoient en ridicule sa vieillesse et sa tête chauve. Ce fut un personnage sévère et véhément, méprisant les richesses, et d'une vie austère. Il paroît qu'*Isaïe* vécut au moins cent ans; car les livres saints nous apprennent qu'il exerça, pendant soixante et dix ans, les fonctions de prophète; ce qu'elle rapporte toutefois sans nous dire quel étoit son âge, soit dans le temps où il commença à prophétiser, soit à l'époque de sa mort. Ce fut un écrivain d'une éloquence toute sublime, toute céleste, un prophète *évangélisant par avance*, dont l'ame étoit toute remplie des promesses de Dieu, relativement au *Messie*, et des grandes choses qu'il devoit opérer.

5. *Tobie* père vécut cent quarante-huit ans, et son fils cent vingt-sept ; ce furent deux ames miséricordieuses, pleines d'une sainte activité pour les malheureux, et aimant à répandre des aumônes. Il paroît aussi que, même dans le temps de la captivité, un assez grand nombre d'*Israélites* fournirent une très longue carrière ; car l'*Écriture sainte* dit, en parlant de quelques-uns d'entre eux, qu'ayant vu les deux temples, quoiqu'il se fût écoulé soixante et dix ans entre l'ancien et le nouveau, et comparant celui-ci au premier, ils versoient des larmes à la vue de leur différence. Quelques siècles après, et vers le temps de la naissance du Sauveur, nous trouvons *Siméon* âgé de quatre-vingt-dix ans ; personnage très religieux, plein d'espérance, et vivant toujours dans l'attente

du *Messie*. Vers le même temps, nous trouvons encore *Anne*, prophétesse, qui doit avoir vécu plus de cent ans. Car il est dit qu'elle fut mariée durant sept ans, et que son veuvage dura quatre-vingt-quatre ans, temps auquel il faut ajouter celui de sa virginité, et cette partie de sa vie qui suivit sa prophétie relativement au Sauveur ; femme dont la vie toute sainte se passa dans le jeûne et la prière.

6. Les auteurs païens parlent assez d'hommes, dont la vie a été fort longue ; relations toutefois qui nous laissent souvent dans l'incertitude à cet égard, soit à cause des fables qui s'y trouvent mêlées, et auxquelles un sujet de cette nature ne prête que trop, soit à cause des erreurs qui ont pu se glisser dans le calcul des années. Dans ce peu qui nous reste de l'histoire des *Égyptiens*, nous ne trouvons aucun fait mémorable relativement à la longue durée de la vie ; les règnes les plus longs, dont elle fasse mention, n'ayant pas excédé cinquante ou cinquante-cinq ans : ce qui mérite

d'autant moins de fixer notre attention, que, dans des temps plus modernes, nous voyons des princes qui ont régné aussi long-temps. Mais certaines relations fabuleuses attribuent à des rois d'*Arcadie* une vie extrêmement longue. C'est à la vérité un pays très montueux, et la manière de vivre de ses anciens habitans étoit toute pastorale, aucune dépravation n'avoit encore affoibli leur constitution originelle. Cependant, comme ils vivoient sous la tutele du dieu *Pan,* tout ce qui concerne cette contrée semble avoir je ne sais quoi de *panique,* de fantastique et de poétique, pour ne pas dire de *fabuleux.*

7. *Numa,* second roi de *Rome,* personnage pacifique et entièrement voué à la religion, vécut plus de quatre-vingts ans. Mais *Valerius-Corvinus* vécut plus de cent ans; et l'histoire romaine dit qu'il y eut quarante-quatre ans d'intervalle entre son premier et son sixième consulat. Elle le peint comme un personnage guerrier et d'une ame forte, mais en mê-

me temps affable et populaire ; la fortune lui fut toujours favorable.

8. *Solon*, législateur des *Athéniens*, et un des sept sages de la Grèce, vécut plus de quatre-vingts ans; personnage dont l'ame étoit grande et élevée, mais populaire et aimant tendrement sa patrie; il étoit fort éclairé et même très savant. Cependant il n'étoit rien moins qu'ennemi du plaisir et ne se refusoit point les douceurs de la vie. Si nous en croyons quelques historiens, *Épiménide* de *Crète* vécut cent cinquante-sept ans, fait auquel se mêle une sorte de prodige. On prétend qu'il demeura caché dans une caverne pendant cinquante-sept ans; mais un demi-siècle après, nous trouvons *Xénophane*, de *Colophon*, qui a dû vivre au moins cent deux ans; car, au rapport de quelques historiens, il quitta sa patrie à l'âge de vingt-cinq ans, et n'y revint qu'après soixante-dix-sept ans de voyages; mais combien de temps y vécut-il après son retour? c'est ce qu'ils ne disent point. Il semble que l'*esprit* de ce

philosophe aima à *voyager* et à *errer* comme son corps; sa philosophie, vague et gigantesque, lui ayant fait donner le nom de *Xénomane*, au lieu de celui de *Xénophane*; rien en effet n'est plus vaste que ses conceptions; il semble se trouver toujours à l'étroit dans son sujet et ne se plaire, ne *se trouver à l'aise que dans l'infini* (1).

9. *Anacréon*, poëte *érotique*, voluptueux et grand buveur, vécut plus de quatre-vingts ans. *Pindare*, de Thèbes, génie original et poëte, non moins religieux que sublime, fut aussi octogénaire. *Sophocle*, poëte d'un style élevé,

---

(1) Les *voyages* accoutument à *embrasser un grand objet* et à *oser*. Dans ces grandes excursions on est obligé de considérer non-seulement les différentes parties de cette planète, mais encore d'élever fréquemment ses regards vers les cieux, pour y chercher des points fixes; et l'on se fait ainsi un plus vaste cabinet. Une fois que cette habitude est contractée, lorsque le corps s'arrête, l'esprit continue de voyager, et la langue ou la plume trotte.

pompeux, et quelquefois un peu enflé, d'un caractère insouciant et tout entier à ses écrits, vécut à peu près autant.

10. *Artaxerxès*, roi de *Perse*, parvint à l'âge de quatre-vingt-quinze ans; prince d'un esprit foible et borné, incapable de supporter le poids d'une vaste administration, aimant la gloire et encore plus le repos. A peu près vers le même temps, nous trouvons *Agésilaus*, roi de *Sparte*, qui mourut à l'âge de quatre-vingt-quatre ans, homme d'un caractère modéré, et une sorte de *philosophe-roi*, mais qui ne laissoit pas d'être ambitieux, guerrier, et aussi actif que ferme, soit en guerre, soit en paix.

11. *Gorgias*, de *Leontium*, vécut cent huit ans. Il étoit rhéteur de profession, faisant un grand étalage de sa science, courant de ville en ville pour enseigner la jeunesse, et faisant payer fort cher ses leçons. Peu de temps avant sa mort, on lui entendit dire : qu'*aucune infirmité ne lui donnoit lieu de se plaindre de la vieillesse. Protagoras, d'Abdère*, qui vécut

quatre-vingt-dix ans, fut aussi rhéteur de profession; mais ses leçons étoient moins une sorte d'*encyclopédie,* comme celles des précédens, qu'un *cours de morale pratique,* ayant pour objet les diverses situations et relations de la vie ordinaire, soit privée, soit publique. Cependant il changeoit fréquemment de domicile ainsi que *Gorgias*. Mais *Isocrate, Athénien,* qui vécut quatre-vingt-dix-neuf ans, et qui fut également rhéteur, étoit un homme très modeste, fuyant l'éclat du barreau, et tenant école dans sa propre maison. *Démocrite, d'Abdère,* termina sa carrière à l'âge de cent neuf ans; philosophe du premier ordre sans contredit, et le seul peut-être parmi les *Grecs* qu'on puisse, à juste titre, qualifier de *physicien*. Il fut occupé, pendant la plus grande partie de sa vie, à parcourir un grand nombre de contrées, et plus encore la nature entière, s'attachant constamment à l'*expérience* et à l'*observation.* Dans ses discours et ses écrits, il usoit fréquemment de *comparaisons* et de *simili-*

tudes, s'embarrassant peu de se conformer aux loix sévères de l'argumentation, comme le lui reproche *Aristote* (1). *Diogène*, de *Sinope*, vécut quatre-vingt-dix ans; philosophe qui se permettoit de tout dire aux autres, mais qui, en même temps, ne se pardonnoit rien à lui-même. Il sem-

---

(1) Pour se conformer aux loix de l'argumentation, on doit d'abord *poser un principe*, c'est-à-dire, *rappeller une classe très nombreuse à laquelle convient manifestement l'attribut en question*; puis dire, ou prouver, s'il est nécessaire, *que le sujet de la question doit être aggrégé à cette classe*; enfin *conclure que l'attribut de la question lui convient aussi*. Le philosophe qui use de *similitudes*, au lieu de *rappeller toute cette classe*, désigne seulement *quelques-uns des sujets qui en font partie, et auxquels convient manifestement l'attribut en question*; puis de l'analogie du sujet de la question avec les sujets auxquels il le compare, il conclut que l'attribut de la question qui convient à ces sujets, convient aussi au sujet proposé. Ainsi ces *comparaisons*, ces *similitudes*, ainsi que les *exemples*, ne peuvent *fonder solidement une preuve proprement dite*; ce ne sont tout au plus que des *ébauches*, des essais de

bloit se complaire dans sa vie dure et dans son ordure. *Zénon*, de *Cée*, vécut quatre-vingt-dix-huit ans ; philosophe d'une ame généreuse et élevée, méprisant les vaines opinions, d'un esprit toutefois très pénétrant, sans être d'une fatigante subtilité ; mais tendant plutôt à *gagner* les

———————————————

preuve, des preuves provisoires, préparatoires, et dont la destination est seulement d'aider l'esprit à s'élever au principe général et incontestable, qui est la base de la preuve générale et rigoureuse; parce que les idées et plus encore les images de sujets particuliers parlant davantage à l'imagination, faculté plus active que la raison, donnent ainsi à l'esprit l'activité nécessaire pour étendre et généraliser ses idées. Cette petite digression logique est d'autant plus nécessaire, que *les écrivains imaginatifs raisonnent trop peu, et que les écrivains raisonneurs ne peignent pas assez ;* les savans parlent trop à leurs semblables, et pas assez au vulgaire ; cependant il s'agit beaucoup moins de *découvrir* les *vérités* les plus *utiles* qui sont déja trouvées, que de les *persuader*, de les *répandre*, de les *naturaliser* dans l'esprit des ignorans, et de faire ainsi, de son loisir, un travail, en le rendant utile aux hommes laborieux.

autres *esprits* qu'à les *convaincre*, et à leur faire une sorte de violence; en un mot, suivant à peu près la même marche que celui de *Sénèque*. *Platon, Athénien,* vécut quatre-vingt-un ans; philosophe, dont l'ame étoit grande et pleine de vigueur, mais qui préféra toutefois une vie tranquille et studieuse, uniquement occupé de sublimes contemplations; se livrant quelquefois un peu trop à son imagination, humanisant sa philosophie par des manières pleines d'élégance et d'urbanité; d'un caractère toutefois plutôt serein que gai, et s'annonçant par une sorte de tranquille majesté. *Théophraste, d'Erèse,* mourut à l'âge de quatre-vingt-cinq ans; ses écrits, pleins de douceur et de graces, plaisoient encore par la variété des sujets qu'il traitoit. En cultivant la philosophie, il n'en cueillit que la fleur et les fruits les plus doux, abandonnant les *épines* et les *chardons* aux *scholastiques*. *Carnéade, de Cyrène,* qui vécut long-temps après, termina aussi sa carrière à l'âge de quatre-vingt-cinq ans;

philosophe d'un génie fécond et d'une éloquence aussi facile que fleurie, qui sut plaire aux autres par cette variété même de connoissances dont il faisoit ses délices. Mais *Orbilius*, contemporain de *Cicéron*, et qui n'étoit ni philosophe, ni rhéteur, mais seulement *grammairien*, vécut plus de cent ans. Il fut d'abord soldat, puis il ouvrit une école. C'étoit un homme dont le caractère, la langue et les écrits avoient je ne sais quoi de polémique, de hargneux et de *mordicant*.

12. *Quintus Fabius-Maximus* fut *augure* pendant soixante-trois ans, d'où il semble qu'on puisse conclure qu'il a vécu plus de quatre-vingts ans; quoique nous sachions que, dans l'élection des sujets pour cet office, on avoit plutôt égard à la noblesse de l'extraction qu'à l'âge (1). Ce fut un personnage distingué par une souve-

(1) Il commanda les armées ayant plus de quatre-vingts ans, après s'être proposé lui-même au peuple romain, dans des circonstances difficiles, au lieu d'un sujet médiocre qui venoit d'être élu.

veraine prudence, aimant à *temporiser*, modéré dans toutes les situations de la vie, et d'une douceur constante; mais mariée à une teinte de sévérité. *Massinissa*, roi de *Numidie*, vécut plus de quatre-vingt-dix ans; et ayant plus de quatre-vingt-cinq ans, il eut encore un fils; prince d'un esprit inquiet, se fiant beaucoup à sa fortune, et qui, après avoir éprouvé, durant sa jeunesse, une alternative effrayante de bons et de mauvais succès, vécut ensuite dans une continuelle prospérité; mais *Caton le Censeur* vécut plus de quatre-vingt-dix ans; personnage qui eut (s'il est permis de s'exprimer ainsi) *un corps et une ame de fer*, dont la langue ne faisoit grace à qui que ce soit, se plaisant dans la vie contentieuse, faisant toutefois ses délices de *l'agriculture*; enfin, servant de *médecin* à soi et à toute sa famille.

13. *Terentia*, femme de *Cicéron*, laquelle vécut cent trois ans, fut éprouvée par des disgraces multipliées, telles que l'exil de son époux, un divorce, enfin,

la dernière catastrophe de ce grand orateur; elle fut aussi fréquemment tourmentée par la goutte. *Luceia, comédienne* de profession, doit avoir vécu beaucoup plus de cent ans ; car quelques historiens rapportent qu'elle parut sur le théâtre pendant plus d'un siècle ; ce qui suppose qu'elle joua d'abord des rôles de jeunes filles, et, sur la fin, des rôles de vieille. Mais *Galeria-Copiola*, qui étoit aussi comédienne et de plus danseuse, débuta sur le théâtre à une époque que les historiens ne spécifient point ; puis quatre-vingt-dix-neuf ans après, elle reparut sur la scène, non pour jouer des rôles, mais pour être simplement montrée au peuple romain comme une sorte de prodige, lorsque le grand *Pompée* fit la dédicace de son théâtre : et ce ne fut pas tout, elle parut encore sur la scène à la célébration des jeux voués pour le salut de *César-Auguste*.

14. *L'histoire romaine* fait mention d'une autre comédienne, un peu postérieure pour le temps à celle dont nous ve-

nons de parler, mais supérieure en dignité et qui fut presque nonagénaire; je veux parler de *Livia-Julia-Augusta*, femme de *César-Auguste*, et mère de *Tibère*. En effet, si la vie d'*Auguste* ne fut qu'une comédie, comme ce prince près de mourir le prétendoit lui-même, en invitant ses amis à lui applaudir aussi-tôt qu'il auroit fermé les yeux (1), certes *Livie* fut une excellente comédienne, qui sut très

---

(1) La vie humaine n'est en effet qu'une sorte de *tragi-comédie;* c'est une *tragédie* pour les hommes *tristes*, et une *comédie* pour les hommes *gais*; car elle n'est pour nous que ce qu'elle nous paroît, et elle ne nous paroît que ce que nous sommes nous-mêmes: c'est une pièce où le plus habile acteur est celui qui joue son rôle avec assez d'adresse, de constance et de dignité, pour que les spectateurs confondent jusqu'à la fin son personnage avec sa personne. C'est aussi un commerce où chacun se surfaisant lui-même, et mettant les autres au rabais, vend sa sotte personne le plus cher qu'il peut, en feignant de la donner pour rien, et fait accepter sa fausse monnoie à d'autres faux-monnoyeurs qui, ayant eux-mêmes intérêt à lui donner cours, feignent de s'en payer.

bien s'accommoder et au caractère de son époux, par son excessive complaisance, et à celui de son fils, par cet empire et cette sorte d'ascendant qu'elle sut prendre sur lui; femme pleine de douceur et d'urbanité, mais ayant toutefois un caractère soutenu, sachant être maîtresse dans sa maison, jouant toujours un rôle dans les affaires les plus importantes, et jalouse de son autorité. *Junie*, femme de *Cassius* et sœur de *Brutus*, parvint aussi à l'âge de quatre-vingt-dix ans. Les historiens disent qu'elle mourut soixante-quatre ans après la bataille de *Philippes*; femme d'une ame grande et élevée, qui sut se maintenir dans un état de splendeur, affligée sans doute par la catastrophe de son époux et celles de ses proches, ainsi que par un long veuvage, mais qui fut toujours honorée.

15. L'année 76 de l'*ère chrétienne* (laquelle répond au règne de *Vespasien*), est une année mémorable par rapport à *la longue durée de la vie humaine*, et nous présente des espèces de fastes en ce

genre. Car, ayant fait alors le *cens* ou le *dénombrement* (et le *cens* est, par rapport aux âges des individus, ce qu'il y a de plus authentique), on trouva, dans cette seule partie de l'*Italie*, qui est bornée d'un côté par l'*Apennin*, et de l'autre par le *Pô*, cent vingt-quatre hommes âgés au moins de cent ans ; savoir :

Cinquante-quatre, âgés de cent ans justes ;

Cinquante-sept, de cent dix ans ;

Deux, de cent vingt-cinq ans ;

Quatre, de cent trente ans ;

Quatre, de cent trente-cinq ou de cent trente-sept ans ;

Trois, de cent quarante ans.

Outre ceux dont nous venons de faire l'énumération, on trouva nommément à *Parme* cinq vieillards, dont trois étoient âgés de cent vingt ans, et deux de cent trente ans.

A *Brusello*, un de cent vingt-cinq ans ;

A *Plaisance*, un de cent trente-un ans ;

A *Faenza*, une femme de cent trente-deux ans ;

Et une petite ville appellée alors *Velleiacium*, ville bâtie sur des collines situées près de *Plaisance*, en fournit au rôle jusqu'à dix, dont six avoient cent dix ans, et quatre, cent vingt ans.

Enfin *Ariminum* (aujourd'hui *Rimini*) en produisit un appellé *Marcus-Aporius*, et qui avoit cent cinquante ans.

AVERTISSEMENT.

Pour éviter une prolixité fastidieuse, nous avons cru devoir, soit dans les énumérations précédentes, soit dans les suivantes, ne parler d'aucun individu qui ne fût au moins *octogénaire*, en ayant soin de joindre à l'âge de chacun, une sorte de *petit portrait* aussi vrai que précis, mais qui nous a paru cependant avoir *quelques relations avec la prolongation de la vie*, laquelle, sans contredit, dépend nécessairement beaucoup des *mœurs*, des *bons ou mauvais succès*, et de la *situation des sujets en question* ; relation qui consiste, ou en *ce que les sujets de la classe désignée par ce précis, vivent ordinaire-*

ment fort long-temps ; ou en ce que les sujets désignés, quoique se rapportant à une classe qui a moins d'aptitude naturelle à vivre long-temps, n'ont pas laissé de fournir une très longue carrière.

16. Parmi les *Empereurs, romains, grecs, français* ou *allemands*, qu'on peut compter jusqu'à notre temps et dont le nombre monte à près de deux cents, je n'en vois que quatre qui aient été *octogénaires*, auxquels on peut ajouter les deux premiers, savoir *Auguste* et *Tibère;* ce dernier ayant vécu soixante-dix-huit ans, et l'autre soixante-seize, mais qui auroient pu sans doute parvenir à l'âge de quatre-vingts ans, si *Livie* et *Caligula* eussent bien voulu les laisser vivre un peu plus long-temps. *Auguste*, comme nous venons de le dire, vécut soixante-seize ans; c'étoit un prince d'un caractère modéré, mais qui ne manquoit pas de chaleur dans l'exécution, et à tout autre égard, d'un caractère paisible et serein, très sobre par rapport aux alimens solides et liquides, trop adonné aux

femmes, et ayant eu des succès de toute espèce; vers l'âge de trente ans, il fut attaqué d'une maladie très grave, et si dangereuse, qu'on désespéra tout-à-fait de son rétablissement: heureusement *Antonius-Musa*, un de ses médecins, ayant osé combattre le sentiment de tous les autres qui prescrivoient des médicamens de nature chaude, comme étant les seuls qui convinssent à la maladie, parvint à le sauver à l'aide d'un traitement de nature toute opposée, ce qui put contribuer à le faire vivre plus long-temps. *Tibère* vécut deux années de plus; ce prince, suivant l'expression burlesque d'*Auguste* même, *avoit la mâchoire lourde*, je veux dire qu'il ne parloit qu'avec beaucoup de lenteur et de difficulté, mais cependant avec force. Il étoit sanguinaire, grand buveur, fort débauché, et s'étant fait de son incontinence même une sorte de régime; car il avoit grand soin de sa santé et savoit l'entretenir; ayant même coutume de dire que tout homme qui, passé l'âge de trente ans, appelloit ou même consultoit un médecin, n'étoit qu'un ignorant. Le premier *Gordien* parvint à l'âge de quatre-vingts ans, quoiqu'il ait péri d'une mort violente, après avoir à peine goûté le plaisir de régner; ce prince étoit généreux, magnifique, fort instruit, et même un peu poëte; il eut d'heureux succès pendant toute sa vie, si l'on en excepte cette catastrophe qui causa sa mort. L'empereur *Valérien* étoit âgé de soixante-seize ans lorsqu'il fut fait prisonnier par *Sapor*, roi de *Perse*; il vécut sept ans dans les fers, en essuyant mille affronts, et périt aussi d'une mort violente. C'étoit un prince d'un génie médiocre et d'un caractère sans énergie; sa réputation fut d'abord un peu au-dessus de son mérite; mais l'expérience fit beaucoup rabattre de cette opinion avantageuse qu'on avoit eue de lui. *Anastase*, surnommé *Dichorus*, qui mourut à l'âge de quatre-vingt-huit ans, étoit un prince d'un caractère paisible et d'un esprit reposé, mais d'une humilité monacale, trop superstitieux et trop timide. *Anice-Jus-*

tinien vécut quatre-vingt-trois ans. Ce prince étoit avide de gloire et peu effectif par lui-même; mais il dut les plus heureux succès et une grande célébrité au courage et aux talens supérieurs de ses généraux (1). Il étoit esclave de son épouse, d'un caractère foible et presque toujours gouverné par ceux qui l'environnoient. *Hélène*, originaire de la Grande-Bretagne et mère de *Constantin*, fut octogénaire ; elle ne prit aucune part aux intérêts du siècle, étant plus dévouée à la religion qu'à son époux et à son fils ; ses sentimens étoient élevés, et elle fut toujours honorée comme elle méritoit de l'être. L'impératrice *Théodora* (qui étoit sœur de *Zoé*, femme de *Monomachus*, après la mort de laquelle elle régna seule), étoit âgée de plus de quatre-vingts ans lorsqu'elle mourut; les affaires les plus épineuses ne l'effrayoient point ; elle savoura long-temps le plaisir de régner, jalouse de son autorité et sachant la con-

---

(1) *Bélisaire* et *Narsès*.

server: enfin, elle jouit d'une longue prospérité, et ce fut cette prospérité même qui la rendit crédule.

17. De cette énumération des souverains laïcs, passons à celle des personnages éminens de l'église chrétienne.

Saint Jean, un des douze apôtres et le disciple bien-aimé du Sauveur, vécut quatre-vingt-treize ans. C'est avec raison que l'église figure cet évangéliste sous l'emblême d'un aigle, ses pensées et ses sentimens n'ayant rien que de sublime et de divin : c'étoit une sorte de *Séraphin*, parmi les apôtres, vu cette ardente charité dont il étoit animé. *Saint Luc*, un des quatre évangélistes, mourut à l'âge de quatre-vingt-quatre ans ; personnage éloquent, grand voyageur, compagnon inséparable de *saint Paul*, et médecin de profession. *Simeon*, fils de *Cléophas*, appellé *le frère du Seigneur*, et évêque de *Jérusalem*, termina sa carrière à l'âge de cent vingt ans, quoique le martyre l'eût abrégée ; prélat courageux, d'une constance invincible, et dont toutes les heures furent marquées par de bonnes œuvres. *Polycarpe*, disciple des apôtres, et évêque de *Smyrne*, paroît avoir vécu plus de cent ans, quoique le martyre ait aussi abrégé la durée de sa vie; personnage d'une ame élevée, d'une patience héroïque et infatigable dans ses travaux apostoliques. *Denis l'aréopagiste*, contemporain de *saint Paul*, étoit au moins nonagénaire lorsqu'il mourut. Il fut appellé *l'oiseau du ciel*, à cause de sa sublime *théologie*, et ne fut pas moins illustre par ses actions que par ses écrits. *Aquila et Priscilla*, qui furent d'abord les hôtes de saint *Paul*, puis ses co-adjuteurs, devenus célèbres par une heureuse et sainte union, vécurent au moins cent ans chacun; car, sous le pontificat de *Sixte I*[er]. ils étoient encore vivans: couple fait pour servir de modèles aux époux, illustré par une charité universelle et infatigable: l'union mit le comble aux graces et aux consolations sans nombre, qui furent versées sur eux, et qui leur furent sans doute communes avec tous les premiers fondateurs de l'église chrétienne.

Saint Paul, hermite, mourut à l'âge de cent treize ans, il vécut constamment dans une caverne : sa manière de vivre étoit si frugale et si dure, que la patience nécessaire pour supporter un tel genre de vie, sembloit excéder les forces de l'humanité : sa vie entière se passa dans la méditation et le soliloque; cependant il n'étoit rien moins qu'ignorant, mais au contraire d'une érudition distinguée. *Saint Antoine*, premier instituteur, et selon d'autres, seulement restaurateur des cénobites, parvint à l'âge de cent cinq ans; personnage contemplatif, ascétique, et cependant utile quelquefois à certains États, même selon le langage du siècle : son genre de vie fut très austère et très pénible; cependant il étoit illustre dans sa solitude même, et y exerçoit une sorte d'empire; ayant sous sa direction un grand nombre de cénobites, et étant fréquemment visité par une infinité de chrétiens et de philosophes mêmes, curieux de voir en lui une sorte de *simulacre vivant*, et accourant de toutes parts lui rendre des hommages qui tenoient de l'adoration. *Saint Athanase* étoit plus qu'octogénaire lorsqu'il mourut; personnage d'une invincible fermeté, commandant toujours à la renommée, incapable de succomber aux persécutions et à l'adversité, usant d'une généreuse et mâle liberté envers les grands, mais accessible aux petits, populaire et agréable à la multitude; il soutint une infinité de combats pénibles et périlleux, pour la défense de l'*orthodoxie*, avec un courage qui n'étoit pas sans adresse. *Saint Jérôme*, au rapport de plusieurs historiens, a vécu plus de quatre-vingt-dix ans; écrivain plein de vigueur, et d'une mâle éloquence, qui se distingua par l'étonnante variété de ses connoissances, ayant appris plusieurs langues et plusieurs sciences; il fut aussi grand voyageur : sur la fin de sa carrière, il embrassa un genre de vie plus austère, mais dans cette vie si retirée, son ame conserva toute sa primitive énergie; et de son obscurité même, il répandit au loin la plus vive lumière.

18. On compte jusqu'à nos jours *deux cent quarante-un papes ;* mais dans un si grand nombre, je n'en trouve que *cinq* qui aient atteint ou passé l'âge de *quatre-vingts ans.* Quant aux plus anciens, cette courte durée de leur vie est d'autant moins étonnante, que la prérogative même du martyre en abrégea le cours. *Jean XXIII*, un de ces papes vivaces, mourut à l'âge de quatre-vingt-dix ans; personnage inquiet, grand novateur, et ayant changé réellement une infinité de choses, les unes en mieux et beaucoup d'autres en pis; possédant de grandes richesses et aimant à thésauriser. *Grégoire XII,* créé pape durant le schisme, et espèce d'*inter-roi,* étoit plus que nonagénaire lorsqu'il mourut; son pontificat fut de si courte durée, que nous ne trouvons à son sujet aucune particularité digne d'attention. *Paul III* vécut quatre-vingt-un ans; pontife d'un caractère pai-

sible, d'un esprit reposé, d'une prudence consommée, très savant, se mêlant même quelque peu d'*astrologie* (d'astronomie), ayant grand soin de sa santé, et sachant l'entretenir ; mais étant comme le grand prêtre *Héli,* d'une excessive indulgence pour les siens. *Paul IV* mourut à l'âge de quatre-vingt-trois ans; personnage d'un caractère âpre, sévère, impétueux, superbe, violent et parlant avec autant de force que d'élégance et de facilité. *Grégoire XIII* vécut aussi quatre-vingt-trois ans ; pontife d'une bonté innée, très sain de corps et d'ame, d'une profonde politique, d'un caractère modéré, bienfaisant et aimant à répandre des aumônes.

19. L'énumération suivante étant composée de faits moins attestés et appuyés sur un très petit nombre d'observations, nous ne présenterons ces faits qu'en masse et sans les classer. *Argantonius* qui régnoit *à Cadix* en *Espagne,* vécut, selon les uns, cent trente, et, selon d'autres, cent quarante ans, y compris le temps de

son règne qui fut de quatre-vingts. *Cyniras*, roi de *Cypre*, (île que les anciens regardoient comme le *séjour de la volupté et du bonheur*) vécut, dit-on, cent cinquante ou cent soixante ans. Les deux rois du nom de *Latinus*, en *Italie*, (savoir le père et le fils), vécurent, l'un huit cents, et l'autre six cents ans. Mais comme cette relation nous vient de certains écrivains, grands amateurs de *philologie*, qui doutent eux-mêmes de ces faits, et qui finissent par les rejeter, nous pouvons les regarder comme fabuleux : d'autres prétendent que certains rois *d'Arcadie* ont vécu jusqu'à trois cents ans : tout dans cette contrée étoit sans doute favorable à la prolongation de la vie, mais cette durée peut avoir été exagérée par les poëtes et les fabulistes : d'autres encore parlent d'un certain *Dandon, Illyrien*, qui mourut à l'âge de cinq cents ans, sans avoir ressenti aucune des infirmités ordinaires de la vieillesse. Au rapport de quelques historiens, toute la nation des *Epiens*, qui habitoient un canton de l'*Etolie*, étoient fort vivaces, et quelques individus, parmi eux, parvenoient à l'âge de deux cents ans : on parle entr'autres d'un certain *Litorius*, homme d'une stature gigantesque, qui vécut trois siècles. Sur le sommet du *Tinole*, (montagne de *Thrace*, appellée *Thempsis*, dans les temps encore plus anciens), rien n'étoit plus commun, dit-on, que de voir des hommes de cent cinquante ans. On prétend que, dans la secte des *Esséens*, qui faisoit partie de la nation des *Juifs*, la vie moyenne étoit de plus de cent ans : la manière de vivre de ces sectaires étoit extrêmement frugale et conforme aux institutions de *Pythagore*. *Apollonius* de *Thyane* vécut plus de cent ans, et malgré ce grand âge, pouvoit encore passer pour beau ; personnage dont toute la vie tient du merveilleux, qualifié de *divin* par les *païens*, mais regardé par les chrétiens comme un *magicien*, vivant à la manière des *Pythagoriciens*, grand voyageur, jouissant de la plus grande célébrité, honoré en tous lieux, et presque adoré comme une *divinité;* cependant, sur la fin de sa vie, il encourut des accusations, et essuya des affronts, difficultés toutefois dont il sut se tirer par un moyen quelconque ; mais de peur qu'on ne soit tenté d'attribuer cette vie si longue au *régime pythagorique,* et afin qu'on la regarde en partie comme un avantage en quelque manière héréditaire dans cette famille, les historiens nous disent que son aïeul vécut plus de cent trente ans. Un fait mieux constaté, c'est que *Quintus-Metellus* vécut plus de cent ans. Après plusieurs consulats, où il eut de continuels succès, il fut créé grand pontife, étant déja fort vieux, et exerça cette fonction pendant vingt-un ans, n'ayant jamais hésité, en prononçant les paroles sacrées, et ayant toujours exécuté d'une main sûre, toutes les opérations usitées dans les sacrifices. Il est également certain *qu'Appius-Clodius* fournit une très longue carrière, mais les historiens n'en déterminent point la durée : quoi qu'il en soit, il fut très long-temps privé de la vue; mais cette infirmité n'abattit point son courage, et il continua de gouverner avec autant de vigueur que de sagesse une nombreuse famille, une infinité de cliens, et même la république: sur la fin de sa vie, ayant appris que le sénat étoit près de conclure la paix avec *Pyrrus*, il se fit porter dans l'assemblée, et, par un discours plein de vigueur, les détourna de cette résolution; discours dont le commencement est d'une hauteur mémorable, et respire toute l'énergie d'une ame invincible: *Privé de la vue depuis tant d'années, ô pères conscripts! j'ai supporté mon malheur avec courage; mais puissé-je aujourd'hui être sourd encore, pour ne plus entendre les honteux conseils qu'on vous donne! Marcus-Perpenna* mourut à l'âge de quatre-vingt-dix-huit ans, ayant survécu à tous ceux auxquels, dans l'année de son consulat, il avoit demandé leur avis dans le sénat, c'est-à-dire à tous les sénateurs de cette année-là, et même à ceux que, durant sa censure (charge qu'il n'exerça que plusieurs années après), il avoit reçus dans cette compagnie (à l'exception toutefois de sept). *Hiéron*, qui régnoit en *Sicile*, vers le temps de la *seconde guerre punique*, vécut près de cent ans; prince d'un caractère modéré, respectant les Dieux, ami constant, bienfaisant, et ayant vécu dans une continuelle prospérité. *Statilia*, femme de noble extraction, mourut sous le règne de *Claude*, à l'âge de quatre-vingt-dix-neuf ans. *Clodia*, fille d'*Ofilius*, vécut cent quinze ans. *Xenophile*, philosophe fort ancien et de la secte des *Pythagoriciens*, mourut à l'âge de cent six ans; sa vieillesse fut saine et vigoureuse; il s'acquit, par ses vastes connoissances, la plus brillante réputation, et fut même à ce titre honoré du vulgaire. Les habitans de l'île de *Corcyre* passoient autrefois pour très vivaces; mais aujourd'hui ils n'ont à cet égard aucun avantage sur les autres nations. *Hippocrate, de Cos*, père de la médecine, ayant vécu cent quatre ans, illustra son art par une si longue carrière, et prouva ainsi qu'il étoit lui-même vraiment médecin; personnage dont la science profonde semble dirigée par une sorte de *prudence*, s'attachant constamment à *l'expérience* et à *l'observation*, méprisant les *mots*, dédaignant les *formes*, n'estimant dans la science, et n'exposant dans ses écrits que ce qu'elle a de plus substantiel, de plus solide et de plus nerveux. *Demonax*, philosophe, non-seulement *de profession*, mais même *de fait*, mourut sous le règne *d'Adrien*, à l'âge de près de cent dix ans; personnage qui eut une ame grande et forte, qui sut se vaincre lui-même, mais sans affectation, et ayant un vrai mépris pour les choses humaines; il étoit accessible, gracieux et plein d'urbanité : ses amis le pressentant sur la manière dont il vouloit être enseveli : *épargnez-vous ces soins au sujet de ma sépulture*, leur dit-il : *la mauvaise odeur de mon cadavre le fera ensevelir*; et comme ils insistoient en disant : *eh quoi! voulez-vous donc que votre corps soit exposé à la voracité des chiens et des oiseaux! eh! qu'importe?* reprit-il, *comme je me suis efforcé durant ma vie d'être utile aux hommes, quel si grand malheur seroit-ce donc pour moi, si je pouvois, après ma mort, l'être aussi un peu aux animaux?* Les *Pandores*, peuple de *l'Inde*, connu des anciens, passoient pour très vivaces; ce qui alloit quelquefois jusqu'à deux cents ans; à quoi l'on ajoute une circonstance, qui, à la première vue, paroît plus étonnante; leurs enfans, dit-on, avoient les cheveux presque blancs; puis sur le déclin de l'âge, leur chevelure noircissoit avant de blanchir; mais au fond cette circonstance n'a rien que de très ordinaire : dans nos contrées, les cheveux des enfans sont d'abord blancs, puis dans l'âge viril, ils deviennent noirs. On prétend aussi que les *Sères*, autre peuple des *Indes*, qui tiroient du palmier une sorte de vin, fournissoient une très longue carrière; quelques individus parmi eux vivant jusqu'à cent trente ans. *Euphranor*, grammairien, vieillit dans son école, et à l'âge de cent ans y enseignoit encore les lettres. *Ovide*, père du poëte, mourut à l'âge de quatre-vingt-dix ans; il avoit des goûts bien opposés à ceux de son fils, dédaignant les muses, et voulant le détourner de leur culture. *Asinius Pollion*, ami d'*Auguste*, vécut plus de cent ans; homme d'un luxe immodéré, éloquent, aimant les lettres et les cultivant lui-même; mais violent, superbe, cruel, et semblant n'être né que pour lui seul. L'opinion commune est que *Sénèque* fournit une très longue carrière, et parvint à l'âge de cent treize ans, opinion tout-à-fait dénuée de fondement; car loin que ce philosophe fût d'une vieillesse décrépite, lorsqu'il fut préposé à l'éducation de *Néron*, il fit preuve de vigueur et d'activité dans l'administration des affaires publiques. De plus, quelques années auparavant, et vers le milieu du règne de *Claude*, il avoit été exilé pour cause d'adultère, commis avec quelques femmes de distinction, fait qui ne peut s'accorder avec l'âge qu'on lui suppose. Je ne sais quelle tradition perpétuée et confirmée par l'opinion vulgaire, attribue à *Jean Destems*, qui vécut dans des siècles très postérieurs à ceux dont nous parlons, une carrière si longue, qu'elle tient du prodige, ou plutôt de la fable. On prétend qu'il vécut trois cents ans; il étoit *Français* de nation, et servit dans les armées de *Charlemagne*. *Gartius-Aretinus*, bisaïeul de *Pétrarque*, parvint à l'âge de cent quatre ans, ayant toujours joui d'une santé prospère, et sur la fin de sa vie il se sentoit seulement éteindre peu à peu sans aucun symptôme de maladie décidée; mais seulement en vertu de cette *défaillance universelle*, qui est le simple et lent effet de la vieillesse, et dont nous parlons quelquefois. Dans l'histoire de *Venise*, on trouve assez d'individus et même de personnages éminens, dont la carrière a été fort longue; entr'autres François *Donat*, doge, *Thomas Contarini*, procurateur de saint Marc, *Paul Molini*, ayant exercé la même charge, et beaucoup d'autres: mais l'exemple le plus mémorable en ce genre, c'est celui de *Cornaro, Vénitien aussi*, qui, ayant été valétudinaire pendant toute sa première jeunesse, ne trouva d'autre moyen pour rétablir et conserver sa santé, que celui de peser exactement tous ses alimens, tant solides que liquides; bien déterminé à ne jamais passer la mesure qu'il s'étoit d'abord prescrite, et que, d'après son expérience, il avoit jugée proportionnée à la force de son estomac. A la longue, cette précision minutieuse devint pour lui une précaution indispensable, une partie essentielle de son régime habituel : régime à l'aide duquel il parvint à l'âge de cent ans; ayant toujours conservé tous ses sens dans leur parfaite intégrité, et toujours joui d'une santé prospère (1). *Guillaume Postel*,

───────────

(1) Non-seulement il sut jouir des avantages sans nombre attachés à une continuelle sobriété; mais il sut aussi en faire jouir les autres, en publiant, sur ce sujet même, un traité d'une élégante précision, où il raconte sa propre histoire, et expose les résultats de sa propre expérience; li-

Français de nation, et presque notre contemporain, a vécu près de cent vingt ans. On prétend même que, malgré un si grand âge, les extrémités des poils de sa moustache étoient encore un peu noirs : cet homme avoit l'esprit aliéné et l'imagination blessée, il étoit grand voyageur et mathématicien, il donna aussi quelque peu dans l'*hérésie*.

---

vre où se peint l'espèce de *béatitude* dont il jouissoit en l'écrivant, et qu'il devoit à la constance avec laquelle il pratiquoit ses propres leçons. Il faut convenir toutefois qu'il donne lui-même un peu dans l'excès, et dans cette méprise où tombent la plupart des médecins, des moralistes, ou des politiques et autres hommes faisant profession de donner des conseils et de n'en point recevoir; qui veulent toujours, *en ne prenant mesure que sur eux-mêmes, habiller tout le genre humain*. Un régime, tel que le sien, ne convient qu'à une situation ou à une constitution telle que la sienne. Or, il seroit non-seulement pénible et *insuffisant*, mais même *dangereux* pour tout homme qui, obligé par état de *lutter* sans cesse contre des *hommes* ou des *difficultés*, auroit besoin d'une grande force de *résistance*. Il a donc trop oublié que tout hom-

DE LA VIE ET DE LA MORT. 151

20. Il n'est peut-être pas dans la *Grande-Bretagne*, un seul village, pour peu qu'il soit peuplé, où l'on ne trouve quelques individus *octogénaires*, d'un sexe ou de l'autre. On vit même il y a quelques années dans le canton *d'Héreford*, aux *jeux floraux*, *une espèce de bal où dansèrent huit vieillards dont les âges pris ensemble formoient huit cents ans ;* ce

―――――――

me est *soldat-né*, puisque la *vie* est un *combat* : il suppose que la terre est couverte *d'agneaux*, mais elle est peuplée de *loups*, que trop souvent les loix changent en *renards*, et l'*éducation*, en *singes*. Pour résister à la *violence* des uns et aux *ruses* des autres, il faut de la *force*, et devenir soi-même *un peu vorace, pour n'être pas mangé, ou pour l'être un peu plus tard*; seconde maxime dont la pratique sera très salutaire, si l'on sait la balancer continuellement par celle-ci : *la faim est une maladie naturelle qui guérit de toutes les autres ; la plénitude fait le loup, l'inanition fait l'agneau ; l'emploi alternatif et judicieux de ce double moyen fait l'homme proprement dit, qui sait et résister aux méchans et céder aux gens de bien; aimer sans foiblesse, et combattre sans haine.*

que les uns avoient de trop pour faire cent ans, suppléant à ce qui manquoit aux autres (1).

21. A l'hôpital de *Bedlam*, dans les fauxbourgs de *Londres*, établissement destiné à l'entretien et à la garde des *fous*, on voit quelquefois parmi ces fous mêmes, des individus d'un âge qui excède de beaucoup la mesure de la vie moyenne.

22. Quant à ce qu'on rapporte touchant les *nymphes* et les *démons*, ou esprits aériens (les *sylphes* (qui étoient, dit-on, *mortels*) , mais extrêmement *vivaces*); relations auxquelles la crédulité superstitieuse des anciens ou de quelques modernes a donné cours, nous regardons toutes les assertions de ce genre comme autant de fables et de rêves; et nous sommes d'autant moins portés à les adopter, qu'elles ne sont conformes ni aux principes de la saine philosophie, ni aux dogmes de la vraie religion.

------

(1) L'expression du texte original semble dire que ce bal avoit lieu tous les ans.

Nous terminerons ici notre *histoire sur la longue durée de la vie, envisagée dans les individus de notre espèce*, ou dans des classes peu nombreuses ; et il est temps de passer aux *observations sommaires et tirées de classes* plus étendues.

23. *La succession des temps et des générations* ne nous paroît point une cause suffisante pour abréger la durée de la vie humaine ; la mesure de cette durée, depuis *Moyse* jusqu'à notre temps, ayant toujours été à peu près la même, et il est faux qu'elle ait été toujours en décroissant insensiblement, comme on seroit porté à le penser. Il est, sans doute dans chaque contrée, des temps où cette durée est plus grande, et d'autres où elle est plus courte ; par exemple, elle est plus longue dans les temps de barbarie où la manière de vivre est plus simple et plus frugale, et où les hommes sont plus adonnés aux exercices du corps ; elle est plus courte aux époques d'une plus grande civilisation, d'un plus grand luxe, d'une plus grande oisiveté. Mais ces *accroisse-*

mens et ces *décroissemens* sont *alternatifs*, et la *succession des générations* n'y fait absolument rien. C'est du moins ce dont personne ne doute par rapport aux *animaux*; car ni les *bœufs*, ni les *chevaux*, ni les *moutons* d'aujourd'hui, ne sont moins vivaces que ceux d'autrefois. Ainsi la diminution subite de la durée de la vie humaine a eu pour principale cause le déluge universel, et pourra peut-être encore être occasionnée par d'autres révolutions ou fléaux de ce genre, telles que des *inondations* particulières, des *éruptions volcaniques*, de *longues sécheresses*, des tremblemens de terre, etc. Selon toute apparence, il en est de cette durée de la vie comme de la *taille* ou de la *stature de l'homme* qui n'est pas non plus susceptible de décroître par le simple laps de temps, quoique le poëte *Virgile*, en adoptant l'opinion commune sur ce point, ait prédit que, dans les siècles postérieurs au sien, la stature moyenne de l'homme seroit plus petite qu'elle ne l'étoit de son temps; ce qui lui a fait dire, en parlant du champ de bataille de *Pharsale* : *Quand la postérité tirera leurs os de ces tombeaux où ils sont renfermés, ils lui paroîtront d'une grandeur énorme, et elle qualifiera de géans ceux qu'on y aura ensevelis.* En effet, quoiqu'on ne puisse disconvenir qu'il n'y ait eu jadis des hommes d'une stature gigantesque, dont on a trouvé les os en *Sicile* ou ailleurs, dans de très antiques monumens, ou dans des cavernes (1); ce-

---

(1) Les faits relatifs à ces *géans* sont en si grand nombre, et quelques-uns sont si bien constatés, qu'on ne peut raisonnablement révoquer en doute leur existence. D'ailleurs, examinons d'un peu près les raisons d'après lesquelles nous croyons cette existence impossible, notre incrédulité sur ce point paroîtra ridicule à nos propres yeux. Nous croyons que les *hommes* et les *ânes* d'aujourd'hui ne sont pas plus grands que ceux d'autrefois : cela peut être ; mais comment l'avons-nous appris? Avons-nous mesuré les uns et les autres? et sommes-nous bien certains que, dans l'intervalle, les uns n'aient pas changé, tandis que les autres restoient les mêmes? connoissons-nous toutes les causes de la stature actuelle de notre espèce et de

pendant, depuis trois mille ans, espace de temps où se trouvent renfermées toutes les histoires qui ont quelque certitude, on ne voit plus dans les mêmes lieux de tels géans ; quoique la stature moyenne de l'homme, ainsi que la durée de la vie

---

l'autre ? et sommes-nous certains que ces causes n'aient pas eu autrefois plus de force et d'intensité qu'elles n'en ont aujourd'hui ? Nous ne risquons rien de répondre à toutes ces questions par une triple négation. De plus, il n'est pas dans la nature deux êtres parfaitement égaux, soit en différens lieux, dans le même temps, soit en différens temps, dans le même lieu. Ainsi non-seulement les hommes et les ânes d'aujourd'hui ne sont pas précisément égaux à ceux d'autrefois, mais même il est impossible qu'ils le soient ; et l'opinion qui supposeroit cette égalité, ne seroit qu'une absurdité. En cinquième lieu, s'il est vrai que *notre planète se refroidisse et se durcisse par degrés*, comme le prétend M. *de Buffon*, et comme ce grand nombre de volcans éteints qu'on voit à sa surface semblent le prouver, il est clair que toute la matière qui se trouve à cette surface, *devient de moins en moins extensible, et que l'intensité de cette force expansive qui opère le dé-*

humaine, soit susceptible d'augmentations et de diminutions alternatives, occasionnées par les révolutions et les vicissitudes dans les mœurs, la manière de vivre et les habitudes de toute espèce. Cette remarque étoit d'autant plus né-

---

veloppement de tous les corps animés, et, en général, *de tous les corps organisés, va aussi toujours en décroissant :* or, si cette *force développante* devenant *de moins en moins extensive*, agit sur une *matière* qui devient *de moins en moins extensible*, il s'ensuit que *l'intensité de la double cause* qui détermine le *volume* de tous les corps placés à la surface de notre globe, *va toujours en décroissant ;* qu'elle a actuellement *moins d'intensité qu'elle n'en eut dans les premiers temps*, et par conséquent que non-seulement *l'homme*, mais même *tous les autres animaux*, et même *les arbres d'aujourd'hui, sont plus petits que ceux d'autrefois*. Que dis-je? il s'ensuit même de cette supposition, que *le volume du globe terrestre, son diamètre, ses grands cercles*, et *les mesures qui en sont tirées*, ne sont point *des grandeurs constantes*, et que pour l'homme il n'est rien de fixe, sinon ce double principe : *tout change, et tout est relatif.*

cessaire ici, que la plupart des hommes, par un préjugé invétéré et très difficile à détruire, s'imaginent que l'espèce humaine va toujours en décroissant, soit par rapport à la durée de la vie moyenne, soit relativement à la stature et à la force du corps; en un mot, que tout décline (1) et va de pis en pis.

24. Les habitans des *pays froids* et des *régions septentrionales vivent ordinairement plus long-temps que ceux des pays chauds et des régions méridionales:* différence dont la raison est sensible. Car, en premier lieu, les pores de la peau, dans les pays froids, étant plus étroits et son tissu plus serré, les sucs du corps s'exhalent et se dissipent moins aisément. De plus, les esprits mêmes qui ont moins d'acrimonie en consument moins vîte la substance ; et en même

---

(1) L'homme est naturellement porté à attribuer aux objets qu'il juge ce qui se passe en lui ; et c'est parce qu'au-delà d'une certaine époque *nous déclinons nous-mêmes*, que tout nous paroît décliner.

temps que leur action tend moins à augmenter ces pertes, elle tend davantage à les réparer. Enfin, l'air de ces régions étant moins échauffé par les rayons du soleil, et étant aussi moins *déprédateur*, consume moins promptement la substance du corps. Cependant, sous la *ligne équinoxiale*, par exemple, au *Pérou* et dans l'île de *Ceylan* où le *soleil* passe deux fois par le zénith de chaque lieu, d'où résultent deux étés et deux hivers, et où règne une plus grande égalité entre les jours et les nuits, les hommes doivent vivre et vivent en effet plus long-temps; à moins que d'autres causes plus puissantes ne détruisent ou ne diminuent l'effet de celle-ci.

25. *Les habitans des îles sont ordinairement plus vivaces que ceux des continens.* Par exemple, les *Russes* le sont moins que les habitans des *Orcades;* les *Africains* moins que les *insulaires des Açores* et des *Canaries*, quoiqu'ils soient à peu près sous le même parallèle.

Les *Japonois* vivent aussi plus long-temps que les *Chinois*, quoique ces derniers regardent cette longue vie comme le souverain bien, et y aspirent avec une passion qui tient de la folie : différences d'autant moins étonnantes, que les *vents marins* ont, dans *les pays froids*, la propriété de *réchauffer;* et, dans les *pays chauds*, celle de *rafraîchir.*

26. *Les habitans des lieux élevés vivent plus long-temps que ceux des lieux fort bas;* sur-tout si ces lieux élevés ne sont point des sommets de montagnes, des *Pics*, mais des terres hautes, des espèces de *plates-formes* ou d'*esplanades*, telles que sont en *Grèce* l'*Arcadie* et une partie de l'*Étolie;* deux contrées dont les habitans fournissoient une très longue carrière. Ceux des montagnes proprement dites jouiroient du même avantage; l'air qu'on respire sur ces hauteurs, étant ordinairement et naturellement plus pur et plus humide, si cet effet n'étoit détruit par une cause accidentelle ; savoir, les vapeurs qui s'y élèvent et qui se fixent sur leur sommet ou sur leur

pente. Aussi trouve-t-on rarement sur ces montagnes beaucoup d'exemples d'une vie très longue : par exemple, on n'en trouve ni sur les *Alpes*, ni sur les *Pyrénées*, ni sur l'*Apennin*, mais seulement sur les collines de hauteur médiocre, et dans les vallées. Cependant les peuples habitans des sommets de cette chaîne de montagnes qui se prolonge vers l'*Éthiopie* et l'*Abyssinie*, sommets où il ne s'élève que très peu de vapeurs, les plaines situées au-dessous étant couvertes de sables; ces peuples, dis-je, fournissent une très longue carrière; et il n'est pas rare de voir parmi eux, même aujourd'hui, des individus qui parviennent à l'âge de cent cinquante ans.

27. *Les pays marécageux* et les cantons voisins, sur-tout lorsque ces marais sont formés par de *vastes plaines inondées*, sont plus favorables aux natifs qu'aux étrangers, par rapport à la prolongation de la vie ; et, ce qui peut paroître étonnant, c'est que les *marais d'eau salée*, formés par la mer inondant

les terres basses, et les laissant à sec alternativement, sont encore *moins salulubres* que les *marais d'eau douce*.

28. Les régions particulières les plus renommées, soit autrefois, soit de notre temps, pour la longue durée de la vie de leurs habitans, sont l'*Arcadie*, l'*Étolie*, l'*Inde*, *au-delà du Gange*, le *Brésil*, la *Trapobane* (l'île de *Ceylan*), la *Bretagne*, l'*Irlande*, avec les *Orcades* et les *Hébrides*, etc. Quelques historiens de l'antiquité, il est vrai, prétendent que les *Éthiopiens* vivoient aussi fort long-temps; mais cette opinion est dénuée de fondement.

29. Les véritables *causes de la salubrité de l'air* sont très cachées et très difficiles à découvrir, sur-tout lorsque cette salubrité est portée au plus haut degré. C'est un point qu'il est plus facile de déterminer par l'expérience, que par des raisonnemens ou des conjectures. Par exemple, on peut regarder une masse d'air comme salubre, si une certaine quantité de *laine*, y ayant été exposée

pendant quelques jours, son poids ne se trouve pas sensiblement augmenté; ou encore, si un morceau de *viande* qu'on y a laissé, ne s'est pas *putréfié;* ou enfin si le *thermomètre* n'y éprouve que de très légères et de très lentes variations ; toutes expériences qu'on peut tenter dans cette vue, ainsi que celles auxquelles elles conduisent naturellement.

30. Or, ce n'est pas seulement la *pureté* et la *salubrité* de l'*air* qui peut contribuer à la durée de la vie, c'est aussi son *égalité (la rareté, la lenteur et le peu d'étendue de ses variations*). Cette variété, qui résulte d'une alternative de collines et de vallées, est sans doute agréable à la vue et aux autres sens; mais il est fort douteux qu'elle soit avantageuse relativement à notre but : au contraire des *plaines,* dont le sol est médiocrement sec, sans être toutefois trop stérile, sablonneux, dépouillé d'arbres et privé d'ombrages, sont plus favorables à la prolongation de la vie.

31. *Les variations et les inégalités de*

l'air, dans le lieu même dont on fait son domicile, sont nuisibles, comme nous venons de le dire ; mais le changement d'air, lorsqu'il est l'effet des voyages, *est avantageux*, pour peu qu'on y soit accoutumé. Aussi voit-on dans l'histoire beaucoup de grands voyageurs qui ont vécu fort long-temps ; et ceux qui ont toujours vécu dans le même lieu, sans perdre jamais de vue leur petit manoir, ont souvent joui du même avantage. Car l'air auquel on est accoutumé, consume moins la substance du corps ; mais l'air nouveau nourrit et répare davantage (1).

***

(1) Ou par lui-même, ou en facilitant la digestion et l'assimilation des alimens proprement dits. Car, selon quelques *physiologistes*, ou *médecins chymistes*, l'air atmosphérique ne sert pas seulement à rafraîchir toute l'habitude du corps, et à prévenir ou diminuer cette *pléthôre* à laquelle le sang tend continuellement, mais de plus à remplacer une partie de la substance perdue par les deux transpirations. Et la *poitrine*, ou plutôt *les poumons*, sont, pour ainsi dire, *un estomac qui mange de l'air*.

32. *La succession* et le *nombre des générations*, comme nous l'avons dit, ne peut *prolonger ni abréger la durée de la vie humaine*. Mais la condition immédiate des *parens* (tant du *père* que de la *mère*), je veux dire, l'état où se trouvent l'un et l'autre, au moment de la *génération*, peut avoir la plus grande influence sur cette *durée* (1). Car le *père*, par exemple, peut être *vieux* ou *très jeune*, ou *dans la force de l'âge*; il peut être *sain*, *vigoureux* et *bien disposé*, ou *malade*, *foible* et *languissant*. Il se peut aussi qu'il procède à l'acte de la génération, après avoir mangé excessivement et même étant ivre, ou après son réveil et dans la matinée; après une lon-

---

(1) Un *ouvrage*, soit *vivant*, soit *inanimé*, peut *durer plus ou moins, selon qu'il est bien ou mal fait*; et il peut être *bien ou mal fait*, selon que les *ouvriers* qui le *font*, et leurs *outils*, sont bien ou mal disposés. Or ici, de part et d'autre, la *disposition* de l'*ouvrier* et celle de l'*outil* dépendent l'une de l'autre, puisqu'ils ne sont qu'une seule et même chose, et que *l'outil est l'ouvrier même*.

gue interruption de l'acte vénérien, ou après des jouissances réitérées. Enfin quelques individus sont enfans de l'amour, et engendrés dans le temps où celui de leur père est dans sa plus grande effervescence (tel est ordinairement le cas des bâtards); d'autres le sont dans un temps où cette passion est fort attiédie ; par exemple, après plusieurs années de mariage (1). Les mêmes différences ou

---

(1) Si la nature, en donnant à l'homme un penchant irrésistible pour le plaisir, lui a donné en même temps un *goût infiniment plus vif pour les plaisirs défendus que pour les plaisirs permis;* elle ne l'a donc pas *organisé immédiatement pour la justice;* le sentiment du juste et de l'injuste n'est donc pas en lui un *sentiment inné,* comme le prétendoit *Rousseau, mais un sentiment réfléchi;* la *vertu* est donc une *science,* comme le prétendoit *Socrate;* et au défaut de cette science qui est extrêmement rare, la *contrainte des loix* est donc absolument *nécessaire,* les *conseils* de la *philosophie* étant presque toujours aussi *inutiles* qu'*ennuyeux.* D'un autre côté, la *loi,* en *augmentant notre sûreté, diminue nos plaisirs et notre liberté :* sans doute; mais *elle ne nous ôte une par-*

variations ayant aussi lieu dans la mère, et y ayant les mêmes effets, elles doivent y être également envisagées par rapport à notre but ; à quoi il faut ajouter les différences et les variations qui peuvent se trouver dans la mère durant tout le temps de sa grossesse ; par exemple, l'état de sa santé, son régime, la durée de cette

---

tie de ces deux biens que pour nous assurer l'autre; et le meilleur citoyen est celui qui, ayant un sentiment vif et continuel de cette vérité, pense plus souvent aux avantages qu'il tire de la loi, qu'à la gêne qu'elle lui impose, et qui l'aime cent fois plus qu'il ne la craint; conclusion qui n'a pas un *rapport* bien *direct*, ou bien *prochain* avec *la prolongation de la vie*, mais du moins une *relation indirecte, médiate* et *éloignée*: faire aimer les loix, c'est faire aimer la vie qu'on mène sous leur ombre; et faire aimer la vie, c'est contribuer à en prolonger la durée ; car ce sont nos chagrins qui nous tuent, et c'est le sentiment de notre impuissance, occasionnée par la force coactive des loix, expresses ou tacites, qui cause la plupart de nos injustes chagrins; rectifier notre constitution morale, c'est rectifier notre constitution physique.

grossesse qui est ordinairement de neuf mois, et quelquefois plus courte. Il seroit difficile de ramener toutes ces différences et ces variations à des règles bien précises, et d'autant plus difficile, que telle de ces conditions qui, à la première vue, semble devoir prolonger la vie du fœtus, produit l'effet contraire. Par exemple, cette ardeur, cette passion qu'on porte dans l'acte de la génération, et qui peut contribuer à produire des individus bien faits, agiles et robustes, les rend aussi moins vivaces, à cause de l'acrimonie et de l'inflammation qu'elle suppose dans les esprits des deux individus engendrans. Nous ayons déja observé que, plus la substance d'un individu participe de celle de sa mère, plus il peut espérer de vivre long-temps. Nous pensons aussi que les degrés moyens, à cet égard, valent mieux que les degrés extrêmes; par exemple, que l'amour conjugal vaut mieux qu'un amour illégitime. Les heures les plus convenables à la génération (toujours par rapport à notre but), sont celles du matin ; il faut, autant qu'il est possible, n'y procéder que dans les temps où le corps est dans un état de tranquillité, et non lorsqu'il éprouve quelque forte émotion, ou est dans la *pléthôre*. Il est bon d'observer aussi qu'en pareil cas la constitution robuste des parens leur est plus avantageuse qu'au fœtus : observation qu'il faut appliquer sur-tout à la mère. Ainsi *Platon* nous paroît n'avoir pas fait preuve de son jugement ordinaire, lorsqu'il a avancé si hardiment que, si le produit de la génération est ordinairement si foible et si imparfait, cela vient de ce que les femmes ne s'adonnent point aux mêmes exercices que les hommes, négligeant également ceux du corps et ceux de l'ame : opinion d'autant moins fondée, qu'une inégalité sensible de force entre le mâle et la femelle est avantageuse à l'individu provenu d'eux ; sans compter que les femmes, jeunes, foibles et susceptibles, sont aussi plus tendres et ont plus de sollicitude pour leurs enfans

(1); c'est ce qu'on observe également dans les nourrices (2). On ne voit pas non plus que les femmes de *Sparte*, auxquelles la loi interdisoit le mariage avant l'âge de vingt-deux ans, d'autres disent de vingt-cinq (ce qui les avoit fait qualifier d'*An-*

---

(1) La *femme* est beaucoup *plus rappellée à son sexe que l'homme;* elle est, pour ainsi dire, *tout sexe;* ainsi plus un individu féminin est délicat et susceptible, c'est-à-dire, *plus une femme est femme*, plus elle est *ramenée au point principal de son individu*. Aussi voit-on que toute conversation qui ne roule point sur de tels sujets, ou sur les sujets circonvoisins, tels qu'*amour, mariage, accouchemens, suites de couches, enfans, nourrices, éducation*, etc. les ennuie, ce qui n'est rien moins qu'un inconvénient; elles sont ce qu'elles doivent être, et elles doivent être nos *vedettes*, sur-tout par rapport au *physique*.

(2) L'expression du texte original, dans ce passage, est si équivoque, qu'on ne peut distinguer s'il veut dire que ces femmes, jeunes et foibles, s'occupent davantage de leurs enfans, ce qui est vrai, ou que, dans l'intérieur de leur corps, la substance alimentaire est attirée avec plus de force par la matrice et le fœtus qui s'y trouve renfermé.

DROMANES (1), eussent pour cela des enfans plus robustes, ou plus vivaces que ceux des *Romaines*, des *Athéniennes*, ou des *Thébaines* (2), qui étoient censées *nubiles* dès l'âge de douze ou de quatorze ans. Et si les Spartiates avoient quelque supériorité à l'égard des autres nations, ils la devoient moins à ces mariages tardifs qu'à la frugalité de leur manière de vivre. Au reste, l'expérience prouve qu'il y a des races qui, pendant un certain

---

(1) Mot grec qu'on peut rendre par l'expression de *chasseuses d'hommes*; la privation *aiguise le desir*; la *génération*, ainsi que la *nutrition*, exige une sorte d'*appétit* provoqué par l'*abstinence*.

(2) *Plutarque* dit qu'*Epaminondas* voulant inspirer à ses concitoyens du mépris pour les *Spartiates*, et faire perdre à ceux-ci leur ascendant, faisoit lutter fréquemment les jeunes Thébains avec les soldats qui étoient en garnison à la *Cadmée*, citadelle de *Thèbes*, dont les Spartiates s'étoient emparés par surprise, et que ceux-ci, dans ces luttes, avoient presque toujours le dessous ; il paroît que les *moines guerriers de ce couvent* avoient *plus de patience et de courage que de vigueur*.

temps, sont très vivaces ; avantage qui, en elles, semble être héréditaire, comme certaines maladies ; mais périodique et susceptible d'augmentation et de diminution alternatives.

33. Les sujets qui ont la peau fort blanche, sur-tout celle du visage, ne fournissent pas une longue carrière. Ceux qui ont le teint brun, ou roux, ou semé de taches de rousseur, sont plus vivaces. La couleur, claire ou foncée de la chevelure, annonce aussi la longue ou la courte durée de la vie ; et même un teint haut en couleur est moins un signe de longue vie, qu'un teint pâle. Une peau ferme et dure est également un meilleur signe, en ce genre, qu'une peau molle et flasque : mais, par ces mots de *peau dure*, je n'entends pas une peau épaisse, grossière, *chagrinée* (qu'on appelle ordinairement *une peau d'oie*, et qui est comme spongieuse), mais une peau, tout à la fois dure, compacte et unie. De plus, un front sillonné de rides est un meilleur signe qu'un front uni, luisant et développé.

34. Des cheveux rudes, roides et semblables à des crins, ou à des soies, sont aussi un meilleur signe, relativement à la durée de la vie, que des cheveux mous, fins et souples. Des cheveux crépus fournissent la même indication (pourvu toutefois qu'ils soient roides); et l'indication contraire, lorsqu'ils sont mous, couchés, plats et luisans. Il en est de même des cheveux crépus qui sont par touffes épaisses et non par grandes boucles.

35. Devenir chauve plutôt ou plus tard, est un signe assez indifférent par rapport à la durée de la vie, car on voit assez de chauves qui vivent fort long-temps; et même des cheveux qui blanchissent de bonne heure, quoique ce signe soit ordinairement une annonce de vieillesse, ne fournissent qu'une indication très équivoque; car on voit assez d'individus dont les cheveux blanchissent de bonne heure, et qui ne laissent pas d'être très vivaces Je dis plus, une tête qui devient chenue avant le temps, mais sans devenir chauve, est un signe de longue vie; c'est le contrai-

re, si ces deux signes d'appauvrissement se trouvent réunis.

36. Lorsque les parties supérieures, telles que la poitrine et le cou, sont très velues, c'est un pronostic de vie courte. Au contraire, si les parties inférieures, telles que les cuisses et les jambes, sont bien garnies de poils, c'est un signe de longue vie.

37. Une taille haute, sans être gigantesque ni trop svelte, mais régulière et bien prise, sur-tout lorsque le corps est agile et dispos, est encore un signe de longue vie. Au contraire, des hommes de petite taille sont plus vivaces, lorsqu'ils ont moins d'agilité, et des mouvemens fort lents (1).

38. Reste à envisager les proportions res-

---

(1) Dans un homme fort petit et fort vif, tous ses outils ou organes étant plus courts, plus menus, plus faibles, plus ébranlés par les chocs et plus souvent employés, ils doivent être plutôt usés. Un petit homme doit être plutôt détruit, qu'un grand, parce qu'une petite quantité (d'homme ou

pectives des différentes parties du corps. Les sujets qui ont le *tors* (le tronc) fort court, et les jambes très longues, sont ordinairement plus vivaces que ceux qui ont le tors très long et les jambes très courtes. De même ceux qui ont les parties inférieures plus larges que les parties supérieures, et dont le corps a la figure d'une pyramide tronquée et droite, sont plus vivaces que ceux qui ont les épaules larges et les hanches menues.

39. La maigreur, jointe à des affections douces, à un caractère patient, sociable et paisible, ou au contraire, de l'embonpoint, combiné avec un caractère bilieux, irascible, violent et obstiné : ces deux combinaisons de signes pronostiquent une vie longue. Ce même embon-

---

de toute autre chose) est plus près de rien, plus voisine de zéro, qu'une grande. Cependant, si le petit homme a de l'embonpoint, comme alors ses outils sont continuellement graissés, ils ne s'usent pas si vite; il est, pour ainsi dire, embaumé intérieurement.

point, durant la jeunesse, est un signe de vie courte; mais durant la vieillesse il ne fournit aucune indication.

40. Croître fort lentement et grandir peu à peu, est un signe de longue vie; et si enfin la taille devient très haute, ce signe alors n'en est que plus certain; mais si elle demeure petite, l'indication alors est moins sûre, sans être tout-à-fait nulle. Au contraire, une taille qui croît tout à coup et qui devient excessivement haute en peu de temps, est un fort mauvais signe; mais si la taille demeure petite, alors il y a moins de danger.

41. Une charnure ferme, un corps bien musclé, des contours bien prononcés, des fesses petites, peu prominentes et suffisantes pour pouvoir s'asseoir, enfin des veines un peu saillantes, tous signes d'une vie longue; et les signes contraires pronostiquent une vie courte.

42. Une tête petite de proportion, un cou de grandeur médiocre; c'est-à-dire, qui n'est ni trop long, ni trop menu, ou trop gros, trop court et rentrant, pour

ainsi dire, dans les épaules ; des narines bien ouvertes, quelle que soit d'ailleurs la forme du nez, une bouche grande et bien fendue ; des oreilles plutôt cartilagineuses que charnues ; des dents grosses, fortes et serrées : tous signes qui pronostiquent une longue vie, sur-tout dans les sujets auxquels il vient de nouvelles dents à un âge un peu avancé.

43. Une poitrine large, sans être élevée et comme bombée, mais plutôt un peu plate ; des épaules un peu courbes, et, suivant l'expression commune ; *voûtées;* un ventre applati et peu prominent ; une main large, la paume étant presque toute unie et n'ayant que des lignes peu nombreuses, peu profondes et peu apparentes ; le pied court et d'une forme arrondie ; la cuisse plutôt maigre que charnue ; le mollet haut et se soutenant bien : ce sont encore autant de signes de longue vie.

44. Des yeux un peu grands, et dont l'iris est d'une couleur tirant sur le verd (ou sur le gris) ; des sens bien entiers et dont

les organes n'ont que la sensibilité suffisante, sans être excessivement fins ; un pouls lent durant la jeunesse, et qui devient plus fréquent dans l'âge mûr ; le ventre sec et serré, dans la première jeunesse, mais devenant un peu plus humide et plus lâche vers le déclin de l'âge : tous signes d'une longue carrière.

45. Nous n'avons aucun fait mémorable et bien constaté, qui nous mette en état de déterminer les vraies relations qui existent entre *le temps de la naissance d'un individu* et sa *vitalité*. Quant aux prétendues observations des astrologues sur ce sujet, nous les avons rejetées dès le commencement, et en exposant le plan de cette recherche. Les individus nés au terme de huit mois ne peuvent être vivaces, et non-seulement ils ne vivent pas long-temps, mais même ils ne vivent point du tout. On prétend que ceux qui naissent en hiver sont plus vivaces que ceux qui naissent dans toute autre saison.

46. Le *régime pythagorique* ou *monas-*

tique, dont les règles fort strictes, prescrivent une quantité d'alimens extrêmement petite, et toujours exactement le même, tel que fut celui du *Vénitien Cornaro*, peut contribuer beaucoup à la prolongation de la vie. Cependant on ne laisse pas de trouver des individus très vivaces, parmi ceux qui se gênent moins à cet égard, et qui vivent à peu près comme les autres, même parmi de grands mangeurs, des gloutons, des ivrognes; en un mot, parmi ceux qui ne se refusent point les plaisirs de la table. Le régime moyen, vulgairement qualifié de *tempéré*, et si vanté par les médecins ou les philosophes, contribue plus à entretenir la santé qu'à prolonger la vie. En effet, ce régime étroit et mesquin, dont nous parlions d'abord, ne produit qu'une très petite quantité d'esprits, les rend moins mobiles, moins actifs, et les amortit; en conséquence, il doit consumer moins promptement la substance du corps (1).

---

(1) Pourvu qu'on n'oublie pas que l'excès à cet

Un régime plus large et plus libre, procurant au corps une nourriture plus abondante, répare aussi plus complettement ses pertes continuelles; mais le régime moyen ne produit ni l'un ni l'autre de ces deux effets; ce qui n'est qu'une conséquence de ce double principe : *lorsque les extrêmes sont nuisibles, le milieu est salutaire; mais, lorsque les extrêmes sont avantageux, le milieu est sans effet.* Quoi qu'il en soit, lorsqu'on mange fort peu, il faut aussi dormir très peu, de peur qu'un sommeil trop long ou trop fréquent ne comprime excessivement et ne suffoque les esprits; faire peu d'exercice, de peur qu'ils ne s'exhalent et ne se dissipent; enfin, s'abstenir presque toujours du plaisir de la génération, de peur qu'ils ne s'épuisent. Au contraire, si l'on mange beaucoup, il faut aussi dormir

---

égard a aussi ses inconvéniens. Le jeûne fréquent préserve de toute maladie; mais il *use* et *fait vieillir promptement*, parce qu'il *dessèche et raccornit* toute l'habitude du corps.

beaucoup, faire souvent de l'exercice, et se permettre plus fréquemment l'acte vénérien ; savoir, quand la nature y excite. Quant aux bains et aux onctions dont les anciens faisoient un si fréquent usage, c'étoit plutôt une espèce de *jouissance et de luxe,* qu'un *moyen de prolonger la vie.* Mais nous traiterons plus en détail ces différens points, lorsque nous particulariserons cette recherche, en exposant successivement les moyens tendant aux *intentions spéciales,* ou *buts secondaires.* En attendant, notre sentiment est qu'on ne doit pas négliger le précepte de *Celse,* médecin, non-seulement très *savant,* mais même très *prudent,* qui recommande de varier son régime et ses exercices, en se portant vers les extrêmes opposés, alternativement, mais un peu plus fréquemment vers la partie la plus facile et la plus douce : par exemple, de s'accoutumer à veiller et à dormir beaucoup alternativement, mais en donnant un peu plus au long sommeil qu'aux veilles excessives; ou encore de jeûner dans certains temps, et de faire, dans d'autres temps, d'amples repas, mais en péchant un peu plus souvent par excès que par défaut(1); enfin, de mener tantôt une vie pénible et contentieuse, tantôt une vie douce et paisible, mais plus souvent la

---

(1) L'*art de prolonger la vie* n'est autre chose que l'*art de se rajeunir*, *de se remonter et de se ressusciter*, pour ainsi dire, *continuellement*: or, ce qui *ressuscite et renouvelle* le plus *puissamment* l'*homme*, c'est la *nouveauté* même, le *changement* et sur-tout les *oppositions*. Toute *sensation*, tout *mode*, qui demeure toujours le *même* et au *même degré*, devient nul pour nous; il se détruit ou nous détruit; il est sinon une *cause de mort*, du moins un *principe d'ennui*, espèce de *mort commencée*. *La succession alternative des opposés doit entretenir la vie de l'homme, puisqu'elle entretient la vie de l'univers entier et assure son éternité*. Sans ces oppositions et cette prédominance alternative des puissances opposées, toutes les molécules de la matière, comme nous l'avons dit ailleurs, ne formeroient à la longue qu'un seul bloc immense et glacé, qui, après avoir balancé dans l'espace pendant des milliards de siècles, s'arrêteroit enfin au point de zéro, et alors l'éter-

dernière que la première ; précepte qu'il faut appliquer aux exercices de l'esprit, ainsi qu'aux exercices du corps. Quoi qu'il en soit, il n'est pas douteux qu'un régime et un genre de vie judicieusement choisi, ne soit le plus puissant et le premier de tous les moyens tendant à la pro-

---

nité même seroit détruite ; car, dès que le mouvement cesse, il n'y a plus de temps. Mais si les oppositions sont, pour la machine humaine, comme pour la machine universelle, un principe de vie, d'un autre côté, des oppositions trop grandes ou trop fréquentes sont pour l'homme un principe de mort. Si l'on est trop avare de ses forces, on perd toutes celles dont on ne fait point usage ; mais aussi, en usant trop de sa vie, on l'use. La machine humaine, comme toute autre, n'a qu'une force limitée, et ne peut exécuter qu'un certain nombre de mouvemens d'une force déterminée. Si elle joue trop vite, elle ne jouera pas long-temps ; et ce qu'elle gagnera en vîtesse, elle le perdra en durée. Ainsi, pour prolonger sa vie, en en usant, il faut savoir l'économiser sans en être avare ; et pour l'économiser ainsi, passer toujours par degrés d'un opposé à l'autre, en graduant aussi l'opposition même.

longation de la vie. Je n'ai jamais rencontré d'individu fort avancé en âge, sans le questionner sur sa manière de vivre, et j'ai toujours trouvé quelque chose de particulier, d'original même dans son régime. Je me rappelle entr'autres un vieillard plus que centenaire qui fut produit comme témoin d'une prescription fort ancienne. Lorsqu'il eut rendu témoignage, le juge, conversant familièrement avec lui, lui demanda à quoi il avoit dû une si longue vie. Il en reçut cette étrange réponse, qui excita un rire universel : *en mangeant toujours avant d'avoir faim, et en buvant toujours avant d'avoir soif* (1).

---

(1) Il auroit pu ajouter, en me privant toujours du plaisir de manger et de celui de boire. Mais, pour ôter à cette réponse ce qu'elle a d'étrange et même d'extravagant, il suffit d'y faire ce léger changement : *avant d'avoir une faim ou une soif excessive*. Lorsque l'homme demeure trop long-temps sans manger ou sans boire, il se boit ou se mange, pour ainsi dire, lui-même. L'irritation que produit dans l'estomac, une faim, ou une soif excessive, déterminant vers ce viscère les fluides

Mais ce point sera aussi éclairci dans les articles suivans.

47. La vie religieuse et consacrée toute entière au culte divin, paroît contribuer à la prolongation de la vie; car, dans ce genre de vie, se trouvent réunies toutes les conditions requises; savoir : un honnête loisir, la contemplation perpétuelle des choses divines, une douce admiration, des joies saintes et qui n'ont rien de sensuel, les plus hautes espérances, un but noble et élevé, des craintes salutaires, une douce mélancolie ; enfin, une infinité de moyens qui renouvellent sans cesse ces effets et ces pensées ; tels que

---

des autres parties, il les travaille et tente de les digérer, conformément à cette règle bien connue des médecins : toute partie du corps qui n'a pas ce qui lui revient, s'empare du superflu des autres, et même de leur nécessaire ; à peu près comme dans les sociétés humaines, les pauvres pompent les riches et plus souvent encore d'autres pauvres; car le superflu du riche garantit son nécessaire, et le pauvre n'a pas même assez pour garantir ce qu'il a.

les observances prescrites, des pénitences, des expiations; toutes causes qui peuvent contribuer puissamment à la prolongation de la vie. Si l'on y joint ce régime austère dont nous avons parlé, régime qui, en affermissant et durcissant toute l'habitude du corps, fait aussi que les esprits sont toujours moins exaltés qu'ils ne le seroient naturellement, il n'est pas étonnant que des individus qui vivent ainsi puissent fournir une très longue carrière. Or, tel étoit le genre de vie de *Paul, hermite,* de *Simeon, stylite,* qui passa une partie de sa vie sur une colonne; et d'une infinité de moines du désert, ou d'anachorètes.

48. Un autre genre de vie très analogue au précédent, c'est celui des *gens de lettres,* des *philosophes* et des *grammairiens.* Ils jouissent d'un doux loisir, toujours occupés de pensées qui, n'ayant aucune relation avec les intérêts ordinaires de la vie, n'ont rien de corrosif, comme ces pensées affligeantes dont les autres hommes sont perpétuellement rongés;

mais de pensées agréables par leur variété, leur vague liberté, leur incohérence, et quelquefois par leur frivolité même (1). Ils vivent à leur fantaisie, disposant de tout leur temps et de toute leur personne ; ne se livrant qu'à un travail de leur choix et à des occupations de leur goût ; vivant le plus souvent avec des jeunes gens dont la vivacité et la gaieté naturelle, se communiquant à eux, les rajeunit sans cesse. Il est toutefois, par rapport à la durée de la vie, une distinction à faire entre les différentes espèces de philosophies ; par exemple, les philosophies un peu superstitieuses, et occupées de sublimes contemplations, comme celles de *Pythagore* et de *Platon*, sont les plus salutaires. Il en est de même de celles qui, embrassant dans leurs conceptions l'immense variété de la nature, n'étoient composées

---

(1) Car personne n'ignore que les gens de lettres n'ont jamais de vanité, et que cette vanité, s'ils en ont une, n'est jamais *humiliée* ; j'ai voulu dire, *rassasiée*.

que d'idées grandes, élevées, et un peu vagues, sur l'infini, sur les astres, sur les vertus héroïques, et autres sujets de ce genre, telles que celles de *Démocrite*, de *Philolaüs*, de *Xénophane*, des *anciens astronomes* et des *Stoïciens*. Il en faut dire autant de ces philosophies, moins profondes et moins creuses, qui, au lieu de s'épuiser dans des recherches difficiles, ne prenant pour base que les principes du sens commun et les opinions vulgaires, se contentoient de soutenir paisiblement le pour et le contre ; telles étoient celles de *Carnéade* et des *académiciens*, auxquels il faut joindre les *rhéteurs* et les *grammairiens* (1). Au contraire, ces phi-

---

(1) Et pour tout dire, en un seul mot, les *philologues* ou *philologistes*. Le *scepticisme* et la *philosophie académique*, dont il n'est que l'*exagération*, accommodoient fort tout philosophe qui ne vouloit que *babiller*; en permettant de douter de tout, et de défendre alternativement le pour et le contre, ils doubloient tous les volumes : mais notre auteur, ni dans ce passage, ni dans aucun autre, n'a bien saisi le véritable esprit des trois grandes

losophies qui ne roulent que sur de pénibles subtilités, qui sont affirmatives, tran-

sectes de la philosophie des Grecs. Leur *but commun*, ainsi que le nôtre, étoit le *bonheur*; et leur
moyen commun, la *tranquillité d'ame*, qu'ils ap-
pelloient l'*ataraxie*, but auquel ils tendoient par
trois routes différentes.

Socrate, ses vrais disciples et les *Stoïciens*, par
la *vertu*, d'après ce principe qui n'est rien moins
qu'incontestable : *il faut attacher son bonheur à
ce qui dépend de soi*; et la vertu seule dépend de
nous : les *sceptiques* et les *académiciens*, par
l'*indifférence pour toutes les opinions*, indifférence dont l'effet n'étoit pas de les laisser dans un
doute perpétuel, comme on le pense communément, mais au contraire de les délivrer du doute,
ou du moins de ce qu'il a de pénible; le doute n'é-
tant pénible, et même possible, qu'autant qu'on
veut saisir la vérité, ou faire prédominer son opinion : enfin, les *Epicuriens*, par un mépris com-
plét pour la religion et pour toutes les opinions qui
causent plus de tourment que de plaisir; car, sous
ce nom de *volupté*, ils comprenoient *les plaisirs
des sens, ceux du cœur, ceux de l'imagination
et ceux de la raison*; ce qui réduit à zéro presque
toutes les objections faites contre eux. Mais ces
trois sectes de philosophie se trompoient également

chantes, dogmatiques, qui contournent
tous les faits et toutes les opinions, pour

---

et *sur le but* et *sur le moyen*. 1°. Ils se trompoient sur *le moyen* ; car l'*impassibilité* des Stoïciens n'étoit qu'une *affectation*; si l'on méprise le plaisir, c'est apparemment qu'on trouve quelque plaisir dans ce mépris; et le mépris de la colique ne la guérit pas : en se roidissant contre la fortune, on n'en sent que mieux les coups ; les lèvres se bordent d'un sourire orgueilleux, mais on pleure en dedans. Le bonheur n'est attaché ni à la vertu, ni aux biens physiques, mais aux biens physiques joints à la vertu; et d'abord aux biens physiques, puis à la vertu ; car, pour pouvoir bien vivre, il faut d'abord vivre, et un fripon ayant le superflu, est plus heureux qu'un homme vertueux qui manque du nécessaire ; la vertu échauffe le cœur, mais elle ne chauffe pas les mains, et elle les refroidit lorsqu'elle a un peu trop échauffé le cœur. Le *doute* du *sceptique* est *impossible*; on n'est pas maître de rester dans le doute sur un sujet qui intéresse vivement, *intérêt* qui ne dépend pas non plus de notre *volonté*; et l'*incertitude* est *pénible* dans tous les cas où l'on est obligé de prendre une résolution, d'avoir une opinion et un but, c'est-à-dire à chaque instant : enfin tout *homme* qui attache tout son bonheur au *plaisir*, est nécessaire-

les ramener et les ajuster à certains principes fixes et à certaines mesures inva-

---

ment malheureux, puisque la vie est pleine de maux inévitables, et qu'il est impossible de jouir sans commencer par souffrir, par souffrir du moins les privations qui sont la semence du plaisir ; sans compter que tout homme irréligieux est privé, dans l'adversité, de toutes les consolations et de toutes les espérances qui découlent de la religion, et que, pour pouvoir vivre avec ce vulgaire qu'on méprise, et dont on ne peut se passer, il faut absolument adopter une partie de ses opinions, ou du moins parler et agir comme si on les adoptoit. 2°. Les trois sectes se méprennent également par rapport au *but*. Cette perpétuelle tranquillité d'ame à laquelle ils tendoient, est le paradis des poltrons et des fainéans, et n'étoit qu'un besoin local pour ces philosophes dont la plupart, las de la *démocratie* sous laquelle ils vivoient, soupiroient après le repos. Il est des hommes énergiques et turbulens, auxquels l'agitation est tout aussi nécessaire que la tranquillité l'est à leurs opposés, et qui craignent plus l'ennui que la fatigue et le danger. Enfin le bonheur de l'homme n'est ni dans le repos, ni dans l'action, mais dans une certaine proportion entre l'action et le repos: proportion qui, dans un même temps, varie pour les différens individus,

riables; en un mot, qui sont épineuses et étroites, arides et contentieuses ; ces philosophies, dis-je, sont les pires, et ne peuvent qu'abréger la durée de la vie de ceux qui les cultivent. De ce genre étoient celles des *Péripatéticiens* et des *Scholastiques* (1).

---

et qui varie même pour chaque individu, en différens temps. Ainsi, l'art de prolonger sa vie n'est pas l'art de tout ramener à telle mesure précise et toujours la même, puisque les différens individus n'ont point de mesure commune, et qu'aucun d'eux n'a de mesure fixe; mais l'art de mesurer ses discours et ses actions sur le caractère et le tour d'esprit de tous ceux avec qui l'on est obligé de vivre, afin de se bien ajuster à eux et de les bien ajuster à soi, dans les différentes situations où l'on se trouve, en se faisant continuellement cette question : *que sont-ils par rapport à moi? et que suis-je moi-même par rapport à eux?* car tout est relatif ; or, comme les termes de toutes les relations changent à chaque instant, les relations changent aussi continuellement, et il faut avoir sans cesse la mesure à la main.

(1) Cette philosophie abrège la vie, parce qu'elle dessèche, raccornit et roidit, avant le temps, tou-

49. *La vie rustique* est favorable à *la prolongation de la vie*. A la campagne, on vit en plein air, dans un air libre et pur ; on n'est point cloué dans une chambre, on fait de l'exercice, on se nourrit d'alimens frais et de son crû ; on est exempt de souci et d'envie (1).

---

te l'habitude du corps ; elle dessèche, parce qu'elle est elle-même fort sèche ; c'est-à-dire, parce que, n'excitant jamais des affections douces, et ne faisant travailler que la tête, elle y détermine en trop grande quantité les fluides, et prive ainsi d'humor les parties inférieures. Généralement parlant, *les philosophes occupés des choses ont plus d'embonpoint que les philosophes occupés des signes ; les mathématiciens et les métaphysiciens sont aussi secs que leur sujet :* vérité d'autant plus claire, que c'est le cas particulier qui énonce le principe, et l'exemple même qui écrit la règle.

(1) Du moins cela est ainsi dans les odes d'*Horace* ; mais, dans la réalité, il en est autrement. On porte à la campagne les soucis qu'on a emportés de la ville, parce qu'on s'y porte soi-même avec toutes ses prétentions ; en plantant ses choux, on rêve à ses ennemis, et en pensant à eux, on vit avec eux. A la campagne, on trouve des

50. La vie militaire, durant la jeunesse, nous paroît avantageuse par rapport à notre but; en effet, nous voyons dans l'histoire assez de guerriers qui ont fourni une très longue carrière ; tels que *Valerius-Corvinus, Camille, Xénophon, Agésilas, (Phocion, le premier Antigone, Philopemen, Hieron, Massinissa*), et beaucoup d'autres, tant anciens que modernes (1).

Si la situation d'un individu s'améliore de plus en plus, à mesure qu'il avance en âge, ce changement graduel en mieux doit sans doute contribuer à prolonger sa carrière; une jeunesse laborieuse et exercée le rendant plus sensible aux dou-

---

hommes aussi avares et aussi ambitieux que ceux des villes, mais dont les vices ne sont pas adoucis par cette politesse et cette aménité que donne le desir de plaire continuellement excité par le commerce de l'autre sexe.

(1) Le mépris de la mort prolonge la vie, en donnant plus de ressort et de vigueur au principe vital ; or, *le guerrier méprise la mort, parce que la familiarité engendre le mépris.*

ceurs dont il jouit dans sa vieillesse (1).
Nous pensons aussi que les sentimens et

---

(1) L'homme ne pouvant demeurer toujours au point où il est, et ne voulant jamais descendre, il est clair qu'il souhaite toujours de monter; *le prétendu amour de l'égalité qu'il affecte, lorsqu'il se trouve extrêmement bas, n'est en lui que le desir d'être égal à ses supérieurs, pour devenir ensuite supérieur à ses égaux.* Mais les hommes ne peuvent pas monter ainsi tous à la fois: pour que les uns puissent monter, il faut que les autres restent en bas, cette élévation qu'ils desirent n'étant que *relative; et quand on veut être l'égal de ses maîtres, on risque d'avoir ensuite pour maîtres ses égaux.* D'ailleurs, pour être heureux, une élévation réelle n'est nullement nécessaire, et il suffit, pour être content de sa situation, de se croire maître de monter. Ainsi, dans quelque heureuse situation qu'on ait pu se placer, il faut en descendre quelquefois, pour se ménager le plaisir de remonter, ou celui de sentir qu'on le peut, et se placer toujours un peu au-dessous du degré auquel on seroit maître de s'élever; le plus heureux de tous les mortels c'est celui qui, s'étant placé volontairement au plus bas de l'échelle sociale, se sent maître de monter durant tout le reste de sa vie. Et le plus infortuné c'est l'imprudent

les affections propres aux guerriers qui s'animent à la vue de l'ennemi, et ne voient dans le combat qui s'approche que l'espérance de la victoire, excitant dans leurs esprits une chaleur salutaire, et donnant à tous leurs organes plus de ton et de ressort, et contribuent ainsi à la prolongation de la vie.

Substances qui contribuent à la prolongation de la vie.

Article répondant à la dixième question.

Jusqu'ici la *médecine* n'a presque envisagé que *la conservation de la santé* et *la guérison des maladies*; elle traite rarement de ce qui concerne *la prolongation de la vie*, et n'en parle, pour ainsi dire, qu'en passant. Cependant nous croyons devoir indiquer les seuls médi-

---

qui s'est placé si haut, qu'il n'est plus le maître de descendre et ne peut plus que tomber. Entouré de précipices, il sent que, pour peu qu'il fasse un pas, il est perdu; et, sous peine de mort, il faut qu'il reste là.

camens qu'on administre ordinairement dans cette vue, et qu'on qualifie de *cordiaux*. En effet, il est évident que ces substances, et, en général, ces moyens qu'on emploie ordinairement dans la *médecine curative ou préservative*, pour *fortifier le cœur*, ou plus exactement *les esprits*, et pour *détruire* ou *prévenir* l'effet des *poisons* ou des *causes morbifiques*, pourroient aussi contribuer à la prolongation de la vie, si l'on en faisoit un usage continuel et une partie de son régime habituel. Mais, au lieu d'exposer ces moyens tous ensemble et indistinctement, comme on le fait ordinairement, nous nous contenterons d'indiquer les plus puissans et les plus sûrs.

1. On administre l'or sous trois formes différentes : tantôt on emploie ce qu'on appelle de l'*or potable*, ou du *vin* dans lequel on a fait éteindre ce métal, ou enfin, l'or même en substance, savoir : ou *en feuilles* ou *en limaille*. Quant à l'*or potable*, on commence à le donner dans les maladies désespérées, ou très

graves, à titre de puissant *cordial* et avec assez de succès. Nous pensons néanmoins que les effets qu'il produit alors, doivent plutôt être attribués aux *acides* où on l'a fait dissoudre, qu'au métal même; observation toutefois que ceux qui administrent ce remède, se gardent bien de faire. Si l'on trouvoit, pour dissoudre l'or, toute autre menstrue que ces liqueurs si corrosives, ou même quelque liqueur *corrosive*, mais destituée de toute qualité *vénéneuse*, puis bien délayée; une telle potion rempliroit assez bien notre objet.

2. On emploie les *perles*, soit en *poudre* très fine et sans aspérités, soit sous la forme d'une *amalgame* ou d'une espèce de *bouillie*, qu'on se procure en les faisant dissoudre dans du *suc de citron* très acide et très frais. On les administre aussi quelquefois dans une liqueur ou potion. Les *perles* doivent sans doute avoir quelque *affinité* avec les *écailles* auxquelles elles étoient *adhérentes*: ainsi l'on peut présumer que leurs effets et leurs propriétés ont quelque analogie avec ceux

de l'enveloppe écailleuse des *écrevisses de rivière.*

3. Quant aux *pierres précieuses et transparentes*, les deux espèces qu'on regarde comme les deux plus puissans *cordiaux*, sont l'*émeraude* et l'*hyacinthe*, qu'on fait prendre sous les mêmes formes que les *perles;* avec cette différence toutefois qu'on ne fait point usage de leurs *dissolutions*. Mais ces *pierres transparentes*, ayant quelque analogie avec le *verre*, nous paroissent suspectes à cause de leurs *aspérités* et de leurs *angles tranchans*.

AVERTISSEMENT.

Reste à montrer *comment* et *jusqu'à quel point* les substances dont nous venons de parler peuvent remplir notre objet; et c'est ce qui sera expliqué ci-après.

4. La pierre de *Bezoar*, comme on s'en est assuré par l'expérience, a la propriété de *ranimer les esprits* et de *provoquer doucement la sueur;* mais la *corne de rhinocéros* si vantée autrefois, a perdu

toute sa vogue; cependant on la met à peu près au même rang que la *corne* de *cerf,* ou encore que cette espèce d'os qu'on trouve quelquefois dans le *cœur d'un cerf,* ou enfin que l'*ivoire* et autres semblables substances.

5. L'*ambre* est éminemment doué de la propriété de *calmer* et de *fortifier les esprits.* Quant aux substances comprises dans l'énumération suivante, leurs *propriétés* étant assez connues, nous nous contenterons de les désigner par leurs noms.

Substances de nature chaude.

Safran,
Feuille indienne,
Bois d'aloès,
Ecorce de citron,
Melon,
Basilic,
Clou de girofle,
Fleur d'orange,
Romarin,
Menthe,

Bétoine,
Chardon béni (*carduus benedictus*).

Substances de nature froide.

Nitre,
Rose,
Violette,
Fraisier,
Fraise,
Suc de limon doux,
Suc d'oranges douces,
Suc de pommes d'une odeur suave,
Bourrache,
Buglosse,
Pimprenelle,
Bois de Sandal,
Camphre.

Comme il est actuellement question des substances et des moyens qui peuvent faire partie du *régime habituel,* il est nécessaire d'avertir qu'on doit rejeter tous les *acides* (*agens chymiques* ou *menstrues*) *trop actifs* et *trop corrosifs;* substances qui (pour me servir de l'expression de je ne sais quel charlatan, étant *sous* la *planète de Mars*, ont une sorte d'*activité furieuse* et *destructive*). Il en faut dire autant des *substances aromatiques* qui ont trop d'*acrimonie* et de *qualité mordicante*. Mais il faut tâcher de tirer des substances précédentes des eaux ou liqueurs imprégnées de leurs qualités respectives ; non analogues à celles qu'on obtient par voie de *distillation*, d'*expression* ou de *filtration*, et qui contiennent *trop de phlègme* : encore moins à ces *esprits ardens* qu'on en peut extraire par le moyen de l'*esprit de vin* ; mais des *liqueurs plus tempérées*, ayant toutefois *une certaine force*, et d'où s'exhalent des vapeurs suaves, bénignes et restaurantes.

6. Mais de *fréquentes saignées* peuvent-elles contribuer à la prolongation de la vie? C'est un point que nous n'oserions décider, et sur lequel il nous reste des doutes. Cependant nous croyons que ce moyen, tourné en habitude, peut être de quelque utilité, pourvu toutefois que les autres parties du régime soient

appropriées au même but; les effets naturels de la *saignée* étant d'*évacuer les vieux sucs, et de les remplacer par de nouveaux.*

7. Nous pensons aussi que certaines maladies dont l'effet est de *faire maigrir* excessivement le sujet qui en est atteint, étant traitées à fond et radicalement guéries, peuvent contribuer à prolonger la durée de la vie; leur effet propre étant de *substituer de nouveaux sucs aux anciens qu'elles ont consumés :* car, comme le dit un médecin fameux, *être convalescent, c'est rajeunir.* Ainsi il faut donner aux sujets dont on veut prolonger la vie, des espèces de *maladies artificielles,* par le moyen des *diètes rigoureuses et amaigrissantes,* dont il sera question dans les articles suivans.

Intentions (ou indications de buts secondaires).

Après avoir envisagé notre objet par ses différentes faces, en considérant successivement *les différentes classes de su-*

jets; savoir : les *corps inanimés,* les *végétaux,* les *animaux* et *l'homme même,* nous allons le serrer de plus près, et y *tendre plus directement* par des *indications sûres, immédiates,* et qu'on pourra regarder comme une espèce de *carte* indiquant les *vrais sentiers qui conduisent à la prolongation de la vie;* car ce qu'on a écrit jusqu'ici sur ce grand sujet, mérite à peine de fixer l'attention : ce ne sont que de *pures spéculations, de simples théories,* presque sans objet et sans utilité directe. En effet, lorsqu'on nous prescrit de *renforcer la chaleur naturelle* et *l'humide radical;* de choisir des alimens qui puissent fournir *un sang louable,* c'est-à-dire, un *sang* qui ne soit ni *trop brûlé,* ni trop *phlegmatique* (*séreux*); enfin, de *ranimer* et de *restaurer* les *esprits,* nous pensons que ceux qui se contentent d'indications si vagues, ont d'assez *bonnes intentions,* mais ne disent rien en cela qui puisse *mener au but.* Et quand, d'un autre côté, on nous conseille de tirer de l'*or* (métal *incor-*

ruptible) et des *pierres précieuses*, des compositions qui puissent réveiller et restaurer les esprits, vu les propriétés occultes et l'éclat même de ces substances (1); lorsqu'on prétend de plus que, si l'on pouvoit saisir et retenir dans des vaisseaux, les *esprits balsamiques* et les *quintessences* des *animaux*, on pourroit alors *aspirer* hardiment *à l'immortalité;* que *la chair des serpens ou des cerfs*

---

(1) Les hommes *souhaitant* également de *prolonger leur vie* et de *posséder de l'or*, ou *des pierres précieuses*, se sont imaginés que *l'un de ces deux buts devoit être un moyen pour parvenir à l'autre*, opinion qu'ils ont établie à l'aide de ce syllogisme tacite et fort semblable à tous ceux qui composent la logique des passions : *rien n'est plus précieux que la vie; l'or et les pierres qualifiées de précieuses le sont également ; donc l'or et les pierres précieuses peuvent prolonger la vie*. Mais ne nous hâtons pas trop de nous moquer de cet argument; car il n'est pas un de nous, *spéculatifs*, qui ne soit excité par quelque erreur à chercher la vérité, et qui *ne vise à des buts contradictoires par des moyens diamétralement opposés à ces buts*.

a la propriété de renouveller la vie et de rajeunir, en vertu d'une certaine *corrélation harmonique*, les animaux de la première espèce *changeant de peau*, et ceux de la dernière *changeant de cornes* (à quoi l'on auroit pu ajouter *la chair de l'aigle, oiseau qui change de bec*): que je ne sais quel individu, ayant trouvé dans une excavation certaine substance onctueuse dont il s'oignit de la tête aux pieds, à l'exception toutefois des plantes des pieds et des parties voisines, vécut, par le moyen de ces onctions, trois cents ans, sans aucune espèce de maladie ou d'incommodité (à la réserve de quelques tumeurs à cette seule partie qui n'avoit pas été enduite): ou qu'*Artésius*, sentant ses esprits défaillir, aspira fortement ceux d'un jeune homme vigoureux, et lui causa ainsi la mort; mais vécut lui-même un grand nombre d'années, en vertu de cet esprit étranger qu'il s'étoit approprié: tous contes ridicules, auxquels nous pouvons ajouter tout ce qu'on dit des *heures prospères,*

(relativement aux *figures célestes* et aux *constellations*), où l'on doit recueillir et composer les substances tendant à la prolongation de la vie ; enfin, de ces *anneaux planétaires* ou *constellés*, à l'aide desquels on peut *puiser,* pour ainsi dire, et *dériver les influences et les vertus des corps célestes,* pour atteindre à notre but ; et une infinité de contes ou de recettes du même genre, tous produits de la superstition ou de l'imposture ; nous sommes toujours étonnés que les hommes aient l'esprit assez foible pour se bercer de telles chimères ; et nous ne saurions trop déplorer la condition du genre humain qui est assez malheureux pour attacher quelque importance à de telles inepties. On ne trouvera ici rien de semblable, et nous osons nous flatter de marcher directement vers le but, en rejetant pour toujours toutes ces frivoles recettes, avec les contes ridicules dont on les appuie. Et nos *indications* relativement à ce grand but seront de telle nature, que dans la suite on pourra sans doute découvrir beaucoup de nouveaux moyens pour remplir les conditions indiquées, sans pouvoir ajouter beaucoup à ces indications mêmes.

Il est cependant un petit nombre d'observations importantes à faire, et d'avertissemens nécessaires à donner, avant d'entamer *la partie exécutive et pratique* de notre sujet.

1°. Nous sommes intimement persuadés que *les fonctions et les devoirs de la vie importent cent fois plus que la vie même* (1). Si donc il existe quelque moyen qui réponde plus exactement que tout autre à nos indications, et qui mène plus directement à notre but, mais qui soit de nature à empêcher l'individu qu'on veut rendre plus vivace, d'exercer les fonctions et de remplir les devoirs de la vie civile, nous ne balançons point à le rejeter, nous contentant d'en faire tout au

---

(1) Il importe cent fois plus de bien vivre que de vivre; car il vaut cent fois mieux n'être point du tout que d'être mal, sans espoir d'être mieux.

plus une légère mention, sans nous y arrêter. Ainsi nous ne conseillerons à qui que ce soit de passer, à l'exemple d'*Épiménide*, presque toute sa vie dans un antre où les rayons des corps célestes ne puissent pénétrer, ni les variations de la température, se faire sentir; ni de se tenir perpétuellement dans des bains composés de liqueurs préparées *ad hoc*; ou de tenir continuellement appliquée sur sa peau, de la *cire* ou toute autre substance roide, et de telle manière que le corps semble être perpétuellement *emboîté* ou *encaqué*; ni de s'enduire de certaines substances *colorées* ou *sales*, comme telles hordes de sauvages; ou enfin, de s'astreindre à un régime composé de règles strictes et de mesures d'une précision minutieuse; en un mot, d'être tellement *esclave d'un régime de cette nature*, qu'il semble qu'on *n'ait d'autre but que celui de vivre*, comme le fut, parmi les anciens, *Hérodicus*, et parmi les modernes, *Cornaro*, avec un peu moins d'excès toutefois : tous ces moyens étranges, fastidieux ou incommodes, ne méritent pas qu'on s'y attache sérieusement; et nous n'en parlerons qu'en passant, bien déterminés à ne proposer que des remèdes et des préceptes qui n'empêchent point de remplir les devoirs de la vie commune, et dont il ne résulte pas une trop grande perte de temps, ni un trop grand assujettissement.

En second lieu, que les hommes ne s'imaginent point qu'il ne s'agit ici que d'une bagatelle; et que, pour atteindre un aussi grand but que celui d'*arrêter la marche puissante de la nature, et de la faire rétrograder*, il suffise de prendre le matin quelque potion, ou même de faire usage de tel médicament composé de substances précieuses; mais qu'ils tiennent au contraire pour certain, qu'une telle entreprise est hérissée de difficultés sans nombre; qu'elle ne peut être exécutée que par la combinaison d'un grand nombre de remèdes mutuellement dépendant les uns des autres, et tous concourant à ce but. Car il n'est, je pense, point d'homme assez stupide pour se persuader que ce qui n'a jamais été exécuté, puisse l'être autrement que par des moyens qui n'ont jamais été tentés (1).

En troisième lieu, nous avouerons ingénument que tel des moyens que nous proposerons n'a pas encore été vérifié par notre propre expérience (notre genre de vie ne nous permettant pas de faire de telles épreuves), mais seulement déduit par une marche très méthodique (autant du moins qu'il nous est permis de nous en flatter), de nos principes et de nos règles dont nous exposons ici une partie, en nous réservant l'autre. Cependant, comme il s'agit ici *du corps de l'homme,* lequel, selon le langage de l'Écriture sainte, *est plus précieux que son*

---

(1) Ou *par des proportions et des combinaisons nouvelles de moyens déja éprouvés;* car, si ces moyens élémentaires qui, par leur concours et leur ensemble, composent la règle totale, n'avoient pas été vérifiés par l'expérience, du moins à certains degrés, le tout ensemble seroit purement conjectural.

habit, nous avons grand soin, et nous nous faisons même une loi de ne proposer que des remèdes, sinon *utiles* et *efficaces,* du moins peu dangereux.

4. Une autre remarque d'une absolue nécessité, c'est celle-ci : autres sont les moyens tendant à conserver la santé; autres ceux qui contribuent à la prolongation de la vie ; car il est une infinité de choses qui, en augmentant l'activité des esprits, mettent ainsi le corps en état d'exécuter avec plus de vigueur toutes les fonctions vitales, et qui ne laissent pas d'abréger la vie (1). Il en est d'autres qui contribuent puissamment à la prolongation de la vie, et qui ne laissent pas d'être un peu contraires à la santé, si l'on n'a soin d'obvier à cet inconvénient, à l'aide de précautions appropriées à ce but même; précautions que nous ne manquerons pas d'indiquer, à mesure que l'occasion s'en présentera, et que la nature du sujet l'exigera.

---

(1) Ce qui fait vivre trop chaque jour, fait vivre trop peu de jours.

En dernier lieu, pour *classer les remèdes* que nous allons exposer, nous avons cru devoir *les rapporter aux différens buts secondaires* qui seront indiqués ci-après, sans nous occuper, *ni du choix, ni de l'ordre de ces remèdes.* En effet, vouloir *spécifier,* avec précision, *tous les moyens* de ce genre qui peuvent convenir aux *différens tempéramens,* aux *différens genres de vie,* aux *différens âges,* etc. *la manière dont ils doivent se succéder;* enfin, l'ordre, la *liaison* et la *méthode* qu'on doit mettre dans tous ces procédés ; ce seroit se jeter dans des longueurs fastidieuses, et dans une immensité de détails minutieux qui excéderoient les limites d'un ouvrage de la nature de celui-ci.

Dans l'exposé de notre plan et de ses divisions, nous avons indiqué *trois intentions* ou *buts secondaires.*

Il faut, disions-nous, 1°. *empêcher la consomption.*

2°. *Perfectionner et completter la réparation.*

3°. *Renouveller* ou *rajeunir ce qui a vieilli.*

Mais nos *préceptes* n'étant rien moins que de *simples mots, nous ferons ici l'énumération de dix genres d'opérations relatives à ces trois buts.*

1°. Il faut *agir sur les esprits,* pour les *faire reverdir* (*les renouveller*).

2°. La seconde opération a pour but l'*exclusion de l'air.*

3°. Il faut *agir* aussi *sur le sang,* en modifiant et graduant la chaleur qui opère la sanguification.

4°. *Agir sur les sucs* du corps.

5°. *Agir sur les veines* (*les vaisseaux*), pour provoquer et renforcer l'impulsion et la distribution de la substance alimentaire.

6°. *Agir sur les parties extérieures,* afin qu'elles *attirent* cette substance avec plus de force.

7°. *Agir sur l'aliment même,* afin qu'il s'*insinue* plus aisément dans les parties.

8°. Le but du huitième genre d'opération est de *perfectionner et de completter l'acte même de l'assimilation.*

9°. Le but du neuvième est d'*humecter*, d'*amollir* et d'*assouplir les parties*, lorsqu'elles commencent à se *dessécher*.

10°. Le but du dixième est d'*évacuer les vieux sucs, pour les remplacer par de nouveaux*.

Les quatre premiers genres d'opération se rapportent à la première de nos trois intentions (ou indications de buts secondaires); les quatre suivans, à la seconde; et les deux derniers, à la troisième.

Mais comme cette partie, qui traite des trois intentions, ou *buts secondaires*, tend directement à la *pratique*, nous donnerons, sous le nom même d'*histoire*, non-seulement des *expériences* et des *observations*, mais même des *conseils*, des *remèdes*, des *explications* (ou *indications de causes*), et des *applications* (ou *indications de moyens*); en un mot, des *principes* et des *règles*; enfin, tout ce qui peut mener *au grand* but.

I.

Opération sur les esprits, tendant à les rajeunir et à les faire REVERDIR (1), (*à les renouveller*) *à conserver leurs forces, ou à les rétablir.*

1. Ce sont les *esprits* qui exécutent toutes les fonctions dans le corps humain ; ils sont comme *les ouvriers de ce vivant*

---

(1) La figure est un peu hardie ; mais c'est *Bacon lui-même* qu'on me demande. Si je m'étois laissé effrayer par l'excessive délicatesse de notre langue, je n'aurois jamais entrepris cette traduction. J'ai cru devoir interpréter hardiment l'écrivain le plus hardi qui ait jamais existé. Dans mes propres écrits, je serai plus timide, aimant mieux inventer des *moyens* que des *mots* : respecter la langue d'une nation, c'est respecter cette nation même, et en choquant trop fréquemment les hommes dans les petites choses, on se met hors d'état d'exécuter les grandes. Quand notre auteur, un peu trop amoureux de ses barbarismes, nous auroit épargné tout ce jargon, en partie composé de mots sans idées et de signes insignifians, en seroit-il moins estimable ? car enfin qu'est-ce qu'un *esprit verd* ?

atelier; c'est un point accordé et d'ailleurs prouvé par une infinité d'observations et d'expériences (1).

2. Si l'on trouvoit moyen de renouveller dans le corps d'un vieillard, tous les esprits vitaux, et à tel point qu'ils redevinssent semblables à ceux d'un jeune homme, il est clair qu'alors cette grande roue qui mène toutes les petites, les remettroit en mouvement, et l'on pourroit ainsi forcer la nature à rétrograder.

3. Dans toute *consomption*, qui est l'effet du *feu* ou de l'*âge*, plus l'*esprit*, ou la *chaleur* (le *calorique*) d'un corps s'empare de son *humor*, plus sa durée est courte; fait dont on trouve aussi des exemples à chaque pas.

4. Il faut tâcher de *donner*, ou de *ren-*

---

(1) Ce qui exécute toutes les fonctions dans le corps humain, c'est un certain agent dont la nature m'est inconnue, auquel je donne un nom, pour avoir l'air de le connoître, et que je n'en connois pas mieux ; car des *pléonasmes* et des *métaphores* ne sont pas des *définitions*.

dre aux esprits un tel *mode*, ou un tel *degré d'activité*, qu'ils puissent, suivant l'expression d'un médecin, non *boire*, pour ainsi dire, et *avaler les sucs du corps*, mais seulement les *humer*, les *sucer*.

5. Il est deux espèces de *flammes*, l'une *âcre* et *pénétrante*, mais *foible*, qui provoque et facilite l'*émission* des *molécules les plus ténues* du composé, mais qui ne peut rien sur les *parties dures:* flamme analogue à celle d'un *feu* de *paille* ou de *copeaux*; l'autre, *plus forte* et *plus durable*, qui peut attaquer victorieusement même *les parties dures et tenaces*; flamme comparable à celle d'un feu de *bûches* et d'autres semblables.

6. Les *flammes* qui ont beaucoup d'*acrimonie*, sans avoir beaucoup de *force*, *dessèchent* les corps, les *épuisent* et les rendent *stériles*; au lieu que les *flammes* qui ont *plus* de *force*, les *amollissent* et les *liquéfient*.

7. Et même, parmi les médicamens qui ont la propriété de dissiper la substance

du corps, il en est qui, dans les *tumeurs*, n'enlèvent que la partie *la plus ténue;* et d'autres qui, ébranlant avec plus de force les plus petites parties du corps, diminuent leur cohérence, et, en conséquence, amollissent le tout.

8. De plus, parmi les substances *purgatives* et abstersives (*détersives*), les unes ne peuvent enlever que les humeurs les plus fluides, au lieu que d'autres détachent et entraînent les plus visqueuses et les plus tenaces.

9. Il faut donner aux *esprits un tel mode et un tel degré de chaleur,* qu'ils soient plus disposés à détacher et à enlever les parties dures et tenaces, qu'à provoquer l'émission des fluides atténués et *animalisés;* car c'est par ce seul moyen qu'on peut conserver dans le corps toute sa verdeur et sa consistance.

10. Il faut travailler à modifier les esprits, de manière que leur substance devienne plutôt un peu *dense,* que *rare* et *ténue;* leur *chaleur,* plutôt *forte* et *durable,* que *vive* et *pénétrante;* leur *quan-*

tité suffisante pour *exécuter* avec vigueur toutes les *fonctions vitales*, sans *redondance* ou sans *pléthore*; enfin, leur *mouvement* plutôt *doux, gradué, uniforme* et *réglé*, que *variable, impétueux, irrégulier, tumultueux*, et comme par *soubresauts*.

11. Des expériences multipliées prouvent assez que les *vapeurs* produites par le *sommeil*, l'*ivresse* ou les *passions* accompagnées de *joie* ou de *tristesse*, enfin, par ces substances dont l'odeur pénétrante ranime les personnes tombées en syncope, peuvent *agir* puissamment sur les *esprits*.

12. On peut *condenser les esprits* par *quatre sortes de moyens*; savoir : 1°. par la *répulsion*; 2°. en les *refroidissant*; 3°. en les *chatouillant*, pour ainsi dire, et y produisant une *douce agitation*; 4°. en les *calmant*.

13. Toute cause extérieure qui exerce sur un fluide une *action répulsive*, en *agissant de la circonférence au centre*, et selon toutes les directions, tend à resserrer ses parties et à les *condenser*.

14. De tous les moyens qui peuvent *condenser les esprits* par voie de *répulsion*, les plus puissans et les plus efficaces sont, avant tout, l'*opium* proprement dit, puis les *opiats*, et en général les *narcotiques* ou *somnifères*.

15. Cette propriété que l'*opium* a de condenser les esprits, est d'autant plus sensible et d'autant moins douteuse, que trois grains de cette substance suffisent pour les *coaguler* presqu'à l'instant, et à tel point qu'ensuite ils ne peuvent plus *se dilater* de nouveau, mais s'éteignent tout-à-fait, et demeurent immobiles.

16. Si l'*opium* et les *opiats repoussent* les *esprits*, ce n'est point en vertu de leur *nature froide*, comme on seroit porté à le penser, car ils contiennent des parties de nature sensiblement *chaude*; mais c'est au contraire parce qu'ils *repoussent* les *esprits*, qu'ils *refroidissent*.

17. Cette *répulsion* que l'*opium* et les *opiats* exercent sur les *esprits*, se manifeste sur-tout lorsqu'on les applique *extérieurement*; car, dans ce dernier cas,

les esprits abandonnent la partie à laquelle ces substances sont appliquées, et ne s'y portent plus; mais alors cette partie se *mortifie*, et tend à se *gangréner*.

18. Les *opiats adoucissent* et *appaisent* sensiblement les *grandes douleurs* occasionnées par les *calculs*, l'*amputation* de quelque *membre*, etc. effet qu'ils produisent en *repoussant* les *esprits*, et les forçant d'abandonner la partie souffrante.

19. Les *opiats* produisent ainsi un bon effet par une mauvaise cause; car cette *répulsion* des *esprits* est un effet mauvais en lui-même; mais leur *condensation*, qui est une *conséquence* de cette *répulsion*, est un effet avantageux.

20. Les *Grecs* attribuoient de grandes vertus aux *opiats*, et en faisoient un grand usage, soit pour la *conservation* ou le *rétablissement* de la *santé*, soit pour la *prolongation* de la *vie*; mais les *Arabes* y attachent encore plus de prix, et ils sont tellement en vogue parmi eux, que l'*opium* est le principal ingrédient et la

base de leurs plus puissans remèdes, que, dans leur enthousiasme, ils qualifient de *mains divines;* et ils ne le combinent avec d'autres substances, telles que la *thériaque,* le *mithridate,* etc. que pour émousser telle de ses qualités qui peut être nuisible.

21. Toutes ces substances, et en général tous ces moyens qu'on emploie avec succès dans le traitement des maladies *pestilentielles* ou *malignes,* pour réprimer et régler les mouvemens irréguliers et tumultueux des esprits, pourroient être appliquées, avec un égal succès, à la *prolongation de la vie;* un même moyen pouvant mener à ce double but, moyen qui n'est autre que la *condensation des esprits.* Or, ce sont les *opiats* qui produisent le plus sûrement cet effet.

22. Les *Turcs* peuvent, sans inconvénient, faire un *usage* continuel de l'*opium,* même à très grande dose ; et il n'a d'autre effet sur eux que celui de les fortifier; ils en prennent sur-tout avant un *combat,* pour augmenter leur *courage;*

au lieu qu'il est mortel pour nous, à moins que nous ne le prenions à très petite dose et avec de bons correctifs.

23. Il est prouvé, par des expériences multipliées, que l'*opium* et les *opiats* ont la propriété d'exciter à l'*acte vénérien;* nouvelle preuve de celle qu'ils ont de fortifier les esprits.

24. On emploie avec succès, pour les maux de tête qui sont une suite de l'*ivresse*, pour les *fièvres*, et différentes maladies, l'*eau distillée de pavot sauvage* (de *coquelicot*), qui n'est au fond qu'une sorte d'*opiat tempéré*. Mais cette propriété qu'elle a de guérir différentes espèces de maladies indistinctement, nous paroît d'autant moins étonnante, qu'elle lui est commune avec les *opiats* proprement dits; car les esprits une fois condensés et fortifiés, attaquent ensuite avec avantage toute espèce de cause morbifique.

25. Les *Turcs* font usage d'une certaine plante, connue parmi eux sous le nom de *café;* après l'avoir réduite en pou-

dre et fait infuser dans l'eau bouillante, ils la boivent extrêmement chaude. Ils prétendent qu'elle aide la digestion, fortifie le cœur et aiguise l'esprit; mais que, prise en trop grande quantité, elle peut troubler la raison : d'où l'on peut conclure que le *café* est d'une nature analogue à celle des *opiats,* et produit des effets semblables.

26. Il est une sorte de *racine* (de *feuille*), appellée *béthel,* et fort estimée des *Orientaux;* ils la tiennent dans la bouche, et la mâchent continuellement; ce qui ranime puissamment leurs esprits, les met en état d'endurer la fatigue, dissipe leur ennui, et leur donne plus de vigueur pour l'acte de la génération. Cette substance peut être rangée dans la classe des *narcotiques,* vu qu'elle noircit beaucoup les dents.

27. On a commencé dans notre siècle à faire grand usage de *tabac :* il faut qu'il y ait un plaisir secret attaché à cela; car ceux qui ont une fois contracté cette habitude, ne la perdent ensuite que très dif-

ficilement. Il est vrai que l'usage du *tabac* rend le corps plus agile, diminue la lassitude et dissipe l'ennui. Mais on croit communément qu'il produit cet effet en vertu de sa qualité *apéritive*, et en tirant les humeurs. On doit plutôt l'attribuer à la propriété qu'il a de *condenser les esprits;* car c'est une sorte de *jusquiame*, et pris en trop grande quantité, il trouble le jugement, et enivre comme les *opiats*.

28. Parmi les humeurs qui se forment dans le corps humain, il en est qu'on peut regarder comme des *opiats naturels*, et qui produisent des effets analogues à ceux dont nous venons de parler. C'est ce qui a lieu, par exemple, dans certaines espèces de mélancolies; aussi, ceux qui en sont atteints, sont-ils *très vivaces*.

29. Les *opiats* (qualifiés aussi de *narcotiques* et de *médicamens stupéfians*) sont des substances simples et extraites des végétaux : de ce genre sont d'abord l'*opium* même, qui, après tout, n'est au-

tre chose que le *suc du pavot;* puis le *pavot, en général,* soit sa *semence,* soit le *corps* même de la *plante;* ainsi que la *jusquiame,* la *mandragore,* la *ciguë,* le *tabac,* la *morelle,* etc.

30. Les *opiats composés,* sont : la *thériaque,* le *mithridate, triferae,* le *laudanum* de Paracelse, le *diacodium,* le *diascordium,* le *philonium,* les *pilules de cynoglosse (langue de chien).*

31. De toutes les observations précédentes on peut déduire des espèces d'*ordonnances* ou de *conseils,* relativement à la *prolongation de la vie,* et dirigés vers l'*indication* ou le *but secondaire* dont nous sommes actuellement occupés; je veux dire, vers la *condensation* des *esprits,* par le moyen des *opiats.*

32. Ainsi, dès l'époque de l'âge viril, on fera, tous les ans, usage d'*opiats;* on commencera à les prendre vers la fin de *mai;* car, les esprits, durant l'*été,* étant plus dilatés et plus atténués que dans toute autre saison, on n'aura point à craindre la coagulation des humeurs ;

bien entendu qu'on fera choix d'un *opiat corrigé*, et plus foible que ceux qu'on emploie ordinairement; je veux dire, un *opiat* où il entre une moindre quantité, soit d'*opium*, soit de substances de *nature chaude*. On le prendra le matin, *entre deux sommeils*. Tant qu'on en fera usage, on se contentera d'alimens fort simples et en petite quantité, en s'abstenant de *vin*, et de toute substance *aromatique* ou *vaporeuse*. On ne prendra cette drogue que de deux jours l'un ; régime qu'on aura soin de continuer pendant une quinzaine de jours. Cette ordonnance nous paroît suffire pour remplir notre objet actuel.

33. Or, ces *opiats*, au lieu de les prendre *intérieurement* et par la *bouche*, on pourroit aussi en faire usage par voie de *fumigation*, et sous la forme de *vapeurs*; fumigation toutefois qui doit être de nature, non à provoquer excessivement la faculté *expulsive*, ou l'*évacuation* des *humeurs*; mais n'avoir qu'une action instantanée et seulement sur les esprits con-

tenus dans le cerveau. Il faudroit donc *aspirer* tous les matins, par le *nez* et par la *bouche*, de la *fumée de tabac*, auquel on auroit joint un peu de bois d'*aloës*, de myrrhe et de feuilles sèches de *romarin*.

34. Quant aux *opiats majeurs*, tels que la *thériaque*, le *mithridate*, etc. il vaudroit mieux, sur-tout durant la jeunesse, faire usage des eaux distillées sur ces substances, que de ces substances mêmes en nature. Car, dans la *distillation*, la partie *vapide* s'élève, et le *calorique*, qui entre dans la composition du médicament, reste au fond. Quand l'effet, qu'on veut obtenir, est produit par la vapeur des substances, alors les eaux distillées sont bonnes; dans tout autre cas, elles sont sans effet.

35. Il est des médicamens qui ont une secrète analogie avec les *opiats*, et qui, produisant des effets semblables, mais plus foibles, n'en sont que plus sûrs. Ils fournissent une grande quantité de vapeurs épaisses qui s'élèvent lentement, et

qui n'ont pas, comme celles des *opiats*, un caractère de *malignité*; ainsi, sans *repousser les esprits*, elles ne laissent pas de les *condenser* et de les *réunir* jusqu'à un certain point.

36. Les médicamens analogues aux *opiates* sont, avant tout, le *safran* et sa fleur, puis la *feuille indienne*, *l'ambre gris*, la *semence de coriandre*, préparée, l'*amome* proprement dit, et l'*amome bâtard*, *l'aspalath* (1), *l'eau de fleur d'orange*, et mieux encore une infusion de fleurs de cette espèce dans de l'*huile d'amandes douces*; enfin une *noix muscade*, macérée dans l'*eau-rose*.

37. Quand on fait usage des *opiats* proprement dits, on ne peut les prendre qu'à très petite dose, dans certains temps, et pendant un temps limité; au lieu que ceux de la seconde classe, et dont nous venons de parler, pouvant être employés continuellement et faire partie du régi-

---

(1) Bois doué d'une vertu astringente, et qui croît en Egypte.

me habituel, peuvent ainsi contribuer puissamment à *la prolongation de la vie.* On prétend qu'un certain *pharmacien,* de *Calicut,* en faisant grand usage d'*ambre gris,* vécut cent soixante ans; que les grands, en *Barbarie,* doivent aussi à l'usage continuel qu'ils font de cette substance, une vie très longue, quoique le peuple de ces mêmes contrées soit peu vivace; enfin, que nos ancêtres, qui vivoient plus long-temps que nous, faisoient un grand usage du *safran* dans des gâteaux, dans des bouillons, des ragoûts, etc. En voilà assez sur les moyens de *condenser les esprits* par la voie des *opiats* et des substances analogues.

38. Quant au second des moyens tendant au même but; savoir, *le froid,* nous devons observer d'abord que la *condensation est l'effet propre et direct du froid;* et alors la cause qui produit cet effet souhaité, n'ayant aucun caractère de *malignité,* rien de *nuisible,* cette voie est, en conséquence, *plus sûre* que celle des *opiats.* Il est vrai que ce moyen, si on

ne l'employoit que de temps en temps, comme les *opiats*, seroit moins puissant que ces substances; mais, comme on peut l'employer continuellement, tous les jours mêmes, et en faire une partie de son régime habituel, il est clair qu'il peut contribuer plus puissamment que les *opiats* mêmes, à la *prolongation de la vie*.

39. Le *refroidissement* des *esprits* peut être opéré par trois *genres de moyens*; savoir, par la *respiration*, par des *vapeurs* et par les *alimens*. Le premier genre de moyens est certainement le meilleur, mais rarement en notre disposition; le second, qui est également puissant, ne laisse pas d'être sous notre main; le troisième est foible, il n'agit qu'*indirectement* et *médiatement*.

40. Un *air pur* et *limpide,* auquel ne se mêle aucune vapeur grossière, aucune *fuliginosité,* avant qu'on le respire, et qui n'est point exposé à l'*action des rayons solaires,* est éminemment doué de la propriété de *condenser* les *esprits*.

Tel est celui qu'on respire sur le *sommet* des *montagnes* dont le *sol* est *sec* et où il ne s'élève point de *vapeurs* des terres situées au dessous ; ou dans des *plaines* bien *aérées*, et cependant bien *ombragées*.

41. Quant au *refroidissement* et à la *condensation* des *esprits* par la voie des *vapeurs*, le moyen radical, en ce genre, nous paroît être le *nitre;* c'est la substance vraiment appropriée à ce but, et elle semble destinée à cela, comme il est aisé de s'en convaincre par les considérations suivantes.

42. Le *nitre* est une sorte d'*aromate froid*, ce qui est indiqué par la *sensation* même qu'il excite ; car, mis dans la bouche, il produit sur la *langue* et le *palais* une légère sensation de *froid*, comme les substances *aromatiques* en excitent une de *chaleur*, et c'est de toutes les substances que nous connoissons, la seule qui produise un tel effet.

43. Toutes les *substances* de *nature froide*, je veux dire, celles qui le sont

proprement et par elles-mêmes, non *accidentellement*, comme l'*opium*, ne contiennent qu'une très petite quantité d'*esprits*; au contraire, toutes les substances *de nature chaude* sont très *spiritueuses*. Or, de toutes celles qui entrent dans la composition des végétaux, le *nitre* est la seule qui *abonde* en *esprits* et qui ne laisse pas d'être *froide*. Car le *camphre*, par exemple, qui est très *spiritueux* et qui ne laisse pas de *refroidir*, ne produit cet effet qu'*accidentellement*; savoir, en vertu de son extrême *ténuité*, sans *acrimonie*, et en facilitant la *perspiration* dans les maladies inflammatoires.

44. Dans la *congélation artificielle* des liqueurs, par le moyen de la *neige* et de la *glace*, appliquées à la surface des vaisseaux, opération imaginée dans ces derniers temps, on mêle du *nitre* avec cette neige ou cette glace. Il n'est pas douteux que cette substance ne provoque et ne renforce la congélation. Il est vrai qu'on emploie quelquefois, dans les mêmes vues, le *sel commun*, dont l'effet alors

est plutôt d'*animer*, pour ainsi dire, *le froid* de la *neige*, et d'*augmenter* son *intensité*, que de *refroidir* par lui-même. Cependant j'ai ouï dire que, dans les pays chauds, où il ne tombe jamais de *neige*, on opère des *congélations* à l'aide du *nitre seul*; mais c'est un fait que je n'ai point vérifié par l'expérience.

45. On prétend que la *poudre à canon*, dont le *nitre* est la base, étant délayée dans du *vin*, augmente le *courage*; que les gens de mer et les soldats sont dans l'habitude d'en prendre avant un combat, à peu près comme les *Turcs* prennent de l'*opium*, en pareil cas.

46. On emploie le *nitre* avec succès dans les fièvres chaudes et dans les *fièvres pestilentielles* pour modérer et réprimer cette *chaleur* excessive et pernicieuse qui les accompagne.

47. L'*antipathie* qui règne entre le *nitre* et la *flamme*, se manifeste sensiblement dans l'explosion de la *poudre à canon;* antipathie qui est la véritable cause de cette espèce de *souffle* ou de

vent ignée qui produit des effets si étonnans.

48. Le *nitre* semble être l'*esprit* de la *terre*. En effet, il est prouvé par l'expérience, que si, ayant pris une certaine quantité de terre pure et sans mélange d'aucune substance *nitreuse*, on a soin de l'entasser et de la mettre à couvert, de manière qu'elle ne soit point exposée à l'action des rayons solaires et ne puisse produire des végétaux, il s'y forme une assez grande quantité de nitre ; d'où l'on peut conclure que l'*esprit* du *nitre* est *inférieur,* non-seulement à celui des *animaux*, mais même à celui des *végétaux* (1).

---

(1) *Inférieur en quoi?* Notre *chancelier,* continuellement occupé de *prérogatives*, de *subordination* et de *justice distributive*, imagine des *rangs* par-tout, même dans le monde *physique*, comme dans le monde *moral;* quoiqu'à proprement parler, dans ces deux mondes, il n'y ait d'autres *rangs* que ceux qui sont marqués par le plus ou moins de *force;* car, quoique *Dieu*, par exemple, soit *le plus juste* de tous les *êtres*, il n'en seroit point *le*

49. L'expérience prouve que les *eaux nitreuses* font *engraisser* sensiblement les *animaux* qui en boivent; nouvelle preuve de la *froideur du nitre*.

50. Les *substances nitreuses* sont la base de tous ces *engrais* qui *fertilisent* les *terres;* toute espèce de *fumier*, par exemple, contient du *nitre*, ce qui prouve aussi que le *nitre* contient des *esprits*.

51. Il suit de toutes les observations précédentes, que les *esprits vitaux* de *l'homme* peuvent être *refroidis* et *condensés* par le *nitre;* que cette substance peut aussi augmenter leur *crudité* et di-

---

premier, s'il n'étoit aussi *le plus fort;* et la *justice*, sans la *force*, est une *qualité* aussi *inutile* que *respectable;* comme la *force*, sans la *justice*, est une *puissance* aussi *détestée* que *respectée*. Les *rangs*, dis-je, sont marqués par le plus ou moins de *force*, ou, ce qui est la même chose, d'*utilité;* toute chose *utile* étant *forte*, par rapport au *but* auquel se rapporte cette *utilité :* observation qui n'anéantit et n'affoiblit même aucune *moralité*, puisque la *justice* est, dans le monde *moral*, ce qu'il y a de plus *utile*, et que, pour prendre des

minuer leur *acrimonie* (1). Ainsi, comme les *vins chauds* et *aromatiques*, ou autres substances de ce genre, enflamment les esprits, les agitent violemment, et

---

mesures bien *justes*, il faut être *juste* et pour les autres et pour soi ; la *confiance* étant pour tout *être foible, intelligent, prévoyant et sociable*, le premier et le plus *nécessaire* de tous les *instrumens*. Mais il paroît que notre auteur met au *premier rang*, dans le monde physique, les *animaux* ; au *second*, les *végétaux* ; et au *troisième*, les *minéraux*, y compris la *terre*, qui est leur *base* ou *matrice commune* ; et qu'il assigne les mêmes *rangs* aux esprits que contiennent les différentes *substances*, plus ou moins *composées*, *organisées*, ou *animées*. Car j'ai déja observé que, dans la considération des composés divers, il désigne, par cette dénomination d'*esprits*, toutes les causes dont il apperçoit ou suppose *l'action*, et dont il ignore la nature.

(1) Il suppose, comme nous l'avons observé dans certaines notes de l'ouvrage précédent, que l'homme *se cuit*, pour ainsi dire, en *vieillissant*, et devient de moins en moins *pétrissable* : ce qui se réduit à dire que le *corps* devient de plus en plus *dur*, et de moins en moins *perméable*.

abrègent ainsi la durée de la vie ; au contraire le nitre, en les condensant et les calmant, contribue à prolonger cette durée.

52. On peut prendre le *nitre* avec ses *alimens* ordinaires, et en le mêlant avec le *sel commun*, dans la proportion d'un à dix, ou encore dans des *bouillons* qu'on prend tous les matins et à dose qui peut croître depuis un grain jusqu'à dix ; ou enfin, dans sa boisson ordinaire. Mais de quelque manière qu'on en fasse usage, il contribue toujours à *la prolongation de la vie*.

53. De même que l'*opium*, qui joue le premier rôle dans la condensation des esprits par voie de *répulsion*, a ses analogues qui lui sont subordonnés et qui ont moins de force, mais qui étant, par cela même, moins dangereux, peuvent être employés continuellement et faire partie du régime habituel, comme nous l'avons observé ci-dessus, le *nitre* qui *condense* les *esprits* par la voie du *froid*, et (pour employer le langage ordinaire

des modernes) par une sorte de *fraîcheur*, a aussi ses *analogues*, qui lui sont *subordonnés*, et qui peuvent être employés plus fréquemment.

54. Les *substances subordonnées au nitre* sont toutes celles d'où s'exhale une odeur, qui a je ne sais quoi de *terrestre* et de semblable à celle d'une terre nette et de bonne qualité, nouvellement fouillée ou retournée : de ce genre sont, la *bourrache*, la *buglosse*, (la *buglosse sauvage*), la *pimprenelle*, le *fraisier* et la *fraise même*, la *framboise*, le *concombre cru*, les *pommes crues* et *d'une odeur suave*, les *feuilles* et les *bourgeons de vigne*, enfin, les *violettes*.

55. Les substances qu'on doit placer immédiatement après, sont toutes celles dont l'odeur a une sorte de verdeur, mais en même temps un peu d'analogie avec celle des substances de *nature chaude*, sans être toutefois destituées de cette propriété de *rafraîchir* dont nous avons besoin. On peut ranger dans cette classe la *mélisse*, le *citron verd*, l'*orange verte*,

l'eau-rose distillée, les *pommes cuites au four et d'odeur agréable;* enfin, les *roses pâles* de *jardin*, celles de l'*églantier*, et les *roses musquées*.

56. Il est bon d'observer en passant, que les substances analogues et subordonnées au *nitre*, remplissent mieux notre objet, lorsqu'elles sont encore *crues*, que lorsqu'elles ont passé au feu; l'action du feu dissipant cet *esprit rafraîchissant* que nous y cherchons. Ainsi, on les emploiera, ou *crues*, ou *infusées* dans sa boisson ordinaire.

57. Nous avons dit que cette sorte de condensation qui est l'effet des substances analogues et subordonnées à l'*opium*, peut, jusqu'à un certain point, être opérée par leur simple odeur. Il en faut dire autant de celle qui est produite par les substances analogues et subordonnées au *nitre;* par exemple : l'*odeur* d'une *terre* bien *nette* et *fraîche*, sans être *humide*, est communément douée de la propriété de *rafraîchir* les *esprits;* effet qu'elle produit lorsqu'on respire ses émanations, soit

en suivant la charrue, à mesure qu'elle trace le sillon, ou en bêchant soi-même la terre, ou en arrachant les mauvaises herbes, etc. Les *feuilles* qui, en *automne*, tombent dans les *forêts* ou dans les *haies*, rafraîchissent également les *esprits;* effet que produisent encore plus sensiblement les *émanations* d'un *fraisier mourant*. Enfin, il en est de même de l'*odeur* de la *violette*, ou des fleurs de *pariétaire* et de *fèves;* ou encore de celles de l'*aubépine* et de *chèvre-feuille;* de ces odeurs, dis-je, aspirées, tandis que les végétaux d'où elles s'exhalent, poussent et croissent vigoureusement.

58. Nous avons même connu un homme de distinction qui a fourni une très longue carrière, et qui étoit dans l'habitude de se faire apporter, tous les matins, à son réveil, une motte de terre bien nette, et de pencher la tête dessus, pour en aspirer l'odeur.

59. Il n'est pas douteux que toutes les substances qui peuvent *rafraîchir* le *sang* et *tempérer* sa *chaleur* par leur froideur

naturelle, telles que l'*endive*, la *chicorée*, l'*hépatique*, le *pourpier*, etc. ne puissent, par cela seul, *rafraîchir* aussi les *esprits*; mais alors l'effet n'est que *médiat* et *éloigné*; au lieu que les *vapeurs* de ces substances dont nous parlions auparavant, produisent cet effet *immédiatement* et *sur-le-champ*. Nous terminerons ici ce que nous avions à dire sur *la condensation* des *esprits* par le moyen du *froid*.

Nous avons dit que le *troisième moyen de condensation* consiste à *chatouiller*, pour ainsi dire, les *esprits*, en n'y produisant qu'une *douce agitation* ; et le *quatrième*, à *calmer* leur violente agitation, ou à tempérer leur excessive activité.

60. Or, les *substances* qui n'occasionnent dans les esprits qu'une *douce agitation*, sont celles qui leur *plaisent* et qui leur sont *avantageuses*; en un mot, qui, au lieu de les *irriter excessivement* et de les *rappeller* trop au *dehors*, font, au contraire, que ces esprits, en quelque manière, *contens de leur situation et vou-*

lant jouir d'eux-mêmes, se portent à l'intérieur et demeurent concentrés dans leur foyer.

61. Pour peu qu'on se rappelle ce que nous avons dit des *substances subordonnées*, soit à l'*opium*, soit au *nitre*, il est inutile de faire de nouvelles observations sur ces deux derniers genres de moyens; et à cet égard, tout est dit.

62. Quant aux moyens de *calmer* et de *régler* les *mouvemens impétueux* et *irréguliers* des *esprits*, c'est un sujet que nous traiterons ci-après, savoir, dans l'article qui aura pour objet leurs *mouvemens en général*. Actuellement, de la *condensation* des *esprits*, opération qui se rapporte à leur *substance*, nous passerons au *mode* de *chaleur* qu'on doit leur donner.

63. Or, la *chaleur* des *esprits*, disions-nous, doit avoir plus de *force* et de *durée*, que d'*acrimonie*; être plus disposée à *détacher* et à *emporter* les *parties tenaces*, qu'à *enlever* les *parties ténues*, et à provoquer leur émission.

64. Ainsi, il faut, ou *s'abstenir* de

toute *substance aromatique,* et de *vin,* ou de toute autre *boisson forte;* ou n'en faire usage qu'avec précaution, avec réserve et en s'en abstenant de temps en temps. J'en dirai autant de la *sariette,* de l'*origan,* du *pouliot;* en un mot, de toutes ces substances qui ont une *saveur âcre* et *brûlante,* attendu qu'elles *excitent* dans les *esprits,* non une *chaleur réparatrice* et *organisatrice,* mais une *chaleur déprédatrice* et *destructive* (1).

―――――――――――

(1) Pour me rendre plus intelligible, je me servirai d'une comparaison familière. Supposons que, dans une fête publique, le peuple soit assemblé; mettons dans cette multitude cinq ou six personnes fort *vives* et fort *gaies;* elles mettront tout en train; elles établiront plusieurs foyers de danse et de gaieté. Mettons à leur place *cinq ou six brouillons,* de ces hommes, dis-je, *qui rient quand les autres pleurent, et qui pleurent quand les autres rient;* ils produiront dans cette foule la plus violente agitation; ils y apporteront la guerre qu'ils portoient dans leur propre sein, et rien ne s'arrangera. La chaleur des derniers est la *chaleur des-*

65. Parmi les substances qui peuvent donner aux *esprits* cette *chaleur vigoureuse* (et *sans acrimonie*) que nous demandons, les principales sont: l'*aunée*, l'*ail*, le *chardon béni* (*carduus benedictus*), le *cresson alénois* et sur pied, la *chamédrée* ou *germandrée*, l'*angélique*, la *zédoaire*, la *verveine*, la *valériane*, la *myrrhe*, le *costus* (ou la *poivrette*), la *fleur de sureau*, le *cerfeuil musqué*; employée avec choix et avec jugement, tantôt sous forme d'*assaisonnement*, tantôt sous forme de *médicament*, elles produiront l'effet souhaité.

66. Ce qui facilite encore l'opération que nous avons en vue, c'est que les *opiats* de la première classe remplissent encore très bien cet objet même ; car ces substances, bien que *composées*, ne lais-

---

tructive et *déprédatrice;* celle des premiers est la *chaleur réparatrice* et *organisatrice*. Il ne peut y avoir de *nouvelle composition*, *sans mouvement;* ni de *composition régulière*, *avec un mouvement violent*. Tel est, ou du moins tel me paroit être le sens de ce passage.

sent pas de produire cette *chaleur* qu'on voudroit obtenir par le moyen des substances *simples* de la même classe, mais qu'on obtient difficilement par ce dernier moyen. En effet, si-tôt que vous n'employez ces *substances très chaudes* et *très actives* (telles que l'*euphorbe*, le *pyréthre*, la *staphisaigre*, l'*estragon*, l'*anacarde*, le *castoréum*, l'*aristoloche*, l'*oppoponax*, le *sel ammoniac*, le *galbanum*, etc.) toutes substances qui, prises intérieurement et sans correctif, pourroient être nuisibles; si-tôt, dis-je, que vous ne les employez que pour *émousser* et *corriger* la *qualité narcotique de l'opium*, dès-lors elles constituent ce *médicament* de force moyenne et *tempéré*, dont nous avons besoin : observation sur laquelle il ne restera aucun doute, pour peu que l'on considère que la *thériaque*, le *mithridate*, etc. n'ont pas une *saveur âcre*, *brûlante* et *mordicante*, mais seulement une *saveur* un peu *amère*, accompagnée d'une *odeur forte*; que leur chaleur ne se fait jamais sentir que dans l'*estomac* et par leurs effets ultérieurs.

67. Un autre moyen qui peut donner aux *esprits* cette *chaleur vigoureuse* dont nous parlons, c'est le *prurit vénérien, souvent excité, mais rarement poussé jusqu'à l'acte* (1) ; à quoi l'on peut ajouter l'effet de certaines *passions* dont nous parlerons ci-après. Tels sont les moyens de donner aux *esprits* une *chaleur vigoureuse* et tendant à *la prolongation de la vie*.

68. Quant à ce qui concerne la *quantité* des *esprits*, et les moyens d'en *diminuer* et d'en *régler* la *mesure*, de manière à en prévenir la *surabondance*, l'*effervescence* et la *pléthôre*, c'est un sujet qui n'exige qu'un très petit nombre d'indications.

69. L'expérience même semble prouver qu'un *régime étroit, mesquin*, presque *pythagorique*, et conforme aux plus rigides *institutions de la vie monastique*,

---

(1) Mais ce lubrique moyen a l'inconvénient de déterminer le sang à la tête en trop grande quantité.

et de celle des *hermites*, lesquels semblent s'être fait une règle de l'indigence même et de la nécessité où ils se trouvent ; l'expérience, dis-je, semble prouver qu'un tel régime peut contribuer à la prolongation de la vie.

70. Les moyens tendant à ce but par une telle voie, se réduisent aux suivans : *l'eau pure* pour toute boisson; *coucher sur la dure;* respirer un *air frais* et même *froid;* une très petite quantité de nourriture, composée de *légumes*, de *fruits* et de *viandes* ou de *poissons* plutôt *salés ou marinés,* que récens et mangés chauds; un *cilice* sur la *peau ;* des *jeûnes réitérés;* des *veilles fréquentes ;* une grande *abstinence* de *plaisirs sensuels,* et autres observances de cette nature : toutes *causes* qui *exténuent* les *esprits* , les réduisent à la quantité absolument nécessaire pour exécuter toutes les fonctions vitales ; ce qui diminue d'autant *l'action déprédatrice* qu'ils exercent sur la substance du corps.

71. En supposant même que ce *régime*

fût un peu *moins strict*, *moins amortissant*, et un peu *plus doux*, si toutefois il étoit *constant*, *uniforme*, et toujours à peu près le même, il ne laisseroit pas de produire encore le même effet, et de mener à notre but : ce qui nous paroît d'autant plus probable, qu'on observe à peu près la même différence dans les flammes; car on voit qu'une flamme un peu grande, mais ayant toujours le même volume et la même force, consume moins vîte son aliment, qu'une flamme plus petite, mais agitée et variant fréquemment, relativement à son volume et à sa force : c'est ce dont on a vu un exemple sensible dans les étonnans effets du régime du *Vénitien Cornaro*, qui, en s'astreignant, durant tant d'années, à la même quantité d'alimens solides et liquides, très exactement pesés, parvint à la centième année, en conservant tous ses sens et la plus grande partie de ses forces.

72. Un autre précepte non moins essentiel, est que les sujets dont le *régime* est plus *large*, et la *nourriture plus abon-*

dante, enfin qui ne se condamnent jamais à ces *diètes rigoureuses et amaigrissantes* dont nous venons de parler, ne doivent pas s'abstenir constamment du *plaisir de la génération*, mais au contraire se le permettre quand la nature les y excite : autrement l'effet de la *surabondance* et de la *pléthore* des *esprits*, résultant de cette abstinence, seroit *d'amollir excessivement* la *substance* du *corps*, et de *hâter* sa *destruction*. Telles sont nos indications sur la manière de *régler* et de *mesurer* la *quantité* des *esprits* avec une sorte de *frugalité*.

73. Vient ensuite la recherche qui a pour objet la manière de *réprimer* et de *calmer* les *mouvemens inquiets* et *tumultueux* des *esprits* ; car l'effet manifeste des mouvemens de cette nature est de les *atténuer* et de les *enflammer*. Or, on peut les *réprimer* et les *calmer* par *trois genres de moyens*: savoir, 1°. par le *sommeil* ; 2°. en *évitant* tout *travail* trop *pénible*, tout *mouvement* trop *violent*, en un mot, une *excessive lassitude* ; 3°. en-

fin, en *évitant les affections pénibles* et *douloureuses :* nous parlerons d'abord du *sommeil.*

74. S'il faut en croire une relation qui nous paroît toutefois fabuleuse, *Epiménide* dormit dans une caverne pendant un grand nombre d'années, et sans prendre d'alimens, les esprits durant le sommeil consumant beaucoup moins la substance du corps.

75. On s'est assuré par l'observation, que certains animaux, tels que les *loirs* et les *chauve-souris,* se réfugient dans des lieux clos, où ils dorment durant tout l'hiver, et sans prendre d'aliment ; ce qui montre assez jusqu'à quel point le *sommeil* peut *prévenir* ou *ralentir* dans le corps de l'animal, cette *consomption* qui est *l'effet de la vie même :* c'est ce qu'on rapporte également des *abeilles* et des *frelons,* quoique souvent dépourvus de miel ; ainsi que des *papillons* et des *mouches.*

76. Un *court sommeil après le dîner,* (temps où les vapeurs qui se portent à la

tête, n'ont rien de désagréable ou de nuisible, ces vapeurs étant les premières qui s'élèvent des alimens), peut être *avantageux* aux *esprits*, du moins relativement à notre but : mais envisagé par rapport à la santé, il peut être nuisible et avoir beaucoup d'inconvéniens : néanmoins, dans l'extrême vieillesse, la même règle a lieu par rapport au sommeil et au repas; l'un et l'autre devant être fréquens, mais de courte durée. Je dirai plus : au dernier terme de la vieillesse, il est bon de se tenir dans un repos perpétuel, et d'être, pour ainsi dire, toujours couché, sur-tout durant l'hiver.

77. Au reste, si un *sommeil modéré* contribue à *la prolongation de la vie*, à plus forte raison mène-t-il à ce but, lorsqu'il est *tranquille* et non *troublé* par des *songes inquiétans*.

78. Les *substances* qui procurent un *sommeil tranquille*, sont la *violette*, la *laitue* (sur-tout lorsqu'elle est cuite), le *sirop de roses sèches*, le *safran*, la *mélisse*, les *pommes* mangées un instant

avant de se mettre au lit, le *pain* trempé dans de la *malvoisie*, sur-tout si l'on y fait infuser auparavant des *roses musquées*. Ainsi il seroit à propos de composer avec les substances de ce genre, quelque pilule ou quelque petite potion dont on feroit habituellement usage. Enfin celles dont l'effet est de *resserrer* suffisamment *l'orifice de l'estomac*, telles que la *semence de coriandre* préparée, les *coings*, les *poires cuites au four*, et d'une *odeur suave*, procurent un *sommeil paisible* et *profond*. Mais de tous les moyens qui peuvent mener à ce but, le plus simple et le plus puissant, sur-tout durant la jeunesse et lorsque *l'estomac* a un peu de *force*, c'est de boire au moment où l'on se couche, un *verre d'eau pure et fraîche*.

Quant à ce qui regarde les *extases volontaires*, je veux dire celles qu'on peut se procurer par le moyen de *l'art*, ainsi que les *méditations profondes* et *soutenues*, les pensées fixes et *concentrées*, (pourvu toutefois qu'elles n'aient rien *d'inquiétant* ni d'affligeant), je n'ai sur ce sujet aucune observation certaine; cependant il n'est pas douteux que ces deux genres de moyens ne puissent contribuer à *prolonger la durée de la vie*, en *condensant* les *esprits*, et même plus puissamment que le *sommeil*; vu qu'ils peuvent autant et plus que le *sommeil*, *assoupir* les *sens* et *suspendre* leur *action*: quoi qu'il en soit, ce sujet exigeroit de nouvelles recherches, nous ne dirons rien de plus sur le *sommeil*.

79. Quant aux *mouvemens extérieurs* et aux *exercices*, nous observerons d'abord que la lassitude est nuisible relativement à notre but, ainsi que tous les travaux et les exercices qui exigent des mouvemens extrêmement prompts, comme la *course*, la *paume*, ou l'*escrime*, ou de très *grands efforts* qui demandent l'emploi de toutes ses forces, tels que le *saut*, la *lutte* et autres semblables; car, lorsque les *esprits* sont extrêmement *resserrés* et *concentrés*, soit par des *mouvemens* d'une très grande *vitesse*, soit par des *efforts excessifs*, ils en deviennent

plus *âcres,* et ont plus de disposition à *consumer* la substance du *corps:* d'un autre côté, les exercices qui demandent des mouvemens d'une certaine force, sans exiger une extrême vîtesse ou des efforts excessifs, tels que la *danse,* l'*exercice* de *l'arc,* l'*équitation,* le *jeu* de *boule,* etc. sont plutôt salutaires que nuisibles.

Il est temps de passer aux *affections de l'ame,* et de les envisager distinctement, afin de distinguer celles qui peuvent être *utiles* ou *nuisibles* à la *prolongation* de *la vie.*

80. Les *joies soudaines* et *excessives,* en *raréfiant* tout à coup les *esprits,* et en les répandant au dehors, *abrègent* la durée de la *vie;* mais une *joie modérée* et *habituelle* les *fortifie* en les rappellant doucement au dehors, sans les atténuer excessivement, ni les dissoudre.

81. L'impression des *joies très démonstratives* et purement *sensuelles,* est *nuisible;* au lieu qu'une *joie plus concentrée,* et, pour ainsi dire, *ruminée* dans la *mémoire,* ou encore une *joie antici-*

pée par *l'imagination* et *l'espérance*, a des effets avantageux.

82. Une *joie* qui se *concentre* et ne se communique qu'avec réserve, *fortifie* plus les *esprits*, qu'une *joie diffuse*, bruyante, et, en quelque manière, *publique* (1).

83. La *tristesse* ou *l'affliction*, lorsqu'elle est *sans crainte* et sans angoisse,

---

(1) Les *joies bruyantes et bavardes* sont, en quelque manière, *des diarrhées de l'ame;* elles *éventent l'homme* et *l'épuisent.* Il n'est personne qui n'ait pu reconnoître par lui-même qu'après avoir beaucoup parlé, on a *moins de jugement*, de *courage*, d'*appétit*, et, en général, de *force*, soit *physique*, soit *morale*. Pour faire *durer sa joie*, il faut l'*économiser;* et, pour l'*économiser*, il faut en *étouffer l'expression* ou en *cacher la source. Où finit la joie, commence l'affliction*, a dit le sage; *affliction* presque toujours *proportionnée* à cette *joie;* le *cœur* se *resserrant* naturellement *autant* qu'il s'est d'abord *épanoui;* et la *réaction*, à cet égard comme à tout autre, étant naturellement *proportionnelle à l'action.* Or, la joie a toujours une *fin;* et plus elle est *vive*, plutôt elle *finit*.

contribue à la *prolongation de la vie*, son effet naturel étant de *contracter* les *esprits*, ce qui est un genre de *condensation*.

84. Les *craintes excessives abrègent la vie;* car, quoique l'effet de la *crainte* et celui de la *tristesse* soient également de *contracter* et de *resserrer* les *esprits*, néanmoins la *tristesse seule* ne produit qu'une simple *contraction;* au lieu que la *crainte,* portant à faire une infinité de réflexions contentieuses, et étant interrompue par des espérances qui s'évanouissent aussi-tôt, occasionne ainsi dans les *esprits* une *vacillation fatigante,* une pénible agitation, et, pour tout dire, un *tourment.*

85. La *colère retenue* et *concentrée,* (la *rancune*) est aussi un genre de *tourment,* et dispose les esprits à consumer plus promptement les sucs du corps. Mais lorsque, lui donnant un libre cours, on la laisse se répandre au dehors, alors elle devient salutaire comme ces médicamens qui excitent une chaleur vigoureuse.

86. *L'envie* est *la pire de toutes les passions;* elle *consume* les *esprits*, qui ensuite *consument* la *substance* du *corps; passion* d'autant plus *nuisible* et d'autant plus *corrosive*, qu'elle est *perpétuelle,* et que, suivant l'expression d'un ancien, *elle n'a point de jours de fêtes* (1).

87. La *compassion*, causée par la *vue des maux d'autrui*, et auxquels on ne se croit pas soi-même exposé, est *salutaire.* Mais si elle peut se réfléchir, en quelque manière, sur celui qui la ressent, et s'il craint de devenir à son tour, pour les autres, un objet de pitié, alors elle est nuisible, à cause de ces *craintes* qui s'y mêlent.

88. Une *honte légère et momentanée* n'est rien moins que *nuisible;* car, après avoir un peu *contracté* les *esprits*, elle les *dilate* ensuite, et les répand doucement au dehors; mais la *honte* occa-

---

(1) Si le mal d'autrui est une fête pour l'envie, tout étant plein de maux, il est presque toujours fête pour elle.

sionnée par un *grand affront*, et d'où résulte une *profonde* et *longue affliction*, *contractant* excessivement les *esprits*, et quelquefois même au point de les *suffoquer*, devient ainsi très *pernicieuse*.

89. De toutes les affections de l'ame, la plus *salutaire*, et celle qui contribue le plus puissamment *à la prolongation de la vie*, c'est l'*espérance*, pourvu qu'elle ne soit pas trop *intermittente*, ni trop souvent *entrecoupée de craintes*, et qu'elle *nourrisse*, pour ainsi dire, l'*imagination de l'image durable d'un bien*, soit *réel*, soit *chimérique* (1). Aussi ceux qui, dès

---

(1) *La fortune du malheureux est l'espérance*; qui *ôteroit* au *pauvre* ses *rêves dorés*, le rendroit bien plus pauvre ; en comptant les écus qu'il espère, il se passe plus aisément de ceux qu'il n'a pas; et il pardonne plus volontiers aux riches fainéans d'avoir englouti dans leur superflu le nécessaire de cent hommes laborieux. La sottise qui nourrit l'espérance, vaut mieux que la sagesse qui la détruit, si la sagesse peut être autre chose que l'art de nourrir ce sentiment : nouvelle raison pour respecter les *dogmes de l'existence de Dieu et de*

le commencement, s'étant proposé un but noble et fixe, qui est pour eux comme le terme du voyage, et la borne placée au bout de la carrière, se sentent avancer de jour en jour, et insensiblement vers ce but, sont-ils ordinairement très vivaces; si, au contraire, étant parvenus à ce but et au terme de toutes leurs espérances, ils n'ont plus rien à desirer, alors ils tombent dans l'abattement, et ne survivent pas long-temps à leur activité: ensorte que l'espérance semble être de *la joie en feuille* (ou *de la joie luminée*), vu qu'elle est, pour ainsi dire, *ductile* et extensible à l'infini, ainsi que l'*or*.

---

l'immortalité de l'ame : si l'homme vit d'espérance, il est clair que, pour prolonger sa vie, il faut placer au-delà de cette vie, le terme de ses espérances, afin que, ne pouvant jamais y arriver, il conserve toujours ce sentiment; car, s'il attache son bonheur à une réalité, sitôt qu'il l'a saisie, le plaisir lui échappe. Aussi voit-on que la nature a attaché notre bonheur à des illusions nourries par des privations, et qu'après la possesion, elle baisse la toile.

90. *L'admiration et les contemplations* qui ont peu de profondeur, sont aussi de puissans moyens pour *prolonger la vie :* en tenant l'esprit occupé d'objets de prédilection et de pensées qui n'ont rien de trop pénible ni de trop affligeant, elles préservent ainsi les esprits des funestes effets de ces réflexions contentieuses et *moroses* qui rongent la plupart des hommes. Aussi ces anciens contemplatifs (tels que *Démocrite*, *Platon*, *Parménide*, *Apollonius*, etc.) qui, étant uniquement occupés de l'étude de la nature, et promenant librement leurs regards sur la vaste étendue de la réalité des choses, embrassoient l'univers entier dans leurs vagues conceptions, et y trouvoient un trésor inépuisable de pensées aussi grandes que leur objet, de sentimens généreux et de douce admiration, ont-ils fourni une très longue carrière. Il en faut dire autant de ces *rhéteurs* qui, ne faisant, pour ainsi dire, que goûter de la science, et qu'en cueillir la fleur, étoient plus jaloux de briller et de plaire par l'éclat et les grâ-

ces du discours, que de pénétrer dans les profondeurs de la nature, et de percer ce voile obscur dont elle se couvre; ils ont aussi été tous très vivaces. De ce nombre étoient *Gorgias*, *Protagoras*, *Isocrate*, *Seneque*, etc. Or, de même que les *vieillards* sont ordinairement un peu *bavards*, réciproquement les *bavards vieillissent* assez ordinairement. Car le *bavardage* indique un *esprit superficiel*, dont les pensées ne *contractent* et n'*agitent* point excessivement les *esprits vitaux*. Au lieu que les recherches subtiles ou profondes, qui exigent beaucoup de pénétration, de constance et même d'obstination, abrègent la vie, en fatiguant et consumant les esprits vitaux.

Ces indications relatives à l'influence que les *affections de l'ame* peuvent avoir sur les mouvemens des esprits, doivent suffire pour le moment. Nous y joindrons seulement quelques observations générales sur les esprits; observations qui n'ont pu entrer dans notre plan, ni tomber sous aucune de nos divisions (1).

91. Le principal but qu'on doive se proposer, c'est d'empêcher que la *raréfaction* et le *relâchement* (la *dissolution*) des *esprits* ne soit trop fréquente; *dissolution* qui est toujours précédée d'une excessive *atténuation*. Or, les esprits une fois atténues à ce point ont ensuite beaucoup de peine à se rétablir et à se condenser au degré convenable. Les causes de cette extrême *raréfaction* et *atténuation* sont les *travaux* très *pénibles*, les *passions* ou *affections* trop *violentes*, les *sueurs* trop *fréquentes* ou trop *abondantes*, les *bains chauds*, le *plaisir* de la *génération* trop *réitéré*, ou *pris à contre-temps* : à quoi il faut ajouter les *inquiétudes*, les *soucis rongeurs*, les *attentes*

---

(1) Si ces observations *appartiennent* au *sujet*, ce *plan* où elles n'ont pu entrer, étoit donc *trop étroit*, et il falloit *l'étendre*; si elles sont *étrangères au sujet*, elles sont aussi *étrangères à cet ouvrage*, et ne doivent point y trouver *place*, ni *dans son plan*, ni *hors de ce plan*.

trop *longues* et accompagnées d'*inquiétude;* enfin, les *maladies* qui ont un caractère de *malignité*, ainsi que les *douleurs vives* et de *longue durée;* enfin, toutes les *sensations pénibles* et les *vexations* que le corps peut éprouver, soit intérieurement, soit extérieurement : toutes choses qu'on doit (autant qu'il est possible, et suivant le conseil des médecins mêmes les moins habiles) éviter avec le plus grand soin.

92. Il est deux choses qui *affectent agréablement* les *esprits;* savoir : l'*habitude* et la *nouveauté*, ou le *changement*. Or, rien ne contribue autant à conserver toute la vigueur des esprits, que la double attention de ne point user des choses familières jusqu'à s'en rassasier, et d'attendre, pour jouir des choses nouvelles, que cette sorte d'appétit qu'elles excitent naturellement, ait une certaine force et une certaine vivacité. Ainsi il faut avoir soin de *rompre ses habitudes* avant qu'elles amènent le *dégoût*, et de réprimer d'abord son *goût* pour la *nouveauté*, afin

qu'il devienne plus vif et qu'il procure de plus grandes jouissances, au moment où on le satisfera. Il faut de plus, dans le choix de ses occupations et de son genre de vie, faire des dispositions, et se placer dans une situation telle qu'on soit toujours maître de varier beaucoup sa manière d'être, afin de n'être pas toujours cloué sur la même chose; ce qui *engourdit* les *esprits vitaux*. Car, quoique Séneque ait eu raison de dire que *les fous, à chaque instant de leur vie, ne font que recommencer à vivre;* cependant ce genre de *folie* même, ainsi que beaucoup d'autres, ne laisse pas de contribuer à la *prolongation de la vie*.

93. Il est, par rapport aux *esprits,* une règle qu'on ne doit jamais perdre de vue, quoiqu'elle soit tout-à-fait opposée à la méthode qu'on suit ordinairement. Lorsqu'un individu, veux-je dire, s'apperçoit que ses esprits sont dans une bonne disposition, dans un état de vigueur et de tranquillité, état indiqué par la gaieté et la sérénité de l'ame, il doit tâcher de les main-

tenir simplement dans cet état, et sans y faire aucun changement : au contraire, lorsqu'ils sont dans un état de trouble, d'agitation et d'anxiété, ce qui est annoncé par une tristesse, une paresse, une pesanteur, ou toute autre indisposition marquée, il faut tâcher d'épuiser ces esprits, et, jusqu'à un certain point, d'y produire quelque altération notable. Or, les moyens de maintenir les esprits dans leur état actuel, ce sont des *affections douces* et réprimées, un régime tempéré, l'abstinence du plaisir de la génération, des travaux peu fatigans, un repos modéré, un loisir honnête : les moyens opposés produisent l'effet contraire ; ces moyens sont les passions violentes, d'amples repas, des jouissances vives et réitérées, des travaux pénibles, des études contentieuses, et des affaires épineuses. Mais la plupart des hommes, lorsqu'ils se sentent disposés à la gaieté et contens d'eux-mêmes, se livrent plus que jamais aux festins, au plaisir de l'amour, au travail, à l'étude, aux affaires. Cependant, pour peu qu'on soit jaloux de fournir une longue carrière, et (malgré ce qu'un tel conseil peut avoir d'étrange à la première vue), il faut suivre une marche diamétralement opposée; c'est-à-dire, lorsque les esprits sont bien disposés, les maintenir dans cette disposition même, et lorsqu'ils le sont mal, tâcher de les *exténuer* et de les *changer*, comme nous venons de le dire.

94. *Ficin*, qui a eu des vues saines sur ce sujet, prétend, avec raison, qu'il est utile aux vieillards de se rappeller fréquemment, et de retracer, pour ainsi dire, dans leur mémoire, les actions, les jeux, et en général les événemens de leur enfance. En effet, il n'est pas douteux que de tels souvenirs ne soient pour les vieillards une vraie jouissance, qui semble être propre à chaque individu de cet âge. Aussi la plupart des hommes aiment-ils la société des personnes avec lesquelles ils ont été élevés, et les lieux mêmes où ils ont passé leur enfance. *Vespasien*, après son avénement au trône, attachoit

tant de prix à cette sorte de jouissance, qu'il ne pouvoit se résoudre à faire le plus petit changement dans la maison paternelle, quoiqu'elle fût de très peu d'apparence, pour ne rien perdre des douces images que retraçoit dans sa mémoire la vue de ce lieu où il avoit passé ses premières années. Il se faisoit même un plaisir, dans les jours de solemnité, de boire dans une coupe de bois bordée d'argent, qui avoit appartenu à son aïeule.

95. Rien n'est plus salutaire et plus avantageux aux esprits, qu'un *changement graduel en mieux*, qui suit le progrès de l'âge. Il faut tâcher de se gouverner durant la jeunesse et l'âge mûr, de manière à se ménager de nouvelles douceurs, une meilleure situation dans sa vieillesse, et, avant tout, un loisir honnête et modéré. Ainsi c'est commettre une sorte de *suicide*, que de vouloir conserver ses honneurs jusqu'à la fin, et de ne pouvoir se résoudre à la retraite, quand un âge avancé commande le repos, quoi-

qu'on y soit invité par l'exemple mémorable de *Cassiodore*, qui, après avoir joui, durant un grand nombre d'années, auprès de ces princes Goths qui régnèrent en *Italie*, d'une telle considération, qu'il étoit comme l'ame de leurs conseils, prit le parti, vers l'âge de quatre-vingts ans, de se retirer dans un monastère, où il vécut encore jusqu'à l'âge de cent ans. Mais il est, relativement à cette retraite, deux attentions absolument nécessaires ; l'une, est de ne pas attendre, pour se retirer, que les forces soient totalement épuisées, et le corps rempli d'infirmités ; tout changement notable, même en mieux, étant funeste et souvent mortel à des corps si affoiblis ; l'autre, est de ne pas se livrer alors à une *oisiveté* absolue, à une *totale inertie*, mais de se ménager quelque occupation agréable, paisible, qui puisse fixer l'esprit, en lui donnant un objet, et tenir ainsi en mouvement les esprits vitaux, sans les agiter excessivement. Par exemple, *cultiver les lettres*, *planter* ou *bâtir;* les trois genres d'occupations qui semblent convenir le mieux à un *vieillard* (1).

96. Les mêmes actions, les mêmes efforts, en un mot, les mêmes travaux, peuvent avoir, sur les esprits, des effets diamétralement opposés, selon qu'on les fait volontairement et avec goût, ou avec répugnance et malgré soi. Dans le premier cas, ils raniment et fortifient les esprits; dans le second cas, ils les consument et les épuisent. Ainsi, pour prolonger sa carrière, il faut choisir avec méthode et jugement son genre de vie, et tâcher de se placer dans une situation où l'on puisse disposer de sa personne

―――――――

(1) Voici les cinq actes de cette ridicule tragédie et de cette triste comédie qu'on appelle la vie. *Végéter*, en *s'animalisant* par degrés et prenant peu à peu *possession de la vie; imiter en petit* ce qu'on doit un jour *faire en grand*; en un mot, faire une *répétition de son rôle futur; agir en obéissant; commander en agissant;* enfin se *rappeller* et *raconter ce qu'on a fait*, en laissant aux autres la carte du pays qu'on va quitter, et conseillant ce qu'on ne peut plus faire.

et vivre à son gré : ou, ce qui vaut encore mieux, régler tous ses penchans, plier tout-à-fait son caractère, et lui donner assez de souplesse pour qu'il puisse s'accommoder aisément à toutes les situations, et s'attendre à toutes les vicissitudes de la fortune, en se laissant *conduire* plutôt que *traîner* par les *circonstances* (1).

97. Une autre attention nécessaire pour régler ses affections et en devenir entièrement le maître, c'est d'empêcher que

---

(1) *Il faut s'attendre à tout, puisque tout arrive sans qu'on s'y attende. Être libre, c'est pouvoir ce que l'on veut; or, le vrai moyen de pouvoir toujours ce que l'on veut, c'est de ne vouloir jamais que ce que l'on peut.* Notre malheur vient de ce que nous voulons faire entrer un muid dans une pinte, ou, pour parler sans figures, de ce que nous voulons résoudre continuellement un problème tout tissu de contradictions et d'impossibilités : par exemple, *posséder exclusivement et paisiblement toutes les espèces de biens*, comme richesses, honneurs, gloire, belles femmes, etc. que tous ceux qui nous environnent, voudroient aussi posséder de la même manière ; ce qui est im-

l'orifice de l'estomac ne soit trop ouvert, et de prévenir l'excessif relâchement de cette partie qui a autant et plus d'influence sur les passions (principalement sur les affections journalières et habituelles), que le *cœur* et le *cerveau* même, si l'on en excepte toutefois celles qui sont l'effet des vapeurs très actives, et produites par différentes causes, telles que l'ivresse ou la mélancolie.

98. Nous terminerons ici la recherche qui a pour objet les moyens d'agir sur les

---

possible. Que les hommes et les choses nous résistent, ou que nous leur résistions, l'effet est pour nous le même; et, dans les deux cas, nous sommes également malheureux, si l'obstacle est plus fort que nous. Ainsi, ne pouvant accommoder à nous les hommes et les choses, reste à nous accommoder nous-mêmes à tout ce qui nous environne : car si-tôt que nous voulons tout ce qui est, dès-lors tout ce qui est, est comme nous le voulons : principe dont nous tirerons cette conséquence pratique, que le vrai moyen de prolonger sa vie et d'étendre son bonheur, est de resserrer ses prétentions, et de mesurer ses desirs sur sa puissance.

esprits, pour conserver leurs *forces,* ou les *renouveller :* sujet que nous avons traité avec d'autant plus de soin, que les médecins et les écrivains des autres classes gardent le plus profond silence sur la partie la plus importante des opérations de ce genre; mais plus encore parce que cette méthode, qui consiste à *agir immédiatement sur les esprits,* pour les *restaurer* et les *renouveller,* est la voie *la plus facile* et *la plus courte* pour *prolonger la durée de la vie.* Je dis même qu'elle *abrège doublement;* car, d'un côté, les *esprits agissent directement et immédiatement sur le corps;* de l'autre, les substances réduites en *vapeurs* et les *affections agissent directement et immédiatement sur les esprits;* ensorte que cette méthode mène au but *par la ligne droite,* au lieu que les autres opérations n'y mènent que par une *ligne courbe.*

II.

Opération ayant pour objet l'exclusion de l'air.

1. *L'exclusion de l'air ambiant* contribue de deux manières *à la prolongation de la vie.* En premier lieu, quoique *l'air extérieur et ambiant* anime, pour ainsi dire, les esprits vitaux et puisse contribuer beaucoup à la santé ; néanmoins ce *fluide* est, après l'*esprit inné,* ce qui *consume* le plus *promptement* les *sucs du corps,* et tend le plus à *accélérer sa dessiccation ;* ainsi l'*exclusion de l'air* doit, à cet égard, contribuer à *la prolongation de la vie.* En second lieu, l'autre effet, qui est une conséquence de l'exclusion de l'air, effet plus caché et plus difficile à appercevoir, est que tout *moyen* tendant *à boucher les pores extérieurs,* et *à empêcher* ou à *diminuer la perspiration* du corps, *retenant les esprits au dedans,* fait aussi que ces esprits, en agissant sur les *parties dures, amollissent* et *assouplissent* le tout.

2. On voit un exemple et une preuve sensibles de ce dernier effet dans la *dessiccation* même des corps *inanimés*; et l'on peut regarder comme deux principes incontestables les deux propositions suivantes : 1°. *La dessiccation des corps est une conséquence nécessaire de l'émission de leur esprit; et lorsque cet esprit est retenu au dedans, il les amollit et les liquéfie;* 2°. *l'effet propre de la chaleur est d'atténuer et d'humecter les corps; lorsqu'elle les contracte et les dessèche, ce n'est qu'un effet médiat et accidentel* (1).

---

(1) La *chaleur* peut être, sinon une *cause suffisante*, du moins une *cause nécessaire* et *concourante* de la *fluidité* des corps, puisqu'à un *certain degré* de *froid*, tous les corps connus, même le *mercure* (comme on l'a éprouvé en *Russie*), cessent d'*être fluides*, et qu'à un certain degré de *chaleur*, tous les corps, même l'or, même le diamant, deviennent *volatils*, ou du moins cessent d'être *solides*; la *chaleur* ne *desséchant* les corps qu'en provoquant l'*évaporation* des *fluides* qui les *détrempent*.

3. La manière de vivre de ceux qui se tiennent perpétuellement dans des *grottes* et des cavernes, dont l'air n'est pas échauffé par les *rayons solaires*, peut contribuer à la *prolongation de la vie :* l'air, par lui-même, ne pouvant beaucoup consumer la substance du corps et ne produisant sensiblement cet effet, qu'autant qu'il est *excité* et *animé* par la *chaleur*. Pour peu qu'on parcoure l'histoire, et qu'on réfléchisse sur les *proportions énormes* des *squelettes* ou des *cercueils* trouvés, soit en *Sicile,* soit ailleurs, on ne peut douter qu'il n'y ait eu autrefois des hommes d'une stature beaucoup plus haute que ceux d'aujourd'hui (1). On observera que ces *géans* vivoient ordinairement dans des *antres*. Or, il

---

(1) On a trouvé, en France même, des squelettes humains de 15, 20 et 24 pieds de long. Voyez les notes à la suite des époques de la nature; notes où M. de Buffon a rassemblé des faits de ce genre qui paroissent bien constatés, et qui ne peuvent êtr ecomparés à celui de M. *Teutobocus,* soi-disant roi des Teutons.

existe un certain rapport entre cette *stature* si *haute* et la *longue durée de la vie*. Telle relation, en partie fabuleuse, parle aussi du long séjour qu'*Épiménide* fit dans un antre. Je soupçonne même que le genre de vie de ces *anachorètes* qui se tenoient perpétuellement *sur* ou *entre* des *colonnes*, avoit quelque analogie avec celui des solitaires qui vivoient dans des *grottes*; attendu que les uns et les autres n'étoient point exposés à l'action des rayons solaires, et que l'air qu'ils respiroient n'éprouvoit que de très légères variations. Quoi qu'il en soit, il est certain que *Siméon Stylite, Daniel, Sabas* et les autres anachorètes qui vivoient ainsi, ou d'une manière fort analogue, ont fourni une très longue carrière. Enfin l'on voit que ceux d'entre les anachorètes modernes qui se tiennent aussi perpétuellement entre des murailles, ou entre des colonnes, vivent fort long-temps.

4. *Vivre* sur des *montagnes*, c'est à peu près la même chose que de vivre dans des

antres; car, si les rayons solaires ne pénètrent point du tout dans ces antres, ils ont du moins très peu de force sur ces montagnes, où ils ne sont pas réunis par des réflexions multipliées. Mais nous ne parlons ici que de ces montagnes où l'air est pur et limpide ; par exemple, de celles où il ne s'élève point de nuages, de vapeurs aqueuses, le sol des vallées ou des plaines situées au dessous étant fort sec ; telles que peuvent être certaines montagnes qui environnent la Barbarie, où l'on voit assez souvent, même aujourd'hui, des individus parvenir à l'âge de cent cinquante ans, comme nous l'avons déja dit.

5. Or, l'*air* de ces *antres* ou de ces *montagnes* ne peut, en vertu de sa nature propre, *consumer* beaucoup la *substance* du *corps*. Mais un air, tel que celui que nous respirons et auquel la chaleur des rayons solaires donne plus d'activité, dérobant davantage la substance du corps, il faut, autant qu'il est possible, l'en éloigner et le garantir de l'action de ce fluide.

6. On peut *exclure l'air extérieur* par deux genres de moyens ; savoir, en *fermant* ou *rétrécissant* les *pores*, et en les *bouchant*.

7. Les moyens de *fermer* ou de *rétrécir* les *pores* sont l'*air froid*, la *nudité* de la *peau*, ce qui la rend *ferme* et *dure*, les *bains d'eau froide*, les *astringens* appliqués sur la *peau*, tels que le *mastic*, la *myrrhe* et le *myrthe*.

8. On parviendra aisément à ce but à l'aide des *bains*, mais rarement employés, sur-tout durant l'*été* (de *bains*, dis-je, d'*eaux minérales* et *astringentes*), de celles du moins qui n'ont rien de dangereux ; par exemple, d'*eaux chalibées* ou *vitrioliques* ; leur effet étant de *contracter* et de *raffermir* sensiblement la *peau*.

9. Quant aux moyens de *boucher* les *pores* de la *peau*, des *couleurs* à l'*huile* ou au *vernis*, ou, ce qui seroit encore plus commode, l'*huile* ou la *graisse* seule, ne conserveroient pas moins bien la *substance* du corps, que l'*huile* ou le *vernis* ne conserve celle du *bois*.

10. Les anciens habitans de notre contrée, qui étoient dans l'habitude de se peindre le corps, vivoient fort long-temps, ainsi que les *Pictes*, dont le nom, selon toute apparence, tiroit son *origine* de cette habitude même.

11. Les naturels du *Brésil* et de la *Virginie*, qui se *peignent* aussi le *corps*, sont également *vivaces*, sur-tout les premiers. On dit même que certains *religieux français*, qui étoient au *Brésil*, il y a quatre ou cinq ans, y trouvèrent des individus qui avoient vu fonder la ville de *Fernambouc*, il y avoit plus de cent vingt ans, quoiqu'ils fussent déja d'âge viril dans le temps de cette fondation.

12. On prétend que *Jean Destems*, qui parvint à l'âge de trois cents ans, étant questionné sur les moyens qu'il avoit employés pour se conserver si long-temps, fit cette réponse : *de l'huile au dehors, et du miel au dedans.*

13. Les *Irlandois*, sur-tout ceux d'entre eux qui sont encore *sauvages*, sont aussi très *vivaces*. On parle entre autres

d'une *comtesse de Desmond* qui mourut, il y a quelques années, à l'âge de cent quarante ans, et dont tout le dentier s'etoit renouvellé jusqu'à trois fois. Les *Irlandois*, dont nous parlons, sont dans l'habitude de se frotter tout le corps avec du *beurre vieux* et *salé* : opération qu'ils font en se tenant près du feu.

14. Ces mêmes *Irlandois* faisoient usage de *chemises* et d'autres *linges enduits de safran* : moyens qu'à la vérité ils n'employoient que pour se préserver de la putréfaction, mais qui néanmoins pouvoit aussi contribuer, d'une manière quelconque, à la prolongation de leur vie : le *safran* étant, de toutes les substances connues, celle qui est le plus éminemment douée de la propriété de *raffermir* la *peau* et les *chairs*, attendu qu'elle est éminemment *astringente*, sans compter qu'elle a un certain dégré d'*onctuosité*, joint à une chaleur *fine* et *délicate*, mais sans *acrimonie*. Certain *Anglois*, dont j'ai oui parler, voulant passer en fraude un sachet de *safran*, et l'ayant mis à nu

sur son estomac, pour le cacher, n'eut point de nausées durant toute la traversée, quoiqu'auparavant il eût toujours eu le mal de mer, toutes les fois qu'il s'étoit embarqué.

15. *Hippocrate* veut que les *vêtemens*, qui touchent à la *peau*, soient *nets* et *secs*, durant l'*hiver;* et qu'au contraire, ils soient *sales* et *imbibés d'huile*, durant l'*été*. La raison de cette différence peut être que, durant l'*été*, les esprits s'exhalent et se dissipent plus promptement ; ce qui exige qu'on emploie quelque moyen pour boucher les pores de la peau.

16. L'*huile d'olives* ou d'*amandes douces* est ce qu'on peut employer de meilleur pour les *onctions sur toute la peau*, et ce qui peut contribuer le plus puissamment à la prolongation de la vie. Or, ces onctions, il faut les faire tous les matins, au sortir du lit, avec de l'*huile* où l'on ait mis un peu de *sel commun* et de *safran :* onctions toutefois qui doivent être très légères et faites avec une

éponge très fine, ou avec un petit bouchon de laine cardée, de manière qu'elle ne laisse sur la peau aucune goutte sensible, et qu'elle ne fasse que l'humecter très superficiellement.

17. Il est prouvé que les *liqueurs* employées en grande quantité, même les liqueurs *oléagineuses*, enlèvent quelque peu de la substance du corps; au lieu que, lorsqu'on ne les applique qu'en très petite quantité, le corps s'en pénètre ou s'en imbibe toujours plus ou moins. Ainsi l'*onction*, comme nous venons de le dire, doit être très *légère* et très *superficielle*; ou encore il suffit d'imbiber légèrement d'huile sa chemise ou tout autre vêtement appliqué sur le corps.

18. Ces *onctions*, avec de l'*huile*, dont vous parlez, peut-on nous dire, et que vous vantez si fort, quoiqu'elles n'aient jamais été en usage parmi nous, et qu'elles soient tombées en désuétude, même en *Italie*, étoient une pratique habituelle chez les *Grecs* et les *Romains*, et faisoient partie de leur régime. Cependant

on ne voit pas que les hommes, qui alors habitoient ces deux contrées, en fussent beaucoup plus vivaces que ceux qui les habitent aujourd'hui ; mais on peut répondre avec fondement que les anciens (à l'exception des athlètes) ne faisoient usage de ces *onctions* qu'après s'être *baignés;* et les *bains chauds* sont aussi contraires à notre but actuel, que les *onctions* y sont convenables ; l'effet des premiers étant d'*ouvrir les pores*, et l'effet des derniers, de les *boucher*. Ainsi le bain, sans des onctions ultérieures, est très nuisible; au lieu que les onctions, sans le bain, sont très salutaires. Au reste, ces onctions dont nous parlons étoient plutôt une sorte de *jouissance* qu'un *préservatif* ou un *remède;* ou du moins, si elles pouvoient être utiles à la *santé*, elles ne contribuoient en rien à la *prolongation de la vie*. Aussi étoient-elles composées de substances précieuses et de nature chaude, agréablés, il est vrai, mais contraires à notre but, comme l'observe judicieusement *Virgile, et un luxe corrompu ne substituoit pas encore à l'huile d'olive l'huile précieuse de lavande.*

19. Des *onctions* avec *l'huile* seule sont *utiles* à la *santé*, sur-tout durant *l'hiver*, en garantissant du *froid ;* et durant *l'été*, elles servent à retenir les esprits au dedans et à empêcher que leur extrême raréfaction n'en provoque l'émission ; enfin, à garantir le corps du contact trop immédiat de l'air extérieur, qui, dans cette saison, agit avec plus de force, et consume plus promptement la substance du corps.

20. Comme de tous les moyens qui peuvent contribuer à la prolongation de la vie, ces onctions avec l'huile seule sont le plus puissant; nous croyons devoir ici indiquer encore quelques précautions tendant à prévenir les inconvéniens qui pourroient résulter de cette pratique pour la santé. Ces précautions peuvent se réduire à quatre, nombre répondant à celui des inconvéniens.

21. L'on pourroit craindre que la *suppression des sueurs* et la *répercussion* de

cet *humor excrémentitiel* dont on empêcheroit l'*émission*, ne pût occasionner quelque *maladie*. Mais il seroit aisé de prévenir cet inconvénient, à l'aide de *purgatifs* et de *lavemens*, qui provoqueroient et faciliteroient les *évacuations* nécessaires ; car il est certain que ce genre d'évacuations qui s'opèrent par le moyen des sueurs, et qui contribuent ordinairement à la santé, abrège la durée de la vie. Or, les purgatifs d'une force médiocre agissent sur les *humeurs*, mais n'agissent pas sur les *esprits*, comme le font les *sueurs*.

22. On pourroit craindre aussi que ces *onctions* n'*échauffassent excessivement* le *corps*, et n'y occasionnassent une sorte d'*inflammation* (de *pléthore*) ; car, lorsque l'*esprit* ne peut s'*exhaler* en partie, il a plus de *chaleur* et d'*acrimonie*. On peut obvier à cet inconvénient, en se prescrivant un *régime rafraîchissant*, et en faisant usage des substances appropriées à ce but, et dont nous parlerons ci-après, en exposant les moyens d'*agir sur le sang*.

23. Ces onctions pourroient aussi *charger la tête* et y déterminer les humeurs en trop grande quantité; inconvéniens qu'on peut prévenir à l'aide des *cathartiques*, et sur-tout des *lavemens*; ou encore, *en rétrécissant l'orifice de l'estomac*, à l'aide des *stiptiques*; ou enfin, en se *peignant fréquemment*, en se *frottant* la partie supérieure de la tête ou *la lavant* avec des *eaux lixivielles* choisies *ad hoc*, afin d'y provoquer un commencement de *transpiration*; le tout, en faisant encore des *exercices modérés* et convenables, afin de provoquer aussi la *transpiration* dans tout le systême de la *peau*.

24. Le quatrième inconvénient qui est plus délié et plus difficile à appercevoir (pourroit-on penser), est que l'esprit retenu au dedans par les moyens qui serviroient, soit à resserrer, soit à obstruer les pores, pourroit se multiplier excessivement; car, comme alors il s'engendreroit continuellement de nouvel esprit dont il ne s'exhaleroit qu'une très petite partie, la quantité totale des esprits

deviendroit à la longue beaucoup trop grande, et alors ils consumeroient plus promptement la substance du corps; mais cet inconvénient n'est rien moins que réel, et le contraire auroit lieu. En effet, tout esprit trop renfermé est sans force; l'air en mouvement lui donnant, ainsi qu'à la flamme, beaucoup plus d'activité. Or, par cela même que celui du corps seroit moins actif, il engendreroit une moindre quantité d'esprit semblable à lui : sa chaleur augmenteroit sans doute, comme celle de la flamme augmente en pareil cas ; mais ses mouvemens seroient moins vifs, et il seroit, en quelque manière, *plus paresseux*. D'ailleurs, on pourroit remédier à cet inconvénient, en mêlant de temps en temps à l'*huile* des substances *froides*, telles que la *rose* et le MYRTHE; car il faut absolument rejeter les substances *chaudes*, comme nous l'avons observé par rapport à l'huile de *canelle*.

25. Il ne seroit pas non plus inutile de tenir *appliqués* sur la *peau*, des *vêtemens*, dont la substance fût naturelle-

ment un peu *onctueuse, oléagineuse,* et non de nature *aqueuse;* les substances de ce genre ne tirant rien du corps et ne l'épuisant point. Ainsi il faudroit préférer pour cela les *tissus* de *laine* aux *tissus de lin.* C'est ce dont on voit une preuve dans les émanations des substances odorantes : car des poudres de senteur enveloppées dans de la *toile,* perdent plus vîte leur parfum que si elles étoient enveloppées dans des *étoffes de laine.* Ainsi, quoique le linge soit plus propre et plus agréable au tact, cependant il est moins approprié à notre but.

26. Les *Irlandois sauvages,* lorsqu'ils se sentent *incommodés,* n'emploient d'autre remède que celui d'*ôter les draps de leur lit* et de s'*envelopper dans leurs couvertures de laine.*

27. On prétend qu'un des meilleurs *préservatifs pour la santé,* c'est de *la laine cardée, et appliquée immédiatement sur la peau,* tant sur celle des *cuisses* que sur celle du *tronc.*

28. On doit observer aussi que l'air au-

quel le corps est accoutumé, consume moins sa substance, que l'air nouveau ou renouvellé de temps en temps. Aussi voit-on que les individus pauvres qui sont obligés de demeurer perpétuellement dans leur humble cabane, et qui ne peuvent s'en éloigner, sont ordinairement plus vivaces que les riches. Cependant nous pensons que le *changement d'air* peut être utile relativement à d'autres buts que celui-ci, sur-tout aux individus dont les esprits ont beaucoup d'activité. Mais, en cela comme en toute autre chose, il faut garder un certain milieu qui puisse remplir les différens objets et nous mettre en état de réunir tous les avantages, en évitant tous les inconvéniens ; et c'est à quoi l'on parviendra en changeant de domicile périodiquement ; par exemple, dans les quatre saisons de l'année, et en séjournant successivement dans des lieux appropriés à ces différentes saisons, ce qui vaut mieux que des déplacemens très fréquens, ou une vie trop sédentaire. Il seroit inutile de nous étendre davantage sur les *moyens d'exclure l'air extérieur et de prévenir les effets de sa force déprédatrice.*

III.

Opération ayant pour objet le sang et la chaleur qui opère la sanguification.

HISTOIRE.

1. Les deux opérations suivantes sont comme *les deux pendans* des précédentes et y *répondent symmétriquement*, comme le *sujet de l'action* et l'*agent* se correspondent. Car le but des deux précédentes étoit de rendre l'action de l'*esprit inné* du corps humain et celle de l'*air* moins *déprédatrices*. Or, le but de celle-ci est de rendre le *sang* et les *sucs* du corps *moins aisés à dérober*. Cela posé, comme le sang arrose toute l'habitude du corps, fournit les sucs de différentes espèces, nourrit toutes ses parties et est destiné à réparer leurs pertes continuelles, nous croyons devoir mettre au premier rang les moyens d'agir sur ce fluide: nous ne donnerons qu'un petit nombre

d'indications de ce genre; mais les moyens que nous proposerons seront très puissans; ils peuvent se réduire à trois.

2. En premier lieu, il n'est pas douteux qu'*un sang* un peu *plus froid* ne fût, par cela seul, *moins aisé à consumer* et à *dissiper*. Mais comme les substances froides qu'on prendroit intérieurement et par la bouche, seroient contraires à nos autres buts, il faut chercher d'autres moyens qui n'aient point de tels inconvéniens. Or, ceux qui peuvent remplir cet objet et qui ont toutes les conditions requises, sont de deux espèces.

3. 1°. On peut faire habituellement usage, sur-tout durant la *jeunesse*, de *lavemens* qui ne soient rien moins que *purgatifs* et *abstersifs* (détersifs), mais seulement *rafraîchissans* et un peu *apéritifs*. Nous nous sommes assurés par l'expérience, que ces conditions se trouvent réunies dans les sucs de *laitue*, de *pourpier*, d'*hépatique* : à quoi l'on peut joindre la *joubarbe* de la grande espèce, l'extrait mucilagineux des semences de

psyllium, combiné avec une décoction de quelque substance apéritive et un peu de *camphre*. Mais, vers le commencement de l'été, il faut abandonner la *joubarbe* ainsi que le *pourpier*, et y substituer le suc de *bourrache*, d'*endive*, et autres semblables. Or, ces lavemens, il faut les retenir autant qu'il est possible, même pendant une heure ou plus.

4. Voici le second moyen : il faut faire usage, sur-tout durant l'*été*, de *bains d'eau douce très légèrement chauffée*, mais sans y mettre aucun *émollient*, tels que *mauve*, substances *mercurielles*, *lait*, ou autres semblables. Ce seroit assez d'employer la *sérosité du lait* récemment trait, en y faisant infuser quelques *roses*.

5. Mais, ce qui est vraiment nouveau et ce qui est ici le point principal, c'est de se faire des *onctions sur tout le corps avec l'huile*, ou d'autres substances *onctueuses*, avant même de se baigner, afin que la seule *fraîcheur de l'eau*, et non la *substance* même de *ce fluide*, se com-

munique au corps et y pénètre; car c'est de la *qualité (température)* seule et non de la *substance* de ce fluide que nous avons besoin. Cependant il ne faut pas que les *pores* de la *peau* soient *excessivement rétrécis* par ce bain; car lorsque le *froid extérieur* les ferme entièrement, loin de *rafraîchir* l'intérieur du corps, il est un *obstacle* à ce rafraîchissement, et il y excite une *chaleur* sensible.

6. On peut, dans les mêmes vues, employer *des vessies remplies de décoctions,* ou de *sucs naturels* de substances *rafraîchissantes,* et appliquées sur la *région inférieure du tronc;* par exemple, depuis les côtes jusqu'aux os pubis; car on peut encore regarder cela comme une sorte de *bain,* dont l'effet est aussi de faire pénétrer dans l'intérieur du corps, non la liqueur même, mais seulement sa *fraîcheur,* sa *température.*

7. Reste un troisième genre de moyens qui se rapporte, non aux *qualités du sang,* mais à sa *substance* même; moyen dont le but est de lui donner plus de con-

sistance, et de le rendre *moins aisé à dissiper*.

8. Quant à l'usage de la *limaille*, ou des *feuilles d'or*, des *poudres de perle*, de *diamant*, de *corail*, nous n'avons plus foi à de telles recettes; sinon en tant qu'elles peuvent être de quelque utilité par rapport à notre but actuel. D'un autre côté, les anciens *Grecs*, les *Arabes* et des nations plus modernes, ayant attribué de si grandes vertus à ces substances, il n'est nullement probable que des moyens vérifiés par les observations et les expériences d'un si grand nombre d'hommes, soient absolument sans effet. Ainsi, abandonnant toute opinion chimérique et exagérée sur ce sujet, nous osons penser que, si l'on pouvoit insinuer dans toute la masse du sang, quelque substance réduite en parties extrêmement déliées, et sur laquelle, ni les esprits, ni la chaleur ne pussent avoir d'action sensible, on pourroit prévenir, par ce moyen, non-seulement la *putréfaction*, mais même la *dessiccation*, et

qu'il contribueroit puissamment à la *prolongation de la vie;* moyen toutefois qu'il ne faudroit employer qu'avec certaines précautions. 1°. Il faudroit que ces substances fussent réduites en parties extrêmement déliées, comme nous venons de le dire. 2°. Il faudroit s'assurer que ces substances, si dures et si solides, n'auroient aucun caractère de *malignité*: autrement elles pourroient, en se dispersant et se logeant dans certains vaisseaux, y produire quelque effet nuisible. 3°. Il faudroit se garder de les prendre avec ses alimens, et en général, de manière qu'elles séjournassent long-temps dans le corps, où elles pourroient occasionner des obstructions dangereuses dans le mésentère. En quatrième lieu, on en feroit rarement usage, de peur que, se ramassant et se grouppant dans les vaisseaux, elles ne fissent obstacle à la circulation.

9. Ainsi on prendroit ces poudres, *le matin, à jeûn* et *dans du vin blanc,* auquel on mêleroit un peu d'*huile d'aman-*

des douces; après quoi on feroit un peu d'*exercice* (1).

10. Or, les substances qui paroîtroient pouvoir remplir le mieux cet objet, seroient l'*or*, les *perles* et le *corail:* car les *métaux* (à la réserve de l'or), du moins leurs parties *volatiles,* ont toujours une certaine teinte de *malignité;* et il n'en est point qui puisse être atténué, divisé et réduit en parties aussi déliées que les feuilles d'or. Quant aux *pierres précieuses,* transparentes et ayant une sorte d'analogie avec le *verre,* même en suppo-

_____

(1) Si un alchymiste parvenoit à réduire l'or, les perles et les brillans, en poudre assez fine pour que ses parties pussent s'aggréger à sa substance, se loger à demeure dans sa personne, et faire enfin partie de son individu, il deviendroit un *homme bien précieux.* Mais je soupçonne que toutes ces magnifiques drogues ne vaudroient pas un *grain de bled,* et que la recette de notre auteur n'est qu'une *plaisanterie.* Car, si ces substances ne devoient pas séjourner long-temps dans le corps, comment pourroient-elles augmenter *sa solidité,* et prolonger sa durée?

sant qu'elles soient réduites en poudre très fine, elles nous paroissent suspectes, comme nous l'avons déja dit, et elles pourroient être *corrosives*, à cause de leurs *angles tranchans*.

11. Nous pensons que, pour produire plus sûrement, plus efficacement l'effet souhaité, on pourroit employer les *bois*, soit en *infusion*, soit en *décoction* : ils pourroient suffire pour donner au sang la consistance nécessaire, et alors on n'auroit point à craindre qu'ils pussent, ainsi que les métaux, occasionner des obstructions; enfin, la principale raison qui nous détermineroit à les préférer, c'est qu'on pourroit les prendre dans ses *alimens*, solides et liquides. Or, par ce moyen, ils pourroient pénétrer plus aisément dans les vaisseaux, au lieu de passer simplement dans le canal intestinal et de se déposer aussi-tôt avec les déjections.

12. Les *bois* qui nous paroissent le mieux réunir toutes les conditions requises, sont le *chêne*, le *bois de sandal* et la *vigne*; car nous croyons devoir reje-

ter tout-à-fait les *bois de nature chaude*, ou en partie *résineux*. On pourroit cependant joindre à ceux que nous venons d'indiquer, des tiges sèches et ligneuses de *romarin*, genre d'arbuste aussi vivace que beaucoup d'arbres de haute tige; ou encore des tiges sèches et ligneuses de *lierre*; mais en telle quantité qu'elles ne pussent donner à la liqueur un mauvais goût.

13. Or, pour faire usage de ces *bois*, on les mettra en *décoction* dans des *bouillons*; on les fera infuser dans du *moût de vin*, ou dans de la *bierre*, avant qu'elle ait cessé de fermenter. Quand on les prendra dans des *bouillons*, il faudra, avant de faire chauffer ces bouillons, les y faire infuser très long-temps, comme on le fait ordinairement pour le *gayac* et autres substances de ce genre, afin que la liqueur puisse extraire, non-seulement les parties du bois *foiblement adhérentes*, mais même les *plus tenaces*. Quant au *frêne*, dont on tire une boisson, il nous est suspect, et nous croyons devoir

le rejeter. Tels sont les *moyens d'agir sur le sang*.

IV.

Moyens d'agir sur les sucs du corps.

1. Il est, comme nous l'avons observé dans la recherche qui avoit pour objet *la durabilité des corps inanimés*, deux espèces de *corps difficiles* à consumer : savoir, les corps *durs* et les corps *gras;* comme on en voit des exemples dans les *métaux* ou les *pierres*, et dans *l'huile* ou la *cire*.

2. Ainsi les moyens qu'on emploie, pour *agir sur les sucs* du *corps*, doivent tendre à ces deux buts : savoir, à les rendre *un peu durs* (à leur donner *un peu de consistance*), et à les rendre un peu *graisseux* ou *onctueux*.

3. Il est trois genres de moyens qui peuvent donner aux *sucs* du corps plus de *consistance;* savoir des *alimens solides*, *l'action* du froid qui *condense* et rend plus *compactes* les *chairs* et la *peau*, enfin des *exercices* qui puissent rapprocher

et lier ensemble leurs parties, afin qu'elles ne soient pas *trop fluides* et comme *écumeuses*.

4. Quant aux *alimens*, ils doivent être de nature à ne pas se dissiper trop aisément ; et telles sont la *chair* de *bœuf*, de *porc*, de *cerf*, et même celle de *chevreau*, de *cigne*, d'*oie* et de *pigeon-ramier* ; surtout si ces différentes espèces de chairs sont un peu *salées*. Il en faut dire autant des *poissons salés et secs*, à quoi l'on peut ajouter le *fromage* un peu *vieux*.

5. Le *pain d'aveine*, de *seigle*, d'*orge*, ou encore celui où l'on fait entrer de la farine de *pois*, ont plus de consistance que le *pain* ordinaire de *froment* ; et le *pain* même de *froment* est plus *solide*, lorsqu'on y laisse un peu de *son*, que lorsqu'il n'est fait qu'avec la *fleur*.

6. Les habitans des *Orcades* qui se nourrissent de *poissons secs*, et en général les nations *ichthyophages* sont très vivaces.

7. Les anciens *religieux cloîtrés*, ainsi que les *hermites* et les *anachorètes*, qui

ne faisoient usage que d'*alimens* fort secs et en *très petite quantité*, fournissoient aussi une très *longue carrière*.

8. *L'eau pure*, lorsqu'on en *boit fréquemment*, est encore une boisson qui rend les *sucs* du corps *moins écumeux*. Cependant, comme ce *liquide* ne contient que des *esprits* très *foibles* et qui ont peu de *force pénétrante*, nous croyons qu'il seroit utile d'y faire dissoudre un peu de *nitre*. Tels sont les *alimens* qui peuvent donner de la *consistance* aux *sucs* du corps. Quant aux moyens de *condenser* et de *consolider* les *chairs* et la *peau*, généralement parlant, les personnes qui vivent au grand *air*, sont plus *vivaces* que celles qui mènent une *vie* très *sédentaire* ; et les *habitans* des *pays froids*, plus que les *habitans* des *pays chauds*.

9. Lorsqu'on se tient trop chaudement, soit en portant *trop de vétemens*, soit en mettant *trop de couvertures à son lit*, le corps s'*amollit* excessivement et se *dissout*.

10. Les *bains froids* contribuent à la *prolongation de la vie*, les *bains chauds* sont *contraires* à ce *but*. Nous avons parlé plus haut des *bains d'eaux minérales* et *astringentes*; il seroit donc inutile de répéter ici ce que nous avons dit sur ce sujet.

11. Quant aux *exercices*, une *vie trop sédentaire* et trop *oisive amollit* excessivement *toute l'habitude du corps*, et fait ainsi que sa substance se dissipe plus aisément. Des *exercices un peu violens*, sans l'être assez pour occasionner des *sueurs trop abondantes*, ou des *lassitudes excessives*, rendent la *chair dure* et *compacte*; et même l'*exercice* qu'on fait dans l'eau, par exemple en *nageant*, est très *salutaire* : généralement parlant, les *exercices* faits en *plein air* sont préférables à ceux qu'on fait à la *maison*.

12. Les *frictions* sont aussi une sorte d'*exercice*; cependant comme leur effet est plutôt de rappeller aux parties la substance alimentaire, que de les consolider,

nous ne traiterons ce sujet que dans l'article auquel il appartient.

13. Après avoir traité des moyens de donner aux *sucs plus de consistance*, nous devons parler de ceux qui servent à les rendre *oléagineux* et *onctueux ;* moyens plus puissans, et tendant plus directement au grand but que les précédens, parce qu'étant moins compliqués, ils ont aussi moins d'inconvéniens ; car tous ceux qui peuvent donner aux *sucs* plus de *consistance*, empêchant, par cela seul, que le corps ne s'approprie la substance alimentaire, empêchent aussi qu'il ne répare complettement ses pertes continuelles ; ce qui les rend à certains égards favorables, et à d'autres égards, contraires à la prolongation de la vie : au lieu que les moyens qui rendent les sucs plus onctueux, sont doublement utiles : savoir, en les rendant tout à la fois *moins évaporables* et *plus réparables*.

14. Mais, quand nous disons qu'il faut rendre les sucs du corps *oléagineux* ou *onctueux*, nous ne parlons pas d'une

onctuosité manifeste, *extérieure* et sensible au tact, mais d'une *onctuosité fine, intime, radicale* et *diffuse*, c'est-à-dire, qui se répande insensiblement dans toute la masse du corps.

15. Qu'on ne s'imagine pas non plus que l'*huile*, les *graisses*, les *moëles* suffisent pour produire l'effet que nous avons en vue, et pour remplir l'objet actuel; car les substances qui ont *achevé leur période* et qui *sont devenues tout ce qu'elles pouvoient être*, ne sont plus susceptibles d'*effets rétrogrades*. Mais les *alimens*, pour répondre à notre but, doivent être de telle nature, qu'après leur parfaite digestion ou concoction, ils puissent enfin donner aux sucs l'*onctuosité* requise.

16. D'un autre côté, il ne faut pas croire que l'*huile* et les autres substances *grasses* qui se dissipent très difficilement, lorsqu'elles sont en masse et sans mélange, ne conservent point cette propriété, lorsqu'elles se trouvent mêlées avec d'autres substances. Car cette même *huile*,

qui, étant isolée, s'évapore plus lentement que l'eau, est aussi *plus adhérente* et *moins siccative* dans le papier ou la *toile* qui en est imbibée.

17. Lorsqu'on veut donner plus d'*onctuosité* à toute la masse du corps, il faut préférer les *alimens rôtis* ou *cuits* au four, aux *alimens bouillis*. En général, toutes les préparations d'alimens où l'*eau* est employée, sont contraires à notre *but*. Nous voyons même qu'on extrait une plus grande quantité d'*huile* des corps *secs* que des corps humides (d'une humidité aqueuse).

18. Le principal moyen, pour augmenter l'*onctuosité* de toute la masse du corps, c'est le fréquent usage des *substances douces*, telles que le *sucre*, le *miel*, les *amandes douces*, les *graines de pomme de pin*, les *pistaches*, les *dattes*, les *raisins secs* (les *passes*), les *raisins* de *Corinthe*, les *figues* et autres *semblables*. Au contraire, les alimens, *acides*, *salés* ou *âcres*, font obstacle à la *génération des sucs onctueux*.

19. Nous croyons pouvoir (sans crainte d'être qualifiés de fauteurs du *manichéisme* et du régime propre à cette secte), recommander d'employer fréquemment, soit comme *aliment*, soit comme *assaisonnement*, les *semences* de toute espèce, les *amandes* proprement dites, celles des *fruits à noyau*, et les *racines*; car toute espèce de *pain* (c'est-à-dire, la base de tous les alimens) est tirée des *grains*, des *semences* et des *racines*.

20. Ce qui importe le plus pour donner au corps le degré d'*onctuosité* nécessaire, c'est le choix judicieux des *boissons* dont on fait habituellement usage; ces liqueurs étant les *véhicules* de toutes les *substances alimentaires*. Cependant il faut préférer les *boissons* dont les parties sont très *divisées* et très *atténuées*, mais sans *acidité* et sans *acrimonie*. Par exemple, des *vins vieux* et tellement *vieux* qu'ils soient, pour ainsi dire, *édentés* (pour me servir de l'expression que *Plaute* prête à cette vieille qu'il introduit dans une de ses comédies); enfin, la *bierre* également *vieille*.

21. L'*hydromel*, autant que nous pouvons le conjecturer, rempliroit l'objet actuel, pour peu qu'il eût de la *force* et qu'il fût un peu *vieux*. Cependant le *miel* ayant toujours une teinte d'*acrimonie*, comme le prouve cette liqueur si active que les *chymistes* savent en extraire, et qui peut *dissoudre* les *métaux* mêmes, il vaudroit peut-être mieux composer une boisson de ce genre avec le *sucre*, non pas simplement *infusé*, mais *bien incorporé*, et à peu près comme le *miel* l'est dans l'*hydromel* ordinaire : on n'en feroit usage qu'au bout d'un an, ou au moins de six mois, afin que l'*eau* eût le temps de perdre sa *crudité*, et le *miel* de s'*atténuer* au degré convenable.

22. Le double effet du *temps* sur le *vin* et toute autre liqueur fermentée, est d'*atténuer* les *parties tangibles* et d'augmenter l'*acrimonie* des *esprits*; deux effets dont le premier est *avantageux*, et le dernier *nuisible*. Ainsi, pour *conserver l'avantage* en *prévenant l'inconvénient*, il faudroit mettre dans la piéce qui

contiendroit la liqueur, et avant qu'elle eût cessé de fermenter, du *moût* de *vin*, de la *chair de porc*, de *cerf*, etc. afin que les *esprits* ayant, pour ainsi dire, quelque chose à *ronger* ou à *ruminer*, perdissent ainsi peu à peu leur *acrimonie* et leur *qualité mordicante*.

23. De même, si, au lieu de ne faire la *bierre* qu'avec des *grains*, tels que le *bled*, l'*orge*, l'*aveine*, les *pois*, etc. on y mêloit une certaine quantité, par exemple, un tiers de quelque *racine* ou *pulpe* de *nature* un peu *onctueuse*, telles que des *patates*, des *culs d'artichaut*, des *racines* de *bardane* ou autres *racines douces* et *comestibles*; une telle boisson contribueroit plus à la prolongation de la vie, que la *bierre* faite avec des *grains* seulement.

24. Il seroit également utile, par rapport à notre but, d'employer, pour *assaisonner* les *alimens*, ces substances dont les *parties* sont extrêmement *ténues* et *destituées* néanmoins de toute *acrimonie* ou qualité *mordicante*; condition

qui se trouve dans certaines *fleurs*, telles que celles du *lierre*, qui, *infusées* dans le *vinaigre*, ont d'ailleurs un *goût agréable* ; ou encore la *fleur de souci* qu'on emploie aujourd'hui dans des *bouillons* et autres *potions* ; ou enfin, celles de la *bétoine*. Tels sont les différens moyens *d'agir sur les sucs du corps.*

V.

Moyens d'agir sur les viscères, pour donner l'impulsion à la substance alimentaire, et en faciliter la distribution.

1. C'est aux *médecins* mêmes qu'il faut demander des *conseils* ou des *ordonnances* pour *fortifier* les *quatre viscères principaux*, qu'on peut regarder comme les *quatre foyers* de la *concoction*, je veux dire, l'*estomac*, le *foie*, le *cœur* et le *cerveau* ; et pour les mettre en état de bien exécuter leurs fonctions respectives, d'où résulte *la distribution des sucs alimentaires* et des *esprits dans toutes les parties*, et par conséquent *la ré-*

paration des pertes continuelles que font ces parties.

2. Nous ne parlerons point ici de la *rate*, de la *vessie*, du *fiel*, des *reins*, du *mésentère*, des *intestins* ou des poumons; toutes parties qui ne sont que des *organes secondaires* subordonnés aux précédens, et destinés à aider leurs fonctions. S'il ne s'agissoit que de conserver ou de rétablir la santé, il seroit quelquefois nécessaire de s'occuper spécialement de ces *organes secondaires*, parce qu'ils sont sujets à certaines *maladies* qui leur sont *propres*, maladies qui pourroient, si l'on n'avoit soin de les guérir, se communiquer aux *viscères principaux*. Mais, lorsqu'on a en vue *la prolongation de la vie* et ce genre de *réparation* qui s'opère *par voie d'alimentation*, et le *retard de ce genre de dissolution* qui est le *simple effet de l'âge* et du *temps*, si les principaux viscères étant en bon état, leurs fonctions respectives s'exécutoient bien, tout le reste iroit, par cela seul, aussi-bien qu'on pourroit le souhaiter.

3. C'est dans les *livres* de *médecine*, qui traitent des *moyens* de fortifier *les quatre viscères principaux*, et de tout ce qui peut leur être avantageux, que chaque individu doit chercher ce qui convient le mieux à sa constitution, et est de nature à pouvoir faire partie de son régime habituel. Car, lorsqu'on ne veut que *conserver* ou *rétablir* sa *santé*, il suffit de faire usage *de temps en temps*, et *pendant quelques jours ou quelques semaines*, des remèdes appropriés au mal ; au lieu que *la prolongation de la vie* dépend du *genre de vie habituel* et de l'*usage continuel des remèdes tendant à ce but ;* nous n'en proposerons qu'un petit nombre ; mais en *faisant choix* des *plus puissans* et des *plus efficaces*.

4. L'*estomac* étant (comme on le dit communément) le *père de famille*, par rapport aux autres viscères, et ses *digestions*, fortes ou foibles, étant la *base* et le *principe* de toutes les autres concoctions, il faut d'abord penser à le *fortifier* et le traiter de manière qu'il ait de la

chaleur, mais *sans excès*; qu'il soit un peu *serré* et *tendu* plutôt que *lâche* et *flasque*; enfin le tenir *bien net*, en le débarrassant de toutes les humeurs qui peuvent exciter des *dégoûts*. Cependant, comme il tire plus de nourriture de lui-même que des vaisseaux, il ne faut pas le laisser tout-à-fait *vuide*; enfin il faut le maintenir en *appétit*, attendu que l'*appétit* est ce qui *augmente* le plus *sa force digestive*.

5. Nous sommes étonnés que cette méthode de *boire chaud*, qui étoit si familière aux anciens, soit tombée en désuétude; cependant un médecin célèbre que nous avons connu particulièrement, étoit dans l'habitude de boire à tous ses repas un *bouillon extrêmement chaud*; il l'avaloit avec beaucoup d'avidité, puis il disoit qu'il auroit souhaité pouvoir le rejeter; *car*, ajoutoit-il, *ce n'est pas de ce bouillon que j'ai besoin, mais seulement de sa chaleur* (1).

―――――――――――

(1) C'est sur-tout le *matin* qu'il faut *boire chaud*, pour *débarrasser le cerveau*.

6. Ainsi notre sentiment est qu'*à souper*, le *premier coup* de *vin*, de *bierre* ou de toute autre liqueur dont on fait habituellement usage, doit être *bu chaud*.

7. Nous pensons aussi qu'il seroit utile de *boire, à chaque repas*, un coup de *vin* où l'on auroit fait *éteindre de l'or*, non que *l'or* ait quelque *vertu particulière* relativement à *l'estomac*, mais parce que toute *liqueur* où l'on fait éteindre des *métaux*, devient ainsi *éminemment astringente* : nous préférons *l'or* à tout autre métal, parce qu'outre cette *astriction* qui est ici l'effet souhaité, il ne fait aucune impression de la nature de celles que font tous les autres métaux, et qui seroient presque toujours nuisibles par rapport à notre but.

8. Nous croyons de plus qu'*au milieu des repas, le pain trempé dans du vin* vaut mieux que le *vin seul*, sur-tout si dans ce *vin* où l'on veut faire *tremper le pain*, on a soin de faire *infuser du ro-*

marin ou *de l'écorce de citron* (1), en y mettant aussi *un peu de sucre*, afin qu'il passe moins vîte.

9. On s'est assuré par l'expérience, que les *coings* sont très *stomachiques*, et *fortifient ce viscère;* mais les *sucs dépurés* de cette sorte de fruits avec un peu de *sucre*, valent mieux que leur *pulpe* qui charge un peu trop l'*estomac*. Or, ces *sucs*, lorsqu'on en fera usage *après les repas*, on les prendra *seuls;* mais si on vouloit les pendre auparavant, il seroit à propos d'y joindre un peu de *vinaigre*.

10. Parmi les végétaux et les substances qui en sont extraites, *les plus stomachiques* sont le *romarin*, l'*aunée*, le *mastic*, la *sauge* et la *menthe*.

11. Nous conseillons aussi de prendre *avant les repas*, sur-tout durant *l'hiver*,

---

(1) Je crois au contraire que cette *potion chaude*, ou ce *pain trempé dans le vin*, deux genres de secours très réels pour les *estomacs foibles*, conviendroient mieux *à la fin du repas* qu'*au commencement*, ou *au milieu;* et c'est d'après *ma propre expérience* que je le penserois.

des *pilules d'aloës,* de *mastic* et de *corail,* avec l'attention toutefois de faire tremper plusieurs fois l'*aloës*, non-seulement dans un suc de *roses*, mais même dans du vinaigre où l'on aura fait dissoudre auparavant un peu de *gomme adragan*, enfin de le faire macérer pendant quelques heures dans de *l'huile d'amandes douces* récemment extraite, le tout avant d'en faire des pilules.

12. Il faut aussi faire usage de temps en temps, sur-tout durant *l'hiver*, de *vin* ou de *bierre*, où l'on ait fait infuser de l'*absynthe,* avec un peu d'*aunée* et de bois de *sandal-citrin.*

13. Mais, durant l'*été,* on pourra faire usage de *vin blanc* qu'on affoiblira avec de *l'eau* où l'on aura fait *infuser* des *débris de fraisier,* et après avoir mis dans le *vin* de la *poudre de perle,* de *l'enveloppe écailleuse* des *huîtres de rivière,* réduite aussi en poudre très fine ; enfin (ce qui pourra paroître étrange) un peu de *craie,* genre de boisson qui fortifiera beaucoup l'estomac, en augmentant sa *force digestive.*

14. Mais généralement parlant, il faut s'abstenir *le matin*, sur-tout lorsqu'on est encore *à jeûn*, de toute *boisson purement rafraîchissante*, telle que *sucs naturels, décoctions, petit lait, tisanne d'orge*, etc. Lorsqu'on a besoin de faire usage de telles boissons, il vaut mieux les prendre *cinq heures après le dîner*, ou *une heure après un léger déjeûner*.

15. Les *jeûnes trop fréquens* sont *contraires à la prolongation de la vie*. Il faut aussi *prévenir les grandes soifs*, et en tenant *l'estomac* toujours *bien net*, le tenir aussi un *peu humide*.

16. Si, ayant pris de *l'huile d'olive*, récemment extraite et de bonne qualité, où l'on aura fait dissoudre un peu de *mithridate*, on s'en sert pour *oindre cette partie de l'épine dorsale qui répond à l'orifice de l'estomac*, cette onction fortifiera sensiblement ce viscère.

17. On peut tenir *continuellement appliqué sur son estomac* un *sachet rempli de laine cardée*, et *trempée* auparavant dans du *vin revêche*, où l'on au-

ra fait *infuser* du *myrthe*, de l'*écorce de citron* et un peu de *safran*.

Il seroit inutile de nous étendre davantage sur les moyens de *fortifier l'estomac*, la plupart des moyens tendant aux autres buts, remplissant aussi cet objet.

18. Si l'on pouvoit *préserver le foie des obstructions* et de la *dessiccation*, *d'une sorte de torréfaction*, tout seroit fait à cet égard : car l'*excessif amollissement* et la *dissolution de ce viscère*, d'où résulte la formation d'une grande quantité de *phlegmes*, est une *maladie* proprement dite ; au lieu que les deux autres affections peuvent être simplement l'effet graduel de la vieillesse.

19. A ce double but se rapportent principalement les moyens que nous avons indiqués ci-dessus, pour *agir sur le sang*. Ainsi nous nous contenterons d'y ajouter un *petit nombre d'autres moyens*, mais *choisis* avec soin.

20. Il faut faire principalement usage du *vin de grenades douces* ; et si l'on ne peut s'en procurer, employer du moins

le *suc* de cette espèce de *fruits* récemment exprimé. On le prendra tous les matins avec un peu de *sucre*, et après avoir mis dans le verre où l'on recevra ce suc, à mesure qu'on l'exprimera, *un peu d'écorce fraîche de citron, avec trois ou quatre clous de girofle* entiers. On usera de ce remède *depuis le mois de février, jusqu'à la fin d'avril.*

21. Celui d'entre les végétaux qui nous paroît préférable à tous les autres, c'est le *cresson alénois*, mais encore jeune et tendre, le vieux ayant trop de consistance; on pourra l'employer soit cru, soit dans sa boisson ordinaire; je donnerois le second rang au *cochlearia*.

22. L'*aloës*, de quelque manière qu'on le *purifie* et qu'on le *corrige*, est *nuisible au foie*: ainsi il ne faut jamais en faire un usage habituel. La *rhubarbe*, au contraire, est très avantageuse à ce *viscère*, pourvu toutefois qu'en en faisant usage, on n'oublie point trois précautions absolument nécessaires; la première est de la faire prendre *avant les repas*, de peur

qu'elle *ne dessèche trop* et ne laisse quelques *traces* de sa qualité *stiptique*; la seconde est de la faire *macérer pendant une heure* ou *deux* dans de l'*huile d'amandes douces*, où l'on aura mis un peu d'*eau-rose*, avant de la faire *infuser*, ou de l'*administrer en substance*; la troisième est de la prendre *de deux manières différentes alternativement*: savoir, *tantôt seule, tantôt avec du sel de tartre*, ou un *peu de sel commun*. Autrement, en enlevant la partie la plus ténue des humeurs, elle rendroit la partie restante, plus visqueuse et plus tenace.

23. Je recommanderois encore de *boire, trois ou quatre fois l'an, du vin chalybé*, ou quelque décoction à laquelle on auroit donné la même préparation : moyen puissant pour *résoudre les obstructions*. Mais il faudroit, avant de prendre ce remède, avaler *deux ou trois cuillerées d'huile d'amandes douces, récemment extraite;* et, après l'avoir pris, faire un *genre d'exercice* qui fît *agir*

principalement les *bras* et la *région hypogastrique*.

24. Les *liqueurs édulcorées* (de saveur douce ou adoucie), qui ont un peu d'*onctuosité*, sont ce qu'il y a de plus efficace, pour obvier ou remédier à l'extrême *dessiccation* et à l'espèce de *torréfaction* du *foie*; en un mot, à ce *vice* qu'il contracte naturellement à mesure qu'on *vieillit*, sur-tout si l'on a soin de garder assez ces liqueurs, pour que leurs principes aient le temps de se combiner exactement. De ce genre sont celles qu'on peut extraire de différentes espèces de *fruits* et de *racines douces*. Par exemple, les vins et les boissons extraites des *passes récentes*, des *jujubes*, des *figues sèches*, des *dates*, des *pistaches*, des *patates* et autres plantes à *racines, charnues* ou *bulbeuses*, en y mêlant quelquefois un peu de *réglisse*; à quoi l'on peut ajouter la *tisane de maïs*, mêlé avec quelque substance de saveur douce. Or, on doit observer à ce sujet que les moyens tendant à conserver dans le *foie* un certain degré

de *souplesse* et d'*onctuosité*, sont beaucoup plus puissans, par rapport à notre but, que ceux qui tendent à *prévenir* ou à *diminuer* ses *obstructions;* ces derniers contribuant plus à la *santé* qu'à la *prolongation de la vie;* en observant toutefois encore que ce genre de *dessiccation* ou de *torréfaction* du *foie,* qui est l'effet des *obstructions,* n'est pas moins dangereux que les autres genres de *dessiccation* auxquels ce viscère est sujet.

25. Nous croyons aussi que les *feuilles de chicorée, d'épinard,* de *poirée,* débarrassées de leurs côtes et suffisamment *cuites dans de l'eau,* où l'on ait mêlé un tiers de *vin blanc,* et employées fréquemment, comme *alimens,* ou comme *assaisonnement,* avec l'*huile* et le *vinaigre,* rempliroient parfaitement l'objet actuel. Il en faut dire autant des *asperges,* des *culs d'artichauts* et des *racines de bardane, bouillies* et *assaisonnées* de la manière convenable. On peut aussi prendre, au *printemps,* des *bouillons* où l'on aura fait *infuser* des *feuilles* de *vi-*

gne ou du *bledverd*. Tels sont les moyens de *fortifier* ou d'*assouplir* le *foie*.

26. De toutes les choses qui peuvent être utiles ou nuisibles au cœur, les principales sont l'*air* même qu'on *respire*, les *vapeurs* qu'on *aspire*, enfin les *affections* de l'a... ou les *passions*. La plupart des moyens indiqués pour *agir sur les esprits* peuvent être appliqués au but actuel. Cette multitude confuse de *cordiaux* qu'on trouve indiqués dans les livres de *médecine*, ne rempliroit que très imparfaitement notre objet. Cependant ces *antidotes* mêmes qu'on emploie ordinairement pour arrêter le progrès des poisons, pourroient être ici de quelque utilité, si on les appliquoit à notre but avec un peu de jugement; sur-tout ceux qui sont moins de nature à *attaquer directement les substances vénéneuses*, qu'à *fortifier le cœur* ou les *esprits*, et à les mettre ainsi en état de *combattre victorieusement le poison*. Au reste, on peut consulter à ce sujet cette *table de cordiaux* que nous avons donnée dans un des articles précédens.

27. On ne peut s'assurer de la *salubrité de l'air* que par des *expériences directes et positives*, tous les *signes* en ce genre étant *équivoques*. Or, nous regardons comme *très salubre l'air* qu'on *respire* dans des *plaines vastes* et bien *aérées*, dont le *sol* est *sec*, sans être toutefois *trop aride* et *trop sabloneux*, mais où l'on trouve çà et là des pieds de *serpolet*, de *marjolaine*, ou de *menthe domestique*; dans des *plaines*, dis-je, non tout-à-fait *rases* et *découvertes*, mais *plantées* de quelques *arbres* qui donnent de l'*ombrage* et où les *roses* de *buisson* exhalent une *odeur aromatique*, et qui a quelque analogie avec celle des *roses musquées*. Quant aux *rivières* qui peuvent arroser ces plaines, elles seroient *nuisibles*, à moins que leur lit ne fût *fort étroit*, et que leurs eaux, très limpides, ne coulassent sur du *sable* ou du menu *gravier*.

28. L'*air du matin* est plus *favorable à la prolongation de la vie* que celui du *soir*, quoiqu'on préfère ordinairement le dernier, mais par *pure mollesse*.

29. Un *air un peu agité* par un *vent doux et léger*, est plus *salubre* que celui qu'on respire par un temps tout-à-fait *calme et serein*. Quant aux différentes espèces de *vents*, le *plus salubre*, c'est le *zéphyr* (le *vent d'ouest*), *qui souffle le matin*, ou le *vent de nord* qui *souffle dans l'après-diner*.

30. Certaines *odeurs* sont éminemment douées de la propriété de *fortifier le cœur*, ce qui ne signifie point du tout que les *odeurs suaves* sont un *signe certain* de la *salubrité de l'air* où elles se répandent ; car, de même qu'on trouve assez souvent des *masses d'air* tout-à-fait *pestilentielles*, et qui cependant sont *moins fétides* que d'autres masses d'air beaucoup *moins nuisibles* ; réciproquement *certaines masses d'air*, très *salubres* et très avantageuses aux esprits, ne laissent pas d'être tout-à-fait *sans odeur*, ou d'exhaler des *odeurs peu agréables*. Or, lorsqu'on vit dans un *air salubre*, il ne faut aspirer des *odeurs marquées* que de temps en temps ; l'effet de *ces odeurs* aspirées

trop long-temps ou trop fréquemment, même celui des plus suaves, étant de *surcharger* et d'*appesantir* un peu les esprits.

31. Parmi les différentes espèces d'*odeurs*, nous préférons, comme nous le disions plus haut, celles qui s'exhalent des *végétaux encore sur pied*, et qui se répandent dans un *air libre;* par exemple, celle des *giroflées* (de la grande et de la petite espèce); celles des *fleurs de fèves*, de *tilleul*, de *vigne*, de *chèvrefeuille*, de *pariétaire jaunâtre*, de *roses musquées* (les *roses communes*, tant qu'elles sont sur l'arbrisseau, n'ayant qu'une *odeur foible*); l'odeur du *fraisier* (sur-tout celle d'un *fraisier mourant*) ; celle du *buisson odoriférant*, sur-tout au *commencement* du *printemps;* à quoi l'on peut ajouter celle de la *menthe domestique*, celle de la *lavande en fleurs;* enfin, dans les pays chauds, celle des *orangers*, des *citronniers*, du *myrthe*, du *laurier*, etc. Aussi il est utile de se promener ou de se tenir assis dans des masses

d'air remplies d'émanations de ce genre.

32. Lorsqu'il s'agit de *fortifier le cœur*, les *odeurs rafraîchissantes* me paroissent préférables aux *odeurs* de *nature chaude*; ainsi il seroit bon de se mettre dans l'habitude de faire *tous les matins*, et même *durant la chaleur du midi*, des *fumigations* avec du *vinaigre*, de l'*eau-rose* et quelque *vin généreux*, mêlés ensemble à parties égales, et versés sur une pelle presque rouge, et d'en aspirer les émanations.

33. Mais, lorsque nous recommanderons de verser un peu de vin généreux sur la terre, à mesure qu'on la retourne, à l'aide du *soc*, de la bêche, ou du *hoyau*, et d'en aspirer la vapeur, nous espérons qu'on ne nous soupçonnera pas de vouloir, par cette aspersion, faire *une sorte de libation à la déesse Vesta*.

34. L'*eau de fleurs d'orange*, de la meilleure qualité, combinée avec une petite quantité d'*eau-rose* et de *vin*, étant *aspirée* par les *narines* ou *injectée* dans cette partie, à l'aide d'une *petite serin-*

gue, produit aussi des effets salutaires.

35. Certaines substances, *tenues dans la bouche* et *mâchées continuellement*, peuvent, quoiqu'on en fasse habituellement usage, *ranimer puissamment les esprits*. Il est inutile de parler du *béthel*, puisque nous ne pouvons nous le procurer en *nature;* mais on peut, jusqu'à un certain point, y suppléer en composant, par exemple, des espèces de *pilules* ou de *pastilles d'ambre*, de *musc*, de *bois d'aloës*, d'*aspalath*, de *racines d'iris*, enfin de *roses;* et pour les former, employer un peu d'*eau-rose*, qu'on aura fait passer à travers du baume du Pérou.

36. Pour que les *vapeurs* qui s'exhalent des substances *prises intérieurement*, puissent *fortifier le cœur*, il faut qu'elles réunissent trois conditions; qu'elles soient *bénignes*, *claires* et *rafraîchissantes ;* car les *vapeurs* de *nature chaude* seroient contraires à notre but, et le *vin* même, auquel on attribue une telle propropriété, ne laisse pas de produire des effets très analogues à ceux des *opiats*.

Nous qualifions de *claires* les *émanations* qui sont plutôt des *vapeurs* proprement dites, que des *exhalaisons;* je veux dire, qui ne sont pas *accompagnées de fumées épaisses* ou de *fuliginosités*, mais simplement *humides* et *homogènes*.

37. Parmi cette multitude confuse et surabondante de *cordiaux* que proposent les médecins, il en est peu dont on puisse faire *un usage continuel* et une partie de son régime. Je mettrois au premier rang, parmi les substances *chaudes* de cette classe, *l'ambre gris*, le *safran* et le *kermès;* et parmi les substances de *nature froide*, *les racines de buglosse* et *de bourrache*, les *citrons* et *les limons doux*, enfin les *pommes d'odeur agréable*. On peut aussi, en observant la méthode exposée plus haut, faire usage de *l'or*, des *perles*, etc. non-seulement en les faisant pénétrer dans les vaisseaux, mais même en les faisant simplement passer dans le canal intestinal, parce qu'alors même ils agiroient un peu sur la *région du cœur* en y opérant un simple *rafraîchissement*

sans mélange d'aucune *qualité nuisible*.

38. Nous sommes bien éloignés de révoquer en doute les vertus de la *pierre de bezoard*, vérifiées par un si grand nombre d'expériences; mais nous disons qu'elle doit être employée de manière que sa vertu se communique aux *esprits*. Ainsi ce n'est ni dans des *bouillons*, ni dans des *sirops*, ni dans l'*eau-rose*, mais seulement dans le *vin*, dans l'eau de *cinnamome* (espèce de canelle), ou dans toute autre eau distillée de ce genre; dans une eau toutefois dont les parties soient très *atténuées* sans avoir *trop de force* ou de *chaleur*.

39. Nous avons traité des *passions* ou *affections de l'ame* dans un des articles précédens; ainsi nous nous contenterons d'ajouter ici qu'en général, *tout desir, très vif, très constant*, et (s'il est permis de s'exprimer ainsi) *tout desir héroïque* peut *renforcer l'action du cœur et la propager jusqu'aux extrémités*. Tels sont les moyens relatifs à cet organe.

40. Quant au *cerveau*, qui est le *siége*

principal, la résidence commune et comme le *chef-lieu des esprits*, tout ce que nous avons dit dans les articles précédens, sur l'*opium* ou le *nitre*, sur les substances qui leur sont *analogues* et *subordonnées*, enfin sur les moyens de *procurer un sommeil paisible*, peut encore trouver place ici, et s'appliquer, jusqu'à un certain point, à l'organe dont nous sommes actuellement occupés. On peut observer aussi que le *cerveau* est, pour ainsi dire, *sous la tutele de l'estomac*, et que tout ce qui peut fortifier ce dernier viscère, peut également donner de la force au premier, en vertu de leur *corrélation harmonique*, et par conséquent se rapporte aussi au but actuel. Ainsi il nous reste fort peu de chose à dire sur ce sujet, et nous n'indiquerons qu'un petit nombre de moyens tendant à ce but; *savoir : trois qui agissent extérieurement, et un seul qui agit intérieurement.*

41. Nous recommandons de *se baigner fréquemment les pieds*, au *moins une fois par semaine; bain* qui doit être com-

posé d'une *eau lixivielle*, où l'on jetera du *sel commun*, de la *sauge*, de la *camomille*, du *fenouil*, de la *marjolaine*, du *costus* (ou cost), et des feuilles d'*angélique verte*.

42. Nous conseillons aussi de *faire tous les jours usage* de *fumigations* avec du *romarin sec*, de *petites branches* de *laurier* également *sèches*, et de *bois d'aloës*; car les *gommes*, d'une odeur suave, ont l'inconvénient de porter à la tête.

43. Mais on doit encore avoir l'attention de n'*appliquer extérieurement* à la *tête* aucune substance de *nature chaude*; par exemple, des *substances aromatiques*, sans en excepter même la *noix muscade*. Nous les réservons pour la plante des pieds, la seule partie où l'application de ces substances soit salutaire (1). Il faut faire, tout au plus, à la partie supérieure de la tête, de légères onctions avec de l'huile, en y joignant

---

(1) Conformément à ce triple précepte de *Boërhave*, *pieds chauds*, *tête fraîche*, *ventre libre*.

des feuilles de rose ou de *myrthe,* avec un peu de *sel* et de *safran.*

44. Les *opiats,* le *nitre* et autres substances de ce genre, comme nous l'avons observé dans un des articles précédens, sont éminemment doués de la propriété de *condenser les esprits.* Nous pensons qu'il ne seroit pas inutile de prendre tous les quinze jours et le matin, dans un bouillon, trois ou quatre grains de *castoreum,* en y ajoutant une très petite quantité de semences d'*angélique* et de *canne aromatique.* Toutes substances qui, en *fortifiant* aussi le *cerveau,* et en donnant aux *esprits* ce degré de *densité* qui est nécessaire pour la *prolongation de la vie,* les rendent plus vigoureux et animent ainsi tous les mouvemens.

45. En indiquant *les moyens de fortifier les quatre viscères principaux,* nous avons fait connoître chacun de ceux qui sont proprement destinés à cela, qu'on peut sans danger employer fréquemment et qui peuvent aisément faire partie du régime habituel; car l'*extrême diversité*

des médicamens est fille de l'ignorance; et l'on peut dire hardiment que la *multiplicité des mets multiplie moins les maladies,* que *la multiplicité des remèdes ne diminue le nombre des cures.* Nous terminerons ici ce que nous avions à dire touchant les *moyens de fortifier les viscères principaux,* en vue de *faciliter la distribution des sucs alimentaires.*

VI.

Moyens d'agir sur les parties extérieures, pour les mettre en état d'attirer avec plus de force la substance alimentaire.

1. Quoiqu'une *bonne concoction,* opérée d'abord dans les *viscères principaux,* soit la condition la plus essentielle pour opérer ensuite une bonne *alimentation,* cependant l'*action des parties extérieures doit concourir* aussi à cette dernière opération; et comme c'est la *faculté intérieure* qui *pousse à la circonférence* et *distribue les sucs alimentaires,* c'est la *faculté attractive des parties extérieu-*

res qui les met en état de *saisir*, de *happer*, pour ainsi dire, ces *sucs* et de *se les approprier*. Cela posé, plus la *faculté concoctrice* est *foible* et *peu active*, plus il est nécessaire d'y suppléer, en *renforçant la faculté attractive des parties extérieures*.

2. Le principal moyen pour *exciter* et *renforcer* la *faculté attractive* des *parties extérieures*, ce sont les *mouvemens de ces parties* mêmes ; mouvemens qui, en les *échauffant* et les *fortifiant*, les mettent ainsi en état de rappeller à elles plus vivement et de *happer*, avec plus d'*avidité*, les *sucs alimentaires*.

3. Il est cependant quelques précautions à prendre pour empêcher que ces mouvemens et cette chaleur même, qui rappellent aux parties extérieures de nouveaux sucs, en *atténuant excessivement* ceux qui s'étoient déja répandus dans ces parties, n'en provoquent ainsi l'*émission* et ne les épuisent d'autant.

4. Les *frictions* faites le *matin* sont ce qui remplit le mieux l'objet actuel ; mais

il faut, *après ces frictions, oindre légèrement d'huile les parties frottées*, de peur que ce *frottement* ne les *épuise*, en y excitant une *transpiration* trop *prompte* et trop *abondante*.

5. Ce qui tient le premier rang après les *frictions*, ce sont les *exercices du corps*, à l'aide desquels *les parties extérieures, en se frottant et se choquant réciproquement, se donnent ainsi d'utiles secousses*. Ces *exercices* toutefois doivent être *doux, modérés*, et non de nature à exiger des *mouvemens* d'une *extrême célérité* ou des *efforts excessifs*, ou à occasionner une trop grande *lassitude*, comme nous l'avons observé dans un des articles précédens. Mais ces *exercices* sont soumis *aux mêmes règles* que les *frictions*, et exigent les *mêmes précautions* tendant à prévenir une *excessive perspiration*. Ainsi, en général, les *exercices* sont plus *salubres en plein air* qu'à la *maison*, et en *hiver* qu'en *été*. De plus il faut non-seulement *faire succéder de légères onctions à ces exerci-*

ces, ainsi qu'aux *frictions*, mais même lorsqu'on fait des *exercices violens*, il faut faire usage de ces *onctions avant et après*, à l'exemple des anciens *athlètes*.

6. Pour que ces *exercices épuisent le moins qu'il est possible*, soit les *esprits*, soit les *sucs* du corps, il faut avoir soin de ne jamais les faire *étant tout-à-fait à jeûn*. Ainsi, afin que l'*estomac* ne soit alors ni *trop plein*, ce qui seroit *nuisible à la santé*, ni *trop vuide*, ce qui seroit *contraire à la prolongation de la vie*, il faut *déjeûner avant de faire de l'exercice*, non pas seulement prendre quelque *médicament* ou quelque *bouillon*, manger quelques *raisins secs*, ou quelques *figues*, etc. mais prendre des *alimens*, proprement dits, tant solides que liquides, en un mot, *faire un repas*, mais *fort léger*.

7. Les *exercices* destinés à *distribuer la substance alimentaire* dans les *parties extérieures*, doivent être de nature à faire *agir également tous les membres*, et non de nature à ne mettre en mouve-

ment que les *jambes, en laissant en repos les bras* (comme le prescrivoit Socrate (1), ou réciproquement; il faut, dis-je, que tous les membres sans exception participent à ce mouvement. De plus il importe à *la prolongation de la vie* que le *corps* ne demeure jamais *trop long-temps dans la même position;* mais il faut *changer d'attitude, au moins une fois toutes les demi-heures, excepté durant le sommeil.*

8. Les pratiques qui, ordinairement, n'ont pour but que la *mortification du corps,* peuvent aussi être appliquées avec succès à *sa vivification;* par exemple, les *cilices, la flagellation* (2), et, en gé-

───────────

(1) Ce précepte, dans la bouche de Socrate, avoit un *but moral*, et non un *but physique;* ce but étoit de prolonger, non la vie, mais la réputation, ou la considération de son disciple.

(2) Cette *enveloppe* et ces *étrivières* ont deux grands avantages; l'un, de *suppléer* un peu *au défaut d'exercices;* l'autre, de punir un paresseux, en le *tourmentant,* comme il le *mérite,* et *par sa propre main.* Une moitié de la vie d'un *religieux*

néral, toutes les sensations pénibles dans les parties extérieures, augmentent leur *force attractive*.

9. *Cardan* recommande l'*urtication* (la *flagellation avec des orties*) aux sujets attaqués de *mélancolie ;* mais un tel moyen nous paroît suspect; car ces *orties* ayant je ne sais quoi de *vénéneux*, elles pourroient produire des dartres ou autres maladies de la peau. Tels sont les moyens d'*agir sur les parties extérieures* pour les mettre en état d'*attirer avec plus de force la substance alimentaire.*

---

ascétique se passe à ne rien faire, et l'autre, à lutter vainement contre les maux qui sont la conséquence et la punition naturelle de cette oisiveté à laquelle il s'est condamné. *Le plus pénible de tous les métiers, c'est de n'avoir rien à faire; car alors on a affaire à soi,* c'est-à-dire à toutes les *pensées affligeantes* qui *rongent* et *punissent* un *fainéant.*

VII.

Moyens pour agir sur la substance même des alimens et les modifier de manière qu'ils s'insinuent plus aisément dans les parties à nourrir.

1. On trouve assez de gens qui condamnent la *multiplicité et la diversité des mets;* cependant une telle censure conviendroit beaucoup mieux à un *moraliste* ou à un *pédagogue* qu'à un *médecin*, à moins qu'on ne prétende que ce qui peut procurer une *santé ferme*, est *contraire à la prolongation de la vie.* En effet des *alimens diversifiés* et même un peu *disparates s'insinuent* et *pénètrent* plus aisément dans toutes les parties, soit solides, soit liquides, qu'une *nourriture* trop *simple* et trop *uniforme;* sans compter que cette *variété* est ce qu'il y a de plus efficace pour exciter l'*appétit*, stimulant qui augmente la *force digestive.* Ainsi notre sentiment est qu'il faut *varier ses mets, changer de temps en temps,* du moins en partie, ses

alimens, selon les différentes *saisons*, les différens *lieux*, etc.

2. Le précepte qui nous recommande de n'user que d'*alimens* et d'*assaisonnemens extrêmement simples*, est aussi *pure simplicité d'esprit*, pour ne pas dire *sottise;* attendu que des *assaisonnemens* d'un *bon choix* sont un genre de *préparation* qui rend les *alimens très salubres*, et qui contribue également à la *santé* et à *la prolongation de la vie*.

3. Il faut avoir l'attention, lorsqu'on se *nourrit* de *substances* très *solides* et même *dures*, de faire usage de *boissons fortes et généreuses*, de relever ces *alimens* par des *assaisonnemens* de *haut goût, pénétrans, incisifs*, etc. Au contraire, lorsque les *alimens* sont de *facile digestion*, les *boissons* doivent aussi être plus *foibles;* et les *assaisonnemens*, tirés de *substances douces et onctueuses*.

4. Nous avons vu plus haut qu'*au premier coup qu'on boit à souper*, la *liqueur doit être chaude;* nous devons ajouter ici que, pour *préparer l'esto-*

mac, on doit aussi, *une demi-heure avant les repas*, prendre un *bouillon* ou toute autre *potion* à laquelle on est accoutumé, mais la *boire chaude*, et après y avoir mis quelque substance *aromatique*, pour lui donner une *saveur plus agréable*.

5. Les *préparations d'alimens faites avec soin et dirigées vers notre but*, peuvent être très utiles. Un tel sujet, à la vérité, peut paroître un peu *bas*, *trivial* et convenir moins à un *philosophe*, qu'à un *cuisinier* ou à un *sommélier*. Cependant ces mêmes détails qui, à la première vue, paroissent si *ignobles* et si *peu importans*, ne laissent pas d'être beaucoup plus *précieux* que ces *recettes magnifiques* où l'on fait entrer de l'*or, des pierres de prix*, etc.

6. L'idée d'*humecter toute la substance du corps*, en faisant *cuire tous les alimens dans quelque liquide*, n'est qu'une *idée puérile*. Des préparations de ce genre ne peuvent être utiles que pour *tempérer la chaleur excessive* qui accompagne

certaines maladies ; mais elles sont contraires au but de donner plus d'*onctuosité* à la substance du corps, par la voie de l'*alimentation*. Ainsi les *alimens bouillis* sont, relativement à notre but, *très inférieurs aux alimens rôtis*, *cuits au four*, etc.

7. Quand on les fait *rôtir*, au lieu de le faire à *petit feu* et très *lentement*, il faut employer un *feu vif* et les *cuire très promptement*.

8. Lorsqu'on se *nourrit de viandes très solides*, au lieu de les employer *fraîches*, il faut les *tenir quelque temps dans le sel*, *avant de les faire cuire :* après quoi l'on en sera quitte pour y joindre moins de *sel* en les mangeant, et même après cette préparation, il vaudroit mieux les *manger sans sel*, le *sel* ainsi *incorporé* aux *alimens*, facilitant beaucoup plus la *distribution des sucs alimentaires*, que lorsqu'on l'emploie *seul*.

9. Une méthode qui seroit fort utile si on l'adoptoit, ce seroit de faire *infuser* ou *macérer* les viandes de différentes es-

pèces et de bonne qualité, dans des liqueurs convenables, avant de les faire rôtir, à peu près comme on le pratique pour certaines viandes qu'on fait cuire au four, après les avoir fait tremper dans une *saumure de poisson.*

10. Une autre méthode qui a d'utiles et de puissans effets, c'est de *battre la viande avant de la faire cuire;* car on sait que la chair des *perdrix* et des *faisans*, ainsi que celle des *daims* et des *cerfs pris à la chasse*, est d'une *saveur plus agréable* que celle des mêmes animaux *devenus domestiques*, à moins que cette *chasse* n'ait été de *très longue durée.* Certains *poissons* un peu *fouettés* ou *battus*, n'en sont que *meilleurs;* enfin les *poires dures* et de saveur *revêche*, deviennent sensiblement *plus douces*, lorsqu'avant de les manger, l'on a soin de les *presser légèrement avec les doigts*, ou de les *rouler un peu sur la table:* d'où nous pouvons conclure que, si l'on se mettoit dans l'habitude de *battre un peu toutes les viandes fort dures*, pour les

mortifier avant de les faire cuire, cette *préparation* les rendroit plus *salubres*.

11. Le *pain* qui n'est pas *trop fermenté* et où l'on a mis un peu de *sel*, n'en vaut que mieux. Il en faut dire autant de celui qu'on fait *cuire à un four* un peu *chaud*, ce qui vaut mieux que de le faire cuire très lentement.

12. Les *préparations* qu'on fait subir aux *boissons*, en vue de *prolonger la durée de la vie*, peuvent être *ramenées presque toutes à un seul précepte fort simple*. Il est inutile de parler des *buveurs d'eau*; un tel régime peut sans doute contribuer jusqu'à un certain point à *la prolongation de la vie*, effet toutefois qui ne peut aller fort loin. Quant aux *liqueurs fermentées*, telles que le *vin*, la *bierre* et autres semblables, la *règle de toutes les règles* et le *précepte sommaire* sur ce point, c'est que les *parties* de la *liqueur* soient *très atténuées*, et que ses *esprits n'aient pas trop d'acrimonie et d'activité*, but auquel il seroit difficile de parvenir à l'aide du *temps seul*, dont

l'effet est, à la vérité, *d'atténuer* les *parties tangibles* de la *liqueur*, mais en augmentant *l'acrimonie de ses esprits*. Ainsi il faut recourir à une méthode dont nous avons parlé dans un des articles précédens, et qui consiste à mettre *dans la pièce* qui contient la liqueur, quelque *substance grasse* et *onctueuse*, pour *émousser* cette *acrimonie* des *esprits*. Mais on peut obtenir le même effet par un autre procédé qui dispense de toute *macération* et de tout *mélange*, je veux dire par l'*agitation* continuelle de la *liqueur*, avant qu'on en fasse usage, *soit dans un vaisseau* (*bâtiment*), soit dans une *voiture*, soit en suspendant à l'aide de cordes, des *outres* remplies de cette liqueur, et les agitant tous les jours pendant un temps suffisant, ou par quelqu'autre moyen de cette nature ; car il est certain que l'effet de ce *mouvement local* est de *briser*, pour ainsi dire, de *diviser* et d'*atténuer* les *parties tangibles de la liqueur*, en combinant si parfaitement les esprits avec les parties tangi-

bles, qu'elle n'est plus *sujette à s'aigrir*: (genre d'*altération* qui est une sorte de *putréfaction*).

13. Lorsqu'on commence à *vieillir*, il faut aussi donner à ses *alimens* un tel genre de *préparation*, qu'ils n'aient plus, pour ainsi dire, que *la moitié du chemin à faire, pour se convertir en chyle*. Ne parlons pas de les *distiller*, méthode ridicule, et qui ne meneroit point au but, attendu que la partie *la plus substantielle* et la plus *nutritive* ne se *volatilise point*.

14. Lorsqu'on *incorpore les alimens solides avec les alimens liquides*, avant d'en faire usage, cette *préparation* les met dans un *état plus voisin de celui du chyle*, et en fait une sorte de *chyle commencé*; ainsi, prenez des *poulets*, des *perdrix* ou des *faisans*, faites-les cuire dans de *l'eau* avec *un peu de sel*: puis *nettoyez-les* bien et laissez-les un peu *s'essuyer*: enfin, mettez-les dans du *moût* ou de la *bierre* qui *fermente encore*, et où vous aurez jeté un peu de *sucre*.

15. Les *coulis* en général, les *sucs tirés des viandes par voie d'expression*, et les *hachis assaisonnés* d'une manière convenable, sont d'autant plus utiles aux *vieillards*, que leurs *dents*, désormais en *trop petit nombre* ou *trop foibles*, leur refusent presque entièrement le service pour la *mastication*, qui de tous les genres de *préparations* est le plus essentiel (1).

16. On peut suppléer à ce défaut dont nous venons de parler, par *trois genres de moyens*; le premier seroit de *faire pousser de nouvelles dents* : opération très *difficile*, et qui ne pourroit être exécutée que par la *restauration intime et radicale de toute la masse du corps hu-*

---

(1) La *première digestion se fait dans la bouche;* la *mastication* est pour les *alimens* ce que l'*analyse* est pour les *idées*, et pour bien *digérer* les uns ou les autres, il faut *mâcher beaucoup;* ce qui n'est qu'une conséquence immédiate de ce principe : *plus un tout est divisé, plus l'agent peut modifier les parties en les prenant une à une; et plus par conséquent il peut agir sur ce tout.*

main; la seconde seroit de *raffermir les gencives* à l'aide des *astringens*, afin de les mettre en état de faire jusqu'à un certain point *l'office des dents qui manquent*, ce qui seroit un peu plus *facile;* le troisième seroit de donner aux *alimens* un genre de *préparation* qui rendît cette *mastication moins nécessaire;* moyen qui est en notre disposition.

17. Je présume aussi qu'*une quantité un peu excessive d'alimens*, tant solides que liquides, pourroit être de quelqu'utilité, par rapport à notre but, et qu'*un peu d'excès* en ce genre pourroit donner à la substance du corps plus de *moëleux et d'onctuosité*. Ainsi l'on peut sans inconvénient *faire de temps en temps des repas un peu amples*, et *même boire un peu plus qu'à son ordinaire*, se mettre dans la pointe (1). Il seroit inu-

____

(1) Les *excès* de ce genre peuvent être *utiles,* non-seulement comme *excès*, mais même à titre de *nouveautés;* mais le plus sûr, pour remplir sans inconvénient le dernier objet, c'est de *faire alter-*

tile de nous étendre davantage sur les *alimens*, leurs *diverses préparations* et *leur quantité*.

VIII.

Moyens tendant à perfectionner et à faciliter le dernier acte de l'assimilation.

Nos préceptes sur le dernier acte de l'assimilation, qui étoit le *but* et le *der-*

―――――――――――――――

nativement et à des intervalles convenables, de petits excès en plus et de petits excès en moins. La faim, comme nous l'avons dit ailleurs, est le *balai de l'estomac, de tout le canal intestinal, de l'homme tout entier*, et de *l'homme moral ainsi que de l'homme physique*. Dans un *homme sain et vigoureux*, un *petit excès en plus* ne produit d'autre effet qu'une *demi-indigestion* qui occasionne une *évacuation par bas, un peu plus abondante qu'à l'ordinaire*, et qui équivaut à une *purgation*. Ainsi le *sommaire de la médecine préservative est de se saigner et de se purger lentement, alternativement et de temps en temps, par la diète et les petits excès en plus, afin de se dispenser des purgations et des saignées proprement dites, dont l'effet est trop brusque et trop violent.*

nier terme des trois opérations précédentes, seront *très simples et très succincts;* une explication un peu *détaillée* étant ici plus nécessaire que des préceptes positifs et des règles formelles, avec leurs applications.

1. L'observation prouve assez que *tous les corps* tendent naturellement à *s'assimiler les corps contigus;* et c'est ce que font avec *beaucoup de force et d'activité,* les substances *ténues* et les substances *pneumatiques,* telles que la *flamme, l'esprit* et *l'air :* au contraire, cette *faculté* est très *foible* dans les *substances massives, grossières, tangibles* et *inertes;* cette *tendance à l'assimilation* étant *liée* et comme *bridée* dans ces derniers, par une *tendance plus forte :* savoir, par leur *tendance au repos* ou leur *inertie naturelle.*

2. Il est également certain que cette *tendance naturelle à l'assimilation,* qui est *bridée* et *sans effet* dans certaines *masses corporelles et grossières,* comme nous venons de le dire, peut être *exci-*

tée et *mise* en *exercice* par *l'action* de la *chaleur* (du *calorique*), ou de l'*esprit* qui se trouve dans le *voisinage du corps* en question.

3. Enfin il n'est pas moins certain que plus la *substance* du *corps* est *dure* et *compacte*, plus la *chaleur* nécessaire pour y mettre en exercice la *faculté d'assimiler*, doit avoir *d'intensité;* condition qui manque dans un *vieillard,* dont la *substance* est *durcie* et la *chaleur très affoiblie.* Il faut donc ou *amollir* cette *substance,* ou *augmenter l'intensité* de cette *chaleur.* Or, quoique, dans les articles précédens, nous ayons indiqué plusieurs moyens pour *prévenir* ou *diminuer* cette *extrême dureté,* nous ne laisserons pas de traiter ce même sujet dans l'article suivant. Quant aux *moyens d'augmenter l'intensité de la chaleur,* ils sont tous compris dans *un seul précepte* fort *simple;* mais avant que de l'exposer, nous poserons *un second principe* non moins nécessaire que le premier.

4. *L'acte d'assimilation* qui est *provoqué* et *excité* par la *chaleur* des corps environnans (comme nous venons de le dire), est le produit d'un *mouvement très fin, très délicat*, et qui a lieu *dans les plus petites* d'entre les *parties insensibles*. Or, tous les mouvemens de ce genre ne parviennent enfin à leur *maximum*, qu'au moment où *tout mouvement local qui pourroit les troubler, vient à cesser*: en effet, ce *mouvement* de *dissolution* et de *décomposition*, par lequel les *élémens* de chaque espèce *se séparent de ceux des autres* espèces, pour s'unir à leurs homogènes, par exemple, celui en vertu duquel, dans le *lait*, la *crême surnage*, tandis que le *petit-lait va au fond*, n'auroit jamais lieu, pour peu que le *lait* fût *agité*. De même la *putréfaction* n'aura jamais lieu dans l'*eau*, ni dans aucun *mixte*, tant qu'ils seront *continuellement agités* par *un mouvement local*; actuellement des *deux principes* que nous venons de poser, nous allons tirer *les conséquences qui se rapportent au but* de cet article.

5. Le *temps* où *l'acte d'assimilation*, formel et proprement dit, se perfectionne le plus, et *s'achève le plus complètement*, c'est celui du *sommeil* et du *parfait repos*, sur-tout celui du *dernier sommeil*, qui a lieu *au point du jour*, temps où la *distribution est déja faite* (1). Ainsi la seule règle que nous puissions prescrire sur ce point, est qu'on ait *l'attention* de *se tenir chaudement en dormant :* de plus, on peut, *vers la pointe du jour*, faire usage de quelques *onctions*, par exemple, *mettre une che-*

---

(1) Où se portent les esprits vitaux se porte tout le reste. Or, durant le jour, les esprits se portant principalement aux parties qui agissent le plus et sur-tout aux parties extérieures, ils ne peuvent alors se distribuer à toutes également. Au lieu que, durant le sommeil, le corps étant en repos, et les esprits n'obéissant plus qu'à leur force expansive qui agit du centre à la circonférence suivant toutes les directions, ils se distribuent alors plus uniformément dans toute la masse du corps, et y distribuent aussi plus également la substance alimentaire, le sang, et en général tous les fluides.

mise ou un *gillet légèrement imbibé de quelque substance onctueuse,* pour *exciter* une *chaleur modérée,* après quoi on se *rendormira :* voilà ce que nous avions à dire sur le *dernier acte de l'assimilation.*

IX.

Moyens tendant à amollir les parties qui commencent à se dessécher, ou de l'amollissement du corps humain (1).

Nous avons exposé, dans les articles précédens, les moyens d'*amollir* le *corps humain,* à l'aide de *substances prises*

---

(1) Je dis *l'amollissement,* afin de rendre exactement la pensée de l'auteur, et n'être ici que simple traducteur ; mais ce terme me paroît mal choisi, et je préférerois celui d'*assouplissement;* car il ne s'agit pas ici d'*amollir* simplement le *corps,* de le rendre *flasque,* mais de le rendre tout à la fois *souple* et *élastique.* Il faut que les parties cèdent aisément au toucher, et qu'elles se *rétablissent* avec la *même facilité :* une *excessive mollesse* seroit un inconvénient aussi grand qu'une *extrême dureté.*

intérieurement; méthode qui, ne procédant que par la voie de *l'alimentation*, et par la *détention des esprits*, ne mène au but que *par de longs détours*, et ne produit l'effet desiré que *peu à peu.* Quant à ce qui concerne la méthode qui produit ce même effet : savoir, *l'amollissement de toute l'habitude du corps,* par des *substances appliquées extérieurement,* c'est ce sujet même que nous allons traiter.

1. Dans la *fable* du *rajeunissement de Pelias,* il est dit que *Médée,* pour parvenir à ce but, prescrivit de *couper par morceaux le corps du vieillard, et de le faire ensuite bouillir dans une chaudière,* avec *certaines drogues;* nous aurons peut-être aussi besoin de *coction* pour parvenir à notre but ; mais il ne sera pas absolument besoin de *couper par morceaux* ce *corps que nous voulons rajeunir.*

2. Il y aura cependant ici quelque chose à *dépecer,* non à l'aide du *fer,* mais *à l'aide* du *simple jugement;* c'est-à-dire

qu'il y aura *une analyse à faire :* car les *viscères* et en général *les parties du corps* n'ayant pas toutes *le même degré de consistance,* on ne pourroit, par des moyens d'une seule espèce, les *amollir toutes au degré convenable.* Il faudra donc employer pour chacun *des moyens différens,* outre ce *moyen général,* dont le *but* est *d'amollir toute la masse du corps,* et dont nous parlerons en premier lieu.

3. On parviendroit probablement à ce but à l'aide de *bains,* d'*onctions,* et d'autres moyens semblables ; en supposant toutefois que de tels moyens soient *assez puissans.* Mais en suivant ce procédé, il ne faut pas perdre de vue les observations suivantes.

4. Ce qu'on observe dans les *corps inanimés,* qui *s'imbibent* sensiblement de la *liqueur* où on les fait *macérer,* et où on les tient *plongés* pendant un certain temps, et qui *s'amollissent* par ce moyen; opérations dont nous avons offert quelques exemples dans les articles précé-

dens : cette *humectation*, dis-je, ne seroit point une *raison* pour se flatter de pouvoir *amollir le corps humain* par un semblable procédé ; et à l'aide de tels moyens, il est plus facile de produire cet effet sur les *corps inanimés*, qui *attirent* et *pompent* la liqueur où ils sont *plongés*, que sur les *corps animés*, où le *mouvement* semble se faire *du centre à la circonférence*, plutôt qu'en sens contraire.

5. Ainsi, ces *bains émolliens* dont on fait ordinairement usage dans cette vue, seroient *plus nuisibles* qu'*utiles* relativement à notre but ; leur effet étant plutôt de *tirer du dedans au dehors*, que de *pousser du dehors au dedans*; sans compter qu'ils *relâcheroient* l'assemblage du corps, au lieu de le *consolider*.

6. Les *bains* et les *onctions* destinés à produire l'effet que nous avons en vue, je veux dire à *amollir*, au degré convenable et d'une manière *durable, toute l'habitude du corps*, doivent réunir *trois conditions*.

7. La *première* et la *principale* est qu'ils doivent être composés de *corps* dont la *substance* prise en entier, soit *analogue à la chair humaine*, et, pour tout dire, *au corps humain*, de *substances douces*, *nutritives* et capables de *nourrir le corps par l'extérieur*.

8. La *seconde condition* est qu'elles soient *combinées avec d'autres substances assez atténuées* pour pouvoir *pénétrer* dans *l'intérieur du corps*, et y *insinuer, y refouler,* pour ainsi dire, *celles* avec *lesquelles* on *les aura mêlées*.

9. La *troisième condition* est qu'il faut les *combiner* avec *une certaine quantité* (moindre toutefois que celle des substances indiquées dans le n°. précédent), avec une certaine quantité, dis-je, *d'astringens*, non de substances analogues à celles qui ont une *saveur âpre et revêche*, mais de substances *onctueuses* et *fortifiantes* ; afin que, dans le temps même où celles des deux premiers genres agissent, celles-ci puissent empêcher, autant qu'il est possible, la *perspiration*

qui détruiroit tout l'effet des *émolliens*, et dont l'effet seroit seulement de *provoquer* et de *renforcer* le *mouvement du dehors au dedans*, en rendant le *tissu de la peau* plus *serré* et en *bouchant* ses *pores*.

10. Or, de toutes les *liqueurs* la plus consubstantielle (analogue) *au corps humain*, c'est le *sang encore chaud*, soit le *sang humain*, soit *celui* des *animaux*. Quant à la recette de *Ficin*, qui veut que, pour *rajeunir un vieillard* et le *restaurer complètement*, on lui fasse *sucer le sang tiré du bras d'un jeune homme sain et vigoureux*, elle ne mérite point de fixer notre attention : car, pour que des *substances prises intérieurement* soient *nutritives*, il faut qu'elles ne soient pas *d'une nature trop analogue*, et *tout-à-fait semblable à celle du corps à nourrir*, mais d'une *nature un peu inférieure* (et *moins animalisée*), autrement elles ne pourroient être *suffisamment travaillées* et *digérées* par les *organes* de la *concoction*. Mais lorsque ces substances sont

destinées à être *appliquées extérieurement;* alors, au contraire, plus elles sont *analogues* à celle du *corps humain,* plus elles *agissent puissamment,* en vertu de cette *corrélation,* et de cette *affinité* même.

11. Si nous devons en croire d'anciennes relations, *le bain de sang, tiré des enfans,* est un *remède* souverain pour *la lèpre,* et peut même *rétablir* des *chairs* déja *corrompues.* L'histoire parle de plusieurs souverains, accusés par le peuple d'avoir employé cet horrible remède, et devenus, par cette prévention, fondée ou non, un objet d'exécration (1).

---

(1) Il y eut à *Paris,* en 1752, une *émeute* occasionnée par une prévention aussi extravagante, quoiqu'à la rigueur il ne soit pas impossible que telle *sang-sue* qui *pompe le sang des pères,* se *baigne dans celui des enfans.*

Quoi qu'il en soit, certaines *substances tirées du corps humain* sont *curatives* dans une infinité de cas. Je connois une personne qui a *guéri* des *hémorroïdes effrayantes,* à l'aide de *ses propres excrémens,* enveloppés dans un *linge très fin,* très

12. Quelques anciens prétendent qu'*Héraclite*, attaqué d'*hydropisie*, se fit *mettre dans le ventre d'un bœuf, récemment ouvert et encore chaud*.

13. On emploie avec succès *le sang tiré de jeunes chats pour la cure de l'érysipèle*, remède dont l'effet est de *restaurer* et de *raffermir* les *chairs* et la *peau*.

14. On a essayé, avec un égal succès, *d'insérer la partie restante d'un bras* ou de *tout autre membre coupé*, et en général, *une partie saignante, dans le ventre d'un animal récemment ouvert;* c'est un puissant moyen pour *arrêter le sang;* celui de la partie blessée, en ver-

---

vieux, et appliqué sur la partie souffrante. Elle étoit partie de ce principe : *tous les remèdes nécessaires à l'homme sont dans le corps humain*, principe puisé dans la Balance naturelle, ouvrage un peu extravagant, mais fécond et plein de vues. Ce principe ne nous paroît pas aussi *général* qu'il semble le paroître à l'auteur de ce livre; cependant il ne laisse pas d'avoir une infinité d'*applications utiles;* par exemple, *la salive est pour les maux d'yeux un excellent remède*, dont je

tu de son *affinité* avec celui de *l'animal*, *l'absorbant* et *l'attirant* avec force ; ce qui *l'arrête* lui-même et le fait *refluer*.

15. Un autre remède, souvent éprouvé dans les maladies désespérées, c'est *d'appliquer successivement plusieurs pigeons récemment ouverts aux plantes des pieds du malade*. Ce remède a même quelquefois opéré des cures étonnantes ; effet que le vulgaire explique à sa manière, en supposant que ces *pigeons attirent l'humeur morbifique,* ou ce qu'il appelle *le venin de la maladie ;* mais

---

fais l'épreuve au moment même où j'écris ceci. L'*urine*, bue en assez grande quantité, est également *curative* dans plusieurs maladies ; elle détermine à la peau les *humeurs* qui doivent être *évacuées*. Enfin, selon toute apparence, *le sang encore chaud* (*d'animaux* s'entend) hâteroit la guérison de certaines *blessures;* le principal obstacle à cette guérison étant ordinairement l'état de *gonflement*, de *tension*, d'*érétisme* et d'*irritation* de la *partie blessée*, ou *l'air froid*. Ainsi ce principe mériteroit d'être vérifié par l'expérience ; et le principal motif pour tenter cette vérification, pourroit se

qu'on expliqueroit beaucoup mieux, en supposant que l'action de ce remède, se portant à la tête, fortifie ainsi les esprits animaux.

16. Mais toutes ces *onctions*, tous ces *bains de sang* ont pour nous je ne sais quoi d'*odieux* et de *dégoûtant*. Ainsi cherchons d'autres remèdes *moins rebutans* et dont les effets ne soient *pas moins puissans*.

17. Les substances qui, après le *sang*, ont le plus d'*analogie avec le corps humain*, ce sont celles mêmes qui lui ser-

---

tirer de cet autre principe, ou, si l'on veut, de cet autre raisonnement très hazardé et peut-être très vrai : *les contraires sont les remèdes des contraires; or, le corps humain est tout composé, tout tissu de contraires liés et mariés ensemble par leurs intermédiaires ; toute matière et cause morbifique dans le corps humain y ayant sa contraire, y a, par conséquent, son remède.* Mais de telles matières étant très *putrescibles,* il est clair qu'elles doivent être *récentes* lorsqu'on les emploie, et *fréquemment renouvellées* lorsqu'on veut en faire usage pendant un certain temps.

vent d'*alimens*; par exemple, *de la chair un peu grasse*, de *bœuf*, de *porc*, de *cerf*, etc. ou encore les *huîtres* (parmi les *poissons* testacées), ou le *lait*, le *beurre*, les *jaunes d'œuf*, la *fleur de farine*, le *vin doux*, et le *vin sucré* ou *miellé*.

18. Les *substances* qu'on doit *combiner* avec celles du premier genre, *pour les faire pénétrer dans l'intérieur du corps*, sont d'abord les *sels* qui peuvent tenir lieu de toutes les autres, sur-tout *le sel commun et gris*; à quoi l'on peut ajouter le *vin*, qui abonde en *esprits* et qui, ayant cette *force pénétrante*, cette faculté d'insinuer d'autres substances, seroit, pour celles dont nous parlons, un *véhicule* très utile.

19. Les *astringens* de la nature de ceux dont nous avons parlé dans un des articles précédens, c'est-à-dire, *onctueux et fortifians*, sont le *safran*, le *mastic*, la *myrrhe* et les *baies du myrthe*.

20. Nous sommes persuadés qu'en combinant ainsi ces différentes substances, on aura un *bain* tel qu'on peut le sou-

haiter relativement à ce neuvième but. Les *médecins* et la *postérité* feront sans doute quelque chose de plus, et acheveront ce que nous aurons commencé.

21. Ce *bain*, dont nous venons de parler (et qui, de tous les moyens tendant à ce neuvième but, nous paroît être le plus essentiel), produiroit des effets encore plus sensibles, s'il faisoit *partie des quatre opérations successives et méthodiquement enchaînées dont nous allons parler.*

22. Ainsi, 1°. ce *bain* doit être *précédé de frictions sur tout le corps* et *d'onctions avec de l'huile*, à laquelle on joindra quelque autre substance qui puisse lui donner plus de *consistance;* afin que ce soit plutôt *la chaleur humectante* et *virtuelle* de l'eau qui pénètre dans l'intérieur du corps, que l'*humor aqueux*, que la *substance* même de ce *fluide;* puis on passera au *bain*, qui durera au moins deux heures. *Après ce bain*, on *couvrira tout le corps d'un enduit de mastic*, de *myrrhe*, de *gomme*

adragant, de *diapalme* (1), de *safran*, etc. afin d'empêcher, autant qu'il sera possible, la *perspiration*, tandis que la substance du corps, qui se sera d'abord amollie, se consolidera par degrés, ce qui doit durer vingt-quatre heures ou plus. Enfin, après avoir ôté cet *enduit*, on se fera de nouveau des *onctions* avec de l'*huile*, en y joignant du *sel* et du *safran*. On doit faire usage de ce *bain*, de quatre en quatre jours, en y joignant l'*enduit* et l'*onction* comme ci-dessus : *régime émollient* qui doit être continué pendant un mois.

23. Une autre attention non moins nécessaire durant tout le temps consacré à ce *régime émollient* (attention qui va directement à notre but), c'est de *bien*

---

(1) Emplâtre dessiccatif, composé d'*huile commune*, de *graisse de porc*, et de *litharge d'or préparée*. Cette substance, dis-je, est *dessiccative*, *résolutive*, *détersive* et *cicatrisante*. Elle tire son nom du bois de *palmier*, dont est faite la *spatule* qui sert à agiter cet onguent lorsqu'il est sur le feu.

DE LA VIE ET DE LA MORT. 369
nourrir le corps, de le garantir avec soin *du contact de l'air froid* et de *boire toujours chaud.*

24. Nous avons dit en commençant que, parmi le grand nombre de moyens proposés dans cet ouvrage, on en trouveroit beaucoup dont nous n'avons pas fait nous-mêmes l'épreuve : les derniers sont de ce genre; n'ayant pu les vérifier par notre propre expérience, nous les avons imaginés d'après la simple *considération du but;* car *montrer clairement le but,* c'est, jusqu'à un certain point, *tracer la route aux autres et éclairer leur marche.*

25. Il ne faut pas non plus dédaigner *les fomentations à l'aide des corps vivans. Ficin* prétend (et ce n'est rien moins qu'une *plaisanterie*) que *David,* pour se ranimer dans sa *vieillesse,* dormoit avec une jeune personne, remède qui lui fut en effet très salutaire, mais qu'il employa trop tard. Il pouvoit ajouter que, pour rendre cette *fomentation plus efficace,* il auroit fallu que le corps

de cette jeune fille fût *enduit de myrrhe* ou d'autres substances semblables ; genre d'*onction* dont les *jeunes Persiennes* faisoient habituellement usage, et dont le but ne seroit pas seulement de se *procurer une jouissance de plus,* mais encore d'*augmenter l'effet de cette fomentation* à l'aide d'un corps vivant.

26. *Barberousse,* parvenu à une extrême vieillesse, et dirigé par le conseil d'un *médecin juif*, tenoit, continuellement appliqués sur son estomac ou sur ses flancs, des enfans qu'on changeoit de temps en temps : genre de fomentation qui le ranimoit sensiblement (1). On sait

---

(1) Il se peut qu'il y ait ici quelque *émanation* ou *communication de corps à corps*, en supposant que *la sphère d'activité des esprits vitaux de chaque individu s'étende un peu au-delà des limites de son propre corps ;* mais il se peut aussi que tout l'effet d'une telle fomentation soit produit par la *seule idée de la jeunesse;* idée toujours agréable qui, en ébranlant *l'imagination, faculté active et principe inépuisable de vie*, ranime toutes les parties d'une machine affaissée par les ans : con-

aussi que certains vieillards sont dans l'habitude de tenir appliquées sur leur estomac, durant leur sommeil, de petites chiennes, animaux de complexion fort chaudes (1).

27. On parle aussi de certains indivi-

---

jecture d'autant plus probable, qu'il suffit de penser aux jeux et aux sentimens du jeune âge, pour être affecté d'une manière analogue. C'est ce que j'éprouve moi-même en faisant cette traduction. Obligé de soutenir une lutte pénible, à chaque page, à chaque ligne, à chaque mot, j'éprouve de fréquentes lassitudes, dans cette longue carrière qu'un triple devoir m'oblige de fournir jusqu'au bout; mais l'espoir de bien mériter de la partie la plus vivante et la plus précieuse de cette grande et généreuse nation qui, depuis tant d'années, éclaire et réchauffe l'univers entier, me ressuscitant, pour ainsi dire, à chaque instant, j'avance avec vigueur vers le but, sans m'arrêter et sans me presser. En travaillant pour la jeunesse, je me rajeunis, en quelque manière, par ma pensée; et, en animant les autres, je me ranime moi-même.

(1) Ce n'est peut-être pour eux qu'une espèce de *manchon*; car une pièce de flanelle produit à peu près le même effet.

dus qui, ayant un nez d'un volume énorme ou d'une forme bizarre, et fatigués des plaisanteries que cette difformité leur attiroit, prirent le parti de couper ces excroissances ou *rejetons de nez;* de se faire ensuite une incision au bras, pour les y insérer et les y tenir cousues pendant quelque temps; expédient à l'aide duquel ils se procurèrent *un nez supportable*. Ce fait est attesté par un si grand nombre d'auteurs, qu'il doit passer pour certain. Pour peu qu'il soit vrai, il démontre sensiblement l'affinité existante entre chair et chair, sur-tout entre des chairs encore vives.

28. Quant aux moyens nécessaires pour *amollir* et *assouplir spécialement les différens viscères ou organes*, tels que l'*estomac*, les *poumons*, le *foie*, le *cœur*, le *cerveau*, la *moëlle épinière*, les *reins*, la *vessie du fiel*, les *intestins*, les *veines*, les *artères*, les *nerfs*, les *cartilages*, les *os*, etc. comme un tel sujet exigeroit des recherches trop détaillées et un trop grand nombre de préceptes, nous croyons

ne devoir pas nous y arrêter, notre dessein, dans cet ouvrage, étant beaucoup moins d'enseigner la pratique même, que de montrer les routes qui y conduisent, et de donner de simples indications.

X.

Opérations tendant à évacuer les vieux sucs et à les remplacer par de nouveaux, ou tendant à renouveller périodiquement toute la substance du corps humain.

Quoique la plupart des moyens que nous allons proposer aient été indiqués dans les articles précédens; cependant, comme cette opération est une des plus essentielles, nous croyons devoir remanier un peu ce sujet, et le traiter ici plus amplement.

1. On s'est assuré, par l'expérience, que des *bœufs*, qui ont *vieilli à la charrue*, et qui sont presque épuisés par ce travail si pénible, étant mis ensuite dans *des pâturages nouveaux et plus gras*, leur chair devient *plus tendre*, et est, en

quelque matière, *rajeunie,* comme on s'en apperçoit aisément en la mangeant, sur-tout au goût. Or, il est probable que, si l'on avoit soin d'*amollir* et d'*assouplir* aussi fréquemment la *chair d'un animal,* les *os,* les *membres* et autres parties semblables, s'*amolliroient* aussi en conséquence de *leur communication avec les premières.*

2. On sait de plus que l'effet des *diètes rigoureuses* (genre de remède fort usité), sur-tout lorsqu'en y joignant l'usage du *gayac,* de la *salse-pareille,* du *china,* du *sassafras* et autres semblables substances, on les soutient avec constance, et en s'astreignant aux règles les plus strictes; que l'effet, dis-je, de ces *diètes* est d'abord d'*atténuer* toute la substance du corps, puis de l'*absorber* et de la *consumer peu à peu,* ce qui paroîtra d'autant moins douteux, que les *maladies vénériennes,* parvenues au point d'entamer les solides, en couvrant le corps d'ulcères et d'une matière visqueuse, peuvent être guéries radicale-

ment par ce moyen. On a observé de plus que les sujets devenus, par l'effet naturel d'une telle diète, extrêmement *maigres*, extrêmement *pâles* et semblables à des *spectres*, reprenant ensuite de l'*embonpoint* et de la *couleur*, paroissent sensiblement *renouvellés* et comme *rajeunis* (1). Ainsi nous pensons que de telles diè-

---

(1) Il semble que la plupart des *maladies* aient pour *cause* une *plénitude absolue* ou *locale*. Car presque toutes les incommodités ou blessures qui n'ôtent pas l'appétit, s'aggravent lorsqu'on mange beaucoup, sur-tout ces maladies dont parle ici notre auteur. Il paroît que ce *principe de vie*, qui exécute les *digestions*, les *sécrétions*, les *excrétions*, en un mot, toutes les *fonctions vitales*, tend naturellement à conserver ce corps qu'il a formé, à corriger les erreurs de régime et à nous guérir. Du moins tel est le sentiment d'*Hippocrate*, de *Galien*, de *Sauvage*; mais ce médecin, *intérieur et naturel*, a quelquefois besoin d'être secondé et secouru par le *médecin extérieur* que l'art a formé. Le principal de ces secours c'est de *lui faire de la place*, par *l'évacuation de telle humeur, en telle quantité, par telle voie et en tel temps*, afin qu'il *agisse* plus *librement* dans

tes réitérées (une fois tous les deux ans) pourroient être utiles aux sujets qui com-

les viscères et les *vaisseaux*. Quand une telle évacuation est nécessaire, la nature y tend toujours; mais quelquefois rencontrant des obstacles dans ses voies, elle évacue, *en trop grande quantité, l'humeur rédondante*, ou *vicieuse*, ou *une humeur au lieu d'une autre*, ou *une humeur nécessaire, avec l'humeur superflue ou nuisible*, ou *par une fausse voie*, ou *trop tôt* ou *trop tard*, ou *trop violemment*, etc. Voilà pourquoi il faut la *secourir* et quelquefois la *redresser*; je dis *redresser*, parce que le *principe vital*, continuellement *modifié* par nos *idées* et nos passions, *se sent lui-même de nos erreurs et de nos vices*. Mais, si le *médecin intérieur* se trompe quelquefois, le *médecin extérieur* se trompe aussi. Quel est donc le moyen d'éviter toute erreur dans un sujet si caché et si compliqué? La *diète* est ce *moyen* (*presque universel*); comme elle *évacue dans toutes les parties*, une portion de toutes les humeurs et sans violence, elle évacue nécessairement l'humeur vicieuse et débarrasse ainsi la partie engorgée; en dégageant toutes les voies, elle fait que l'humeur morbifique enfile d'elle-même la route par laquelle le principe vital tend naturellement à la faire passer. En un mot, la *diète* est la *panacée si long-*

mencent à vieillir ; par ce moyen, dis-je, ils quitteroient, pour ainsi dire, leur

temps et si inutilement cherchée, parce que la plupart de ceux qui la cherchoient, craignoient de la trouver ; une telle recette, qui n'est rien moins que dispendieuse, diminuant quelque peu *les profits du pharmacien et l'importance du médecin;* ce qui ne signifie point du tout qu'on *doive affoiblir excessivement le corps par des jeûnes longs et réitérés.* Car, en ôtant la résistance, il ne faut pas anéantir la puissance; et si, en *diminuant* cette *résistance*, on *affoiblissoit*, en *plus grande proportion*, cette *puissance* qui doit *la surmonter*, il est clair qu'alors on *perdroit plus qu'on ne gagneroit.* Au reste, une assez longue expérience nous a appris *qu'une seule diète, soutenue avec presque autant d'obstination que si on vouloit se laisser mourir de faim, mais commencée à l'époque même où commence l'incommodité ou la maladie*, est plus *curative que les diètes de courte durée et réitérées ;* ce qui toutefois peut n'être vrai que par rapport à notre individu, et doit être regardé moins comme une *règle* que nous *prescrivons* aux autres, que comme un *simple fait* que nous *rapportons.* La *faim*, le plus *puissant* et le plus sûr de tous les moyens *médicaux*, peut néanmoins devenir, ainsi que tous les autres, un

dépouille, et se rajeuniroient comme les *serpens*.

3. Nous croyons pouvoir dire hardiment (et sans crainte d'être qualifiés d'hérétiques *catharistes*) que les *purgations réitérées et devenues familières, contribuent beaucoup plus à la prolongation de la vie, que les exercices du corps et les sueurs fréquentes* : c'est une conséquence nécessaire des principes posés dans les articles précédens ; savoir, que les onctions faites sur tout le corps, ainsi que ces enduits qui servent à boucher les pores de la peau, et tous ces moyens

―――――

remède, ou un *poison*, selon qu'elle est employée par un *sage*, ou par un *fou* ; et ce moyen, tout universel qu'il est, on ne doit y recourir qu'en consultant alternativement sa propre expérience et un homme de l'art, plus attaché à cet art qu'à sa fortune ; car je suppose qu'un homme prudent a toujours soin d'avoir, dans le nombre de ses amis, un médecin de profession, *de peur de confier sa bourse à des marchands de santé, et sa vie à ses ennemis*.

tendant à garantir le corps de l'action de l'air extérieur ou à retenir les esprits dans son intérieur, contribuent puissamment à la prolongation de la vie; car il n'est pas douteux que l'effet des *sueurs* et de la *transpiration insensible* ne soit de *déterminer au-dehors* et d'*absorber*, non-seulement les *matières* et les *vapeurs excrémentitielles*, mais même les *sucs* et les *esprits nécessaires*. Au lieu que les *purgations*, qui n'agissent que sur les *humeurs*, ne produisent pas le même effet, à moins qu'elles ne soient *excessives*. Or, le genre de purgations qui répondent le plus directement à notre but, ce sont celles qu'on opère à l'aide des *purgatifs* pris avant les *repas*, parce qu'alors ils *dessèchent beaucoup moins*. Ainsi ce doivent être des *purgatifs* fort doux qui n'agissent point avec trop de violence sur l'*estomac*, et qui n'occasionnent point de *tranchées*.

Nos *indications*, relativement à ces *dix genres d'opérations* dont nous venous de parler, nous paroissent être aussi *sûres* que *fondées*, et les *remèdes* proposés répondent très exactement à ces *indications*. Quoique plusieurs de ces moyens n'aient rien que de très *ordinaire* et de très *commun*; cependant on se feroit difficilement une idée de la sollicitude et de l'attention avec laquelle nous les avons choisis, examinés, pesés, afin de n'en proposer que de *sûrs* et d'*efficaces*, sans perdre jamais de vue les buts auxquels ils se rapportent. Au reste, tout ce que nous avons avancé sur ce sujet, ne peut être *vérifié* et *étendu* que par l'*expérience* même. En attendant cette *vérification* et cette *extension*, nous croyons devoir observer que, dans tous les genres possibles d'opérations, il est une infinité de choses dont *la simple idée* suppose un degré peu commun de *sagesse* et de *prudence*, qui ont des effets admirables, dont le *plan* et la *méthode* excitent également l'admiration, et qu'on ne laisse pas d'exécuter par des *moyens* qui ont je ne sais quoi de *commun* et de *trivial* (1).

(1) Tel *effet* qui nous paroît *rare*, *étonnant*, *miraculeux*, n'est cependant que le produit *d'un concours extraordinaire de choses très ordinaires*, dont chacune pourroit être *exécutée* par des *moyens* également *communs*, et qui sont *tous en notre disposition* : si donc l'on pouvoit *découvrir* une *méthode* à l'aide de laquelle on pût *décomposer assez parfaitement l'effet extraordinaire, pour le réduire à ces effets communs et faciles à produire, dont il n'est que l'assemblage*, on seroit, par cela seul, *en état d'opérer des espèces de prodiges qui étonneroient* encore le *vulgaire;* mais qui *cesseroient d'étonner ceux qui auroient fait cette décomposition, et ceux qui l'auroient bien conçue*. Or, cette *méthode* a été *découverte;* elle fait le *principal sujet* du *Novum Organum*, et l'ouvrage que nous interprétons en ce moment, n'en est qu'une *application*.

Il est deux principaux *obstacles* qui *arrêtent* ou *ralentissent* le *progrès des sciences;* l'un est qu'on s'imagine qu'*il est absolument nécessaire d'étonner;* l'autre est ce préjugé qui porte à croire *qu'on ne peut étonner que par des moyens étonnans*. Mais la vérité est que la *philosophie est destinée*

Préliminaires de la mort (1).

Nous traiterons, dans cet article, *des préliminaires de la mort*, c'est-à-dire des *phénomènes* ou *symptômes* qu'on observe dans les *mourans*, et non-seulement à l'*article* même de la *mort*, mais même *un peu avant et un peu après*, afin que, dans ce grand nombre de routes qui peuvent y conduire, on puisse démêler ce que toutes ont de *commun*, et celles dans lesquelles toutes les autres viennent,

---

à faire cesser le sot étonnement, par des moyens assez communs en eux-mêmes, mais employés avec une méthode et une constance vraiment étonnantes.

(1) Il est bien difficile d'employer fréquemment, en *physique*, un *langage figuré*, sans débiter tôt ou tard quelque *sottise :* en voici une nouvelle preuve. Le titre latin est *atriola mortis*, et néanmoins cet article, comme on le verra dans la première phrase, traite des *phénomènes* qui *précèdent*, accompagnent ou suivent immédiatement *la mort*. Ainsi ce titre n'indique qu'une seule des trois parties du sujet. Si nous disposions de la *langue française*, nous aurions substitué à ce titre

pour ainsi dire, tomber. Mais il s'agit beaucoup plus, dans cet article, de ces genres de mort qui sont l'effet d'une *défaillance universelle de la nature*, que de celles qui sont produites par quelque *cause violente*. Cependant nous ferons aussi quelques observations sur celles de ce dernier genre, à cause de leur étroite relation avec celles du premier.

1. Il est *trois conditions* absolument *nécessaires* pour que *l'esprit vital* puisse *subsister;* savoir, un *mouvement*, un *ra-*

---

poétique le suivant : des *antécédences*, des *concomitances et des conséquences immédiates de la mort* : les deux premiers mots sont très *sonores*, très *conformes à la loi de l'analogie;* et réunis avec le troisième, ils indiquent *sèchement*, mais *exactement la totalité du sujet* : mais ces deux premiers mots sont trop nécessaires pour être adoptés. Notre *langue* est si *pauvre*, qu'elle regarde comme des *aumônes* tous les *présens* qu'on veut lui faire, et si *orgueilleuse*, qu'en *acceptant* une infinité de *mots inutiles*, elle s'en fait une espèce de *droit* pour *refuser* ceux dont elle a vraiment besoin.

fraîchissement et des *alimens convenables* (soit pour l'*espèce*, soit pour *la quantité*). La *flamme* paroît n'avoir besoin que de *deux* de ces trois choses, je veux dire, du *mouvement* et de l'*aliment ;* différence d'autant moins étonnante, que la flamme est une *substance simple*, au lieu que l'*esprit* est *une substance composée ;* ensorte que, si, en conséquence de quelque grande altération, sa nature devient trop analogue à celle de la flamme, il est bientôt détruit.

2. De plus, une flamme quelconque, comme l'a judicieusement observé *Aristote*, est détruite et, pour ainsi dire, *tuée* par une *flamme plus grande* et *plus active*. A plus forte raison, l'*esprit vital* le sera-t-il par un *esprit d'une plus grande activité*.

3. Lorsqu'une flamme est *trop fortement comprimée*, elle *s'éteint*, comme le prouve la prompte extinction d'une *bougie* ou d'une *chandelle* mise dans un *vaisseau fermé hermétiquement ;* car alors l'air dilaté par la chaleur, compri-

mant la flamme, diminue promptement son volume et finit ainsi par l'éteindre tout-à-fait. De même, dans le *foyer* d'une *cheminée*, si les *bûches* ou les *tisons* étant trop serrés, on n'a pas soin de leur donner *un peu de jour*, le bois ne s'allume pas.

4. Les corps simplement *rougis au feu*, *s'éteignent* également lorsqu'ils sont *trop fortement comprimés;* par exemple, lorsque vous mettez le *pied* ou la *pelle à feu* sur un *charbon ardent*, en appuyant un peu, il *s'éteint* aussi-tôt.

5. Quant à l'*esprit vital*, lorsque le *sang* ou des *phlegmes* se portent en trop grande quantité dans les *ventricules du cerveau*, la mort s'ensuit aussi-tôt; cet esprit alors n'ayant plus assez d'espace pour se mouvoir et se développer librement.

6. Un *coup violent, reçu à la tête,* est aussi une cause de *mort subite,* les *esprits* se trouvant alors *excessivement resserrés* dans les *ventricules du cerveau.*

7. L'*opium* et les autres *narcotiques*, qui ont beaucoup de force, *coagulent l'esprit vital* et le privent tout-à-fait de mouvement.

8. Une *vapeur vénéneuse*, pour laquelle l'*esprit vital* a une aversion, une antipathie insurmontable, est encore une cause de *mort soudaine*. De ce genre est l'effet de plusieurs sortes de *poisons* qui agissent sur les *esprits* en vertu d'une certaine *malignité spécifique* (s'il est permis d'employer ici l'expression reçue). Ils excitent dans l'*esprit vital* un tel *dégoût*, que, *pour éviter le contact de cette substance ennemie*, il se *replie*, pour ainsi dire, *sur lui-même*, et se *refuse* tout-à-fait au *mouvement* (1).

---

(1) Il *personifie* sans cesse *les esprits vitaux*, comme ailleurs il *personifioit* la *matière grossière*, les *mouvemens*, les *tendances*, etc. Mais ici la *métaphore* est un peu plus pardonnable ; il paroît que nos *appétits* et nos *aversions résident* plutôt dans les *esprits vitaux* que dans les *parties tangibles* et *inertes* ; à moins qu'on ne suppose qu'ils résident *dans la combinaison des uns avec les autres, dans le tout.*

9. Une *ivresse excessive* ou une *trop grande quantité d'alimens solides, dévorés en un seul repas,* peuvent aussi donner la mort ; mais alors le mouvement des esprits n'est plus arrêté par la *densité* ou la *malignité* de la *vapeur,* ce qui est l'effet propre de l'*opium* et des autres *poisons* de ce genre ; il l'est seulement par la *surabondance de la matière* qui les accable et les suffoque.

10. Les *afflictions* et les *craintes excessives,* sur-tout lorsqu'elles sont *subites* et *occasionnées* par quelque mauvaise nouvelle qu'on apprend tout à coup, sont aussi des causes de mort prompte.

11. Or, ce n'est pas seulement la *forte compression des esprits* qui peut être mortelle ; c'est aussi *leur excessive dilatation* qui a souvent de si funestes effets.

12. Des *joies excessives et soudaines* ont causé la mort à une infinité d'individus.

13. Les *grandes et soudaines évacuations,* telles que celles qui ont lieu dans les *hydropiques,* lorsqu'on leur fait la

ponction et que leurs *eaux sortent tout à la fois*, et plus encore les *grands et subits épanchemens de sang*, sont souvent des causes de mort soudaine : effets qui ne doivent être attribués qu'à la seule *horreur du vuide*, qui, en pareil cas, a lieu dans le corps humain ; tous les *fluides* alors et les *esprits* mêmes accourant, en quelque manière, pour remplir l'espace vuide. Quant aux *pertes de sang lentes et graduelles*, elles ont pour cause le *défaut d'alimens* et l'*épanchement des esprits*. Tels sont les différens genres de mort qui peuvent avoir lieu lorsque le *mouvement* des *esprits* est *arrêté*, soit par la *trop forte compression* qu'ils éprouvent, soit par leur *subit épanchement*.

14. Actuellement nous allons traiter du *défaut de rafraîchissement*. Lorsque la *respiration* d'un *animal* est *arrêtée*, il *meurt aussi-tôt*, comme on peut l'observer dans tous les *animaux suffoqués* ou *étranglés* : effet toutefois qu'il faut moins attribuer à des *obstacles* qui ar-

rêtent le *mouvement*, qu'au *défaut de rafraîchissement;* car un *animal* n'est pas moins *suffoqué,* lorsqu'il *respire* un *air trop chaud,* que lorsque sa *respiration* est *arrêtée*. Tel est le cas des individus *suffoqués* par la *vapeur du charbon* de bois ou du *charbon de pierre;* ou même par les *émanations* de *murs nouvellement blanchis,* dans des *appartemens clos* où l'on *fait du feu;* genre de mort qui, au rapport des historiens, fut celui de l'empereur *Jovien;* ou encore par des *bains secs* et *excessivement chauds* (*la chaleur des étuves*), moyen que l'empereur *Constantin* employa pour faire mourir *Fausta,* son épouse.

15. Le temps qui s'écoule entre deux respirations, est extrêmement court, l'animal ayant presque aussi-tôt besoin d'*expulser l'air fuligineux* et *vicié* par les *poumons,* pour en reprendre de nouveau; intervalle de temps qui va tout au plus à un tiers de minute.

16. Les battemens du *pouls* et les oscillations des artères, en un mot le mouve-

ment de *systole* et de *diastole* du *cœur*, qui est le principe des deux autres, est trois fois plus prompt que celui de la *respiration* : ensorte que, si l'on pouvoit, sans arrêter la respiration, arrêter ce mouvement du cœur, l'animal mourroit presque aussi vîte que si on l'étrangloit.

17. Cependant *l'habitude* produite par de *fréquens essais*, peut beaucoup sur la *respiration*, quoique ce soit un mouvement naturel et spontanée. Les anciens pêcheurs (plongeurs) de l'*île de Délos* restoient fort long-temps sous les eaux, sans respirer ; et ceux qui aujourd'hui pêchent les perles, ont aussi la faculté de retenir leur haleine au moins dix fois plus long-temps que les autres hommes.

18. Cette faculté est susceptible de *plus* et de *moins* dans les *différentes espèces d'animaux*, même dans la classe de ceux qui ont des *poumons*, et elle varie à raison du *besoin* plus ou moins *fréquent d'air nouveau* et de *rafraîchissement*.

19. Les *poissons* ont *moins souvent* besoin d'air nouveau et de *rafraîchisse-*

ment, que les *animaux terrestres;* ils ont toutefois ce besoin et se rafraîchissent un peu par leurs *ouïes;* et de même que les *animaux terrestres* ne peuvent supporter long-temps *un air trop chaud* ou *trop renfermé,* les *poissons* qui se trouvent renfermés sous la glace, lorsque la surface des eaux où ils vivent, est totalement prise, ne tardent pas à être *suffoqués.*

20. Lorsque l'*esprit vital* est exposé à l'action d'une chaleur beaucoup plus forte que celle qui lui est propre, il se dissipe et se détruit, puisqu'il ne peut pas même résister à la chaleur qui lui est propre, si elle n'est fréquemment tempérée par un air frais et nouveau; beaucoup moins encore pourra-t-il supporter une chaleur étrangère, et qui aura plus d'intensité; c'est ce qu'on observe dans les *fièvres chaudes,* où la chaleur excitée par la *putréfaction des humeurs,* surmonte la *chaleur naturelle,* au point de l'éteindre et de la dissiper.

21. Le *besoin* et *l'usage* du *sommeil* se rapportent également au *besoin de ra-*

fraîchissement; car le mouvement, en *atténuant* et *raréfiant l'esprit vital, aiguise,* en quelque manière, sa *chaleur,* et lui donne plus d'intensité : au lieu que le sommeil ralentit, calme et règle ses mouvemens irréguliers, vagues et tumultueux; car, quoique l'effet propre du sommeil soit de provoquer et de renforcer les fonctions des différens organes, l'action expansive des esprits, et, pour tout dire, le mouvement du centre à la circonférence, il ne laisse pas d'assoupir et de calmer le mouvement propre des esprits vitaux. Or, le sommeil est ordinairement nécessaire au moins une fois en ving-quatre heures, et sa durée doit être de six heures, ou tout au moins de cinq. On voit aussi à cet égard des exceptions qui tiennent du prodige : on dit, par exemple, que *Mécénas,* dans les dernières années de sa vie, passa un temps considérable sans dormir (1). Nous

---

(1) On peut sans inconvénient réduire son sommeil à quatre ou cinq heures, en soupant légère-

DE LA VIE ET DE LA MORT. 393
croyons devoir nous en tenir à ce petit nombre d'observations sur les différentes manières de rafraîchir les esprits, pour les conserver.

22. Quant au troisième genre de *besoin*, je veux dire celui *d'aliment*, il semble se rapporter beaucoup plus aux *parties tangibles*, qu'aux *esprits vitaux;* car on seroit naturellement porté à croire que l'*esprit vital subsiste dans son identité*, et non par un *renouvellement continuel*, et par des *remplacemens successifs.* Quant à l'*ame rationnelle* (ou

---

ment, et en faisant un petit repas durant la nuit. Lorsque le *duc de Choiseul*, ayant de grandes expéditions à faire, étoit obligé de veiller, il se tenoit, en partie, plongé dans un bain durant toute la nuit; il faisoit un assez ample repas; et par ce double moyen, les veilles ne l'incommodoient point. *Vigilate et sobrii estote;* ce précepte regarde *les gens de lettres* aussi-bien que les *saints:* pour bien *digérer ses idées*, il faut *manger et dormir peu.* D'un autre côté, des *veilles excessives* occasionnent une *exaltation d'esprit*, qui tient de la folie.

pensante), qui est *particulière à l'homme*, il est plus que certain qu'elle ne *passe point d'un corps dans un autre*, qu'elle n'*a pas besoin de réparation*, et n'est *point mortelle*. Certains philosophes nous parlent de l'*esprit naturel* ou *inné*, tant des *animaux* que des *végétaux*; esprit qui, selon eux, *diffère formellement, essentiellement* de *celui* dont nous venons de parler. Le même défaut de jugement qui a fait *confondre ces deux principes d'action*, de *nature si différente*, a donné naissance au *dogme de la métempsycose*, et à toutes ces chimériques opinions qui ont fait illusion, soit aux païens, soit aux hérétiques modernes.

23. Le *corps humain* a besoin de se *renouveller* et de se *réparer par les alimens*, régulièrement au moins une fois en ving-quatre heures. Parmi les hommes les plus sains et les plus vigoureux, il en est peu qui puissent passer impunément trois jours entiers sans manger; cependant l'*habitude* et des *expériences*

réitérées peuvent aussi beaucoup à cet égard. Dans l'état de *maladie*, on supporte plus aisément la *diète* que dans l'état de *santé*. Le *sommeil supplée* jusqu'à un certain point *au défaut d'alimens*: au contraire, des *exercices fréquens* et *violens* exigent une *nourriture plus abondante*. On a vu aussi, mais rarement, des sujets qui ont pu, sans inconvénient, s'abstenir pendant un temps considérable de toutes espèces d'alimens, soit solides, soit liquides: abstinence qui, dans quelques-uns, avoit quelque chose de miraculeux.

24. Les *cadavres préservés de la putréfaction subsistent fort long-temps sans se consumer sensiblement*. Mais les corps vivans, comme nous venons de le dire, ne peuvent subsister plus de trois jours entiers, sans se réparer par l'alimentation, autrement ils s'exténuent à vue d'œil; ce qui annonce que cette exténuation si prompte des derniers doit être attribuée à l'action de l'esprit vital, qui se répare, en consumant les parties

tangibles, ou en les mettant dans la nécessité de réparer leurs pertes continuelles, ou en faisant l'un et l'autre ; assertion suffisamment confirmée par cette observation que nous avons faite ci-dessus : savoir, que les animaux peuvent subsister beaucoup plus long-temps sans aliment lorsqu'ils *dorment*, que lorsqu'ils *veillent* : or, le *sommeil* n'est autre chose que la *retraite* et la *concentration de l'esprit vital*, qui se *replie* en quelque manière *sur lui-même*.

25. Les *pertes de sang trop considérables ou trop continues*: par exemple, celles qui ont pour cause certains genres d'*hémorroïdes* et des *vomissemens de sang*, ou des *ruptures* et des *dilatations excessives de vaisseaux sanguins*, dans l'intérieur du corps, ou enfin de *grandes blessures* : ces pertes, dis-je, occasionnent une *mort prompte*. Le *sang veineux* est destiné à réparer celui des *artères*, et le *sang artériel*, à réparer les *esprits*.

26. La *quantité d'alimens*, tant soli-

des que liquides, que l'homme prend chaque jour, en faisant deux repas, est assez considérable; leur poids total excédant de beaucoup celui des *déjections* ou *évacuations* par les *selles*, les *urines* et les *sueurs*. Cette différence, nous dira-t-on, n'a rien d'étonnant; car le reste se convertit en une substance semblable à celle du corps, et s'y aggrège: sans doute répondrons-nous, mais considérez aussi que cette addition de substance, a lieu deux fois par jour, et que néanmoins le volume du corps n'augmente pas sensiblement: de même, quoique l'esprit répare aussi ses pertes continuelles par le moyen de ces alimens, cependant sa quantité n'augmente pas excessivement: que devient donc le reste (1)?

27. Pour que les *alimens* puissent *réparer les peres continuelles du corps*, il n'est

---

(1) Il s'exhale par la *transpiration insensible*, comme *Sanctorius* l'a prouvé par des expériences et un calcul qui ne laissent aucun doute sur ce point.

pas nécessaire qu'ils aient une *affinité* très grande et très sensible *avec sa substance*; mais il suffit qu'ils soient de telle nature, tellement préparés et pris dans telles circonstances, que l'*esprit vital* puisse les travailler suffisamment pour opérer la *concoction :* car la mêche d'un *flambeau* ou d'une *bougie* ne suffiroit pas pour entretenir la *flamme*, si elle n'étoit enduite de *cire*, et l'homme ne peut se nourrir d'*herbes seules*. C'est de cette cause même que dérive cette *lente consomption*, qui est l'effet de la *vieillesse*; quoiqu'alors il y ait encore assez de *chair* et de *sang*, néanmoins les *esprits vitaux* sont en *si petite quantité* et si *foibles*, les solides et les fluides sont tellement privés *d'humor*, et ont acquis une telle *consistance*, que la proportion des uns et des autres ne suffit plus pour opérer l'*alimentation*.

28. Résumons tout ce que nous venons de dire, et calculons, pour ainsi dire, *ces besoins* ou *ces déficits*, selon le cours ordinaire de la nature. Les *esprits* ont be-

soin de se *mouvoir librement*, et de *se développer dans les ventricules du cerveau, et dans les nerfs*. Ils ont *besoin* à chaque instant du *mouvement alternatif du cœur*, et de celui de la *respiration*, au bout d'un tiers de minute (1); de plus ils ont *besoin* de *sommeil* et d'*aliment*, au bout de *trois jours*. Enfin, au bout de quatre-vingts ans, quelquefois plutôt, rarement plus tard, ils sont *privés de la faculté de se réparer par l'alimentation*, et ils ont besoin de supplément et de secours à cet égard. Or, pour peu qu'un seul de ces *besoins* ne soit pas *satisfait*, et qu'on néglige de suppléer une seule de ces choses, lorsqu'elle vient à manquer, la mort s'ensuit. Ainsi l'on voit que les *préliminaires* de la *mort* se réduisent à trois, comme nous l'avions

---

(1) Le texte original dit: *ils ont besoin du mouvement alternatif du cœur, au bout d'un tiers de minute, et de la respiration à chaque instant.* Mais c'est encore une méprise, comme on peut s'en assurer en relisant les *numéros 15 et 18.*

dit; *l'esprit vital* pouvant manquer d'une, de plusieurs ou de la totalité de ces trois choses, le *mouvement*, le *rafraîchissement* et *l'aliment*.

AVERTISSEMENS.

1. Ce seroit se tromper grossièrement, que de croire que l'*esprit vital*, ainsi que la *flamme* s'éteignant aussi-tôt après s'être formé, ne se conserve que par des *remplacemens successifs*, et ne *subsiste pas par lui-même durant un temps notable :* car si la *durée* de chaque *flamme individuelle* est si *courte*, cela ne dépend pas de *sa nature propre et spécifique*, mais de ce qu'elle est *environnée de substances ennemies* qui tendent à la *détruire*, et une flamme enveloppée d'une autre flamme, dure un certain temps : mais *l'esprit vital* se trouve environné de *substances* avec lesquelles il a de *l'affinité*, et qui *se prêtent* aisément à *son action*. Ainsi la véritable *cause* de cette *différence* dont nous venons de parler, est que la

flamme est une *substance instantanée*, et *l'air, une substance fixe, l'esprit vital* tenant le milieu entre l'une et l'autre, par rapport à la *durée*.

2. Ce mode de destruction de l'esprit vital, qui est une conséquence de celle des organes, et qui est occasionnée, soit par des maladies, soit par des causes violentes, n'est pas de notre sujet, comme nous l'avons observé en commençant. Cependant il ne laisse pas de se classer dans les trois genres dont nous venons de parler. Nous terminerons ici notre recherche sur la *cause* ou *forme essentielle de la mort*.

La *mort* a deux grands *émissaires*, dont l'un part de la *tête*, et l'autre du *cœur* : savoir, les *convulsions* et les *irrégularités*, ainsi que la *foiblesse du pouls*; car ce *hoquet*, qui est aussi un *symptôme de mort*, doit être regardé comme un *genre de convulsion*. Or, ce *pouls convulsif*, qui annonce une mort prochaine, est d'une *fréquence remarquable*: le *cœur*, à l'instant même de la mort, ayant un tel mouvement de *trépidation*, que sa *systole* et sa *diastole se confondent*; ce *pouls* est aussi très *petit* et très *foible*; à quoi se joignent de *très longues intermittences*; le *cœur*, dont le *ton* et le *ressort* diminuent alors rapidement, ne pouvant plus se relever avec autant de force et de constance qu'auparavant.

29. Il est encore d'*autres symptômes* qui *annoncent une mort prochaine*; savoir, *une extrême agitation* et des *anxiétés visibles*, le *mouvement des mains* qui semblent vouloir *ramasser des flocons de laine* ou *de filasse*, celui des *bras qui se tendent avec effort*, comme pour saisir quelque chose, le *serrement des dents*, une *voix qui devient profonde et sépulcrale*, le *tremblement sensible de la lèvre inférieure*, la *pâleur* ou la *couleur livide du visage*, la *perte de la mémoire*, la *confusion des idées*, la *perte de la parole*, des *sueurs froides*, l'*alongement du corps*, la *disparution du blanc de l'œil*, l'*altération visible de tous les traits* (par exemple, *la forme*

aiguë du nez, dont les coins se retirent), les *yeux caves*, les *joues tombantes*, la *langue qui se contracte et se replie*, le *froid des extrémités*, quelquefois un *flux de sang*, ou *l'émission du sperme*, un *cri aigu*, une *respiration très fréquente*, enfin la *mâchoire inférieure tombant tout-à-fait* (1).

30. Les *phénomènes* qu'on observe dans

___

(1) Comme nous avons été à portée d'observer par nous-mêmes un assez grand nombre de mourans, on peut ajouter ce qui suit : après le *râle* ou *râlement*, le *thorax* s'élève très haut et très convulsivement, ce qui produit une sorte de *hoquet fort bruyant*. Le sujet qui alors est ordinairement sur le dos, a les yeux tournés vers le plancher et d'abord très ouverts, cette partie de la cornée, qui est au-dessous de la prunelle, devenant fort apparente ; puis le hoquet cesse par degrés, la partie supérieure du thorax retombant peu à peu, comme le panneau d'un soufflet ; les paupières s'abaissent aussi peu à peu (du moins le plus ordinairement, car quelquefois les yeux restant ouverts, même après la mort, l'on est obligé de les fermer) : alors tout est fini, et tout le corps se couvre d'une sueur froide et très sensible, sur-tout

un *sujet qui vient de mourir*, sont, la *privation totale du sentiment et du mouvement*, tant dans le *cœur* et les *artères*, que dans les *nerfs* et les *membres ;* l'impuissance où est le corps de se tenir droit, la roideur des nerfs (des muscles et des tendons) et des membres, un refroidissement total, puis la putréfaction et l'odeur fétide.

---

aux mains. Quoi qu'en ait pu dire M. *Louis*, dans son ouvrage sur l'*incertitude de tous les signes de mort*, jamais, ou presque jamais, sujet en qui l'on a observé le *concours des symptômes que je viens de décrire*, n'est revenu à la vie. Comme la plupart des médecins sont peu jaloux d'assister à la mort de leurs malades, il paroît nécessaire de joindre à leurs observations celles des gardes, des chirurgiens de vaisseau, d'armée, etc. Nous dirons de plus que certains individus, un peu avant de mourir, s'imaginent voir une personne assise sur le pied de leur lit, et que les malades de cette classe, qui ordinairement conservent la parole jusqu'à la fin, prient qu'on la fasse retirer. Comme je n'ai observé ce symptôme que dans des sujets fort pauvres, ce n'est peut-être que le souvenir de quelque personne qui, durant leur maladie, étant venue les

31. Lorsqu'on coupe par morceaux des *anguilles*, des *serpens* ou certains *insectes*, toutes ces parties font encore quelques *mouvemens*, elles *frétillent*, elles *palpitent*, ce qui a fait croire aux gens peu instruits que *ces parties cherchent à se rejoindre* (1). On sait également que certains *oiseaux*, après l'*amputation de la tête*, font encore quelques

---

visiter, s'est ainsi assise; et comme l'esprit du malade est en partie aliéné, il croit *voir* ce qu'il ne fait *qu'imaginer et se rappeller*. D'autres sujets, le jour même de leur mort, se sentent beaucoup mieux, le disent, font des projets et veulent se lever. D'autres encore font des prédictions, et quelquefois avec assez de justesse.

(1) Ce seroit toutefois une expérience à tenter; il faudroit couper en deux parties seulement une *anguille*, une *couleuvre*, ou un *ver de terre*; profiter de son *gluten naturel*, pour *recoller* ses deux parties, et voir ce qui en résulteroit. Il est *très probable* que les deux moitiés ne se rejoindroient pas; mais il est *très certain* qu'une *probabilité* n'est point une *preuve*, et que ce qui est *très probable*, est quelquefois très faux. Ainsi les *meilleures preuves*, sur ce point comme sur tant d'autres, ce sont des *épreuves*, des *essais* réitérés.

sauts (1). On observe aussi que le *cœur* de certains animaux, quoique *séparé du corps, palpite assez long-temps* (2). Je me souviens même d'avoir vu le *cœur* d'un homme auquel on avoit arraché les entrailles (genre de supplice décerné contre les *traîtres* en *Angleterre*), d'avoir vu, dis-je, ce *cœur*, après qu'on l'eût jeté au *feu, sauter plusieurs fois*, d'abord à la hauteur d'un pied et demi, hauteur qui ensuite alla en décroissant peu à peu ; ce qui dura, autant que nous pouvons nous en souvenir, sept à huit minutes. Une relation très ancienne, mais digne de foi, nous apprend qu'on entendit *mugir un bœuf* après qu'on l'eût immolé dans un sacrifice, et qu'on lui eût ôté les entrailles. Mais nous connoissons un fait du même genre, plus récent, plus certain, et relatif à un homme qui avoit

---

(1) On les voit même quelquefois marcher et faire deux ou trois tours.

(2) Celui d'une grenouille bat encore pendant quelques minutes.

été aussi condamné à ce genre de supplice dont nous parlions plus haut: après que ses entrailles eurent été tirées du corps, et son cœur étant déja dans la main du bourreau, on l'entendit prononcer quelques mots de prières; fait qui nous paroît plus croyable que celui du bœuf dont nous venons de parler, attendu qu'ordinairement les amis du criminel condamné à ce genre de supplice, donnent de l'argent à l'exécuteur pour l'engager à lui épargner des souffrances en l'expédiant très promptement. Mais nous ne voyons pas que les *prêtres* aient eu aucune raison pour user d'une telle *diligence* dans les *sacrifices*.

32. Les moyens qu'on emploie ordinairement pour faire revenir les personnes tombées en *syncope* ou en *catalepsie* (attaques qui deviendroient mortelles pour quelques-unes, si on ne leur donnoit un prompt secours), se réduisent à peu près aux suivans. On leur fait avaler de l'eau de vie ou quelque cordial de toute autre espèce; on leur fait

pencher le corps en avant, on leur ferme avec force la bouche et les narines, on fléchit leurs doigts avec violence, et, au risque de les faire souffrir un peu, on leur arrache quelques poils de la barbe ou quelques cheveux; on leur frotte plusieurs parties, sur-tout celles de la face et des extrémités; on fait sur le visage des aspersions subites d'eau froide; on jette des cris aigus et soudains (1). L'*eau-rose, mise sous le nez*, est aussi un remède pour les *foiblesses :* les *plumes*, le *linge* et les *étoffes brûlées* en sont un pour les *suffocations de matrice.* Une

―――――――――

(1) Il vaudroit mieux jeter dans l'oreille de la personne un seul cri fort aigu, en prononçant cette syllabe, *pan*; cri qui a des effets étonnans. J'ai vu aussi sur la place d'*Espagne*, à *Rome*, en 1791, un *Anglois* faire revenir un *épileptique, en lui soufflant fortement et à plusieurs reprises, dans l'oreille.* On pourroit aussi tenter ce moyen pour les attaques dont parle l'auteur, et pour l'*apoplexie;* genre d'*essai* dont le succès me paroît fort douteux, mais qui vaudroit toujours un peu mieux que des *raisonnemens.*

poêle très chaude est un secours très efficace pour les *apoplectiques* (1).

33. On connoît beaucoup d'exemples d'individus qui, étant regardés comme morts, et exposés ou déja mis dans le cercueil, et même portés en terre, n'ont pas laissé de revenir, du moins pendant quelques instans. On a eu pour preuve de ce fait, du moins relativement à ceux qui avoient été mis en terre, et tirés ensuite de leur sépulture, les *contusions* et autres *blessures* qu'ils s'étoient faites à la *tête*, en se débattant dans leur cercueil, et faisant effort pour en sortir. C'est ce dont nous avons eu un exemple récent et mémorable dans la personne de *Jean Scott*, scholastisque que son extrême subtilité a rendu si célèbre. Son domestique, qui

---

(1) Cette poêle doit être appliquée sur *l'occiput* du malade; des *lavemens* avec du *café à l'eau*, *extrêmement chaud*, sont aussi un *remède éprouvé* pour les *attaques* de ce genre : selon toute apparence, la *boîte fumigatoire*, ou *les deux pipes réunies*, qu'on emploie ordinairement pour les *noyés*, auroient le même succès.

apparemment le connoissoit sujet à des attaques de *catalepsie*, étant absent lorsque le corps fut enseveli, et, à son retour, l'ayant tiré de sa sépulture, le trouva dans l'état dont nous parlons. Le même malheur est arrivé dans ces derniers temps à un *comédien* enseveli à *Cambridge*. Voici un fait de ce genre qui nous a été raconté par un homme de distinction. Ayant dit plusieurs fois en badinant qu'il auroit voulu savoir, par sa propre expérience, ce qu'éprouvoient les hommes qui périssoient *par le supplice de la corde;* et, en conséquence, s'étant un jour déterminé à faire cette épreuve, il monta sur un *tabouret*, se mit la corde au cou, et ôta ses pieds de dessus ce tabouret, s'imaginant qu'il seroit toujours maître de les y appuyer de nouveau quand il le voudroit; mais une fois que ses pieds l'eurent quitté, ils ne purent le retrouver, et il demeura suspendu. Son imprudence toutefois ne lui fut point funeste; un de ses amis qui étoit présent, l'ayant secouru sur-le-champ.

Interrogé ensuite sur ce qu'il avoit éprouvé, il répondit qu'il n'avoit senti aucune espèce de douleur ; qu'il avoit seulement cru voir d'abord un *grand feu*, une sorte d'*incendie*, puis une *couleur* extrêmement *noire* ; en un mot, d'*épaisses ténèbres* ; enfin, un *bleu pâle* ou une *couleur de verd de mer* ; couleur que voient aussi assez souvent les personnes qui tombent en *syncope*. Un *médecin* de notre connoissance, encore vivant, et qui étoit parvenu, à l'aide de *frictions* et de *bains chauds*, à rappeller à la vie un homme que le désespoir avoit porté à se pendre, et qui étoit demeuré suspendu pendant une demi-heure ; ce médecin nous a souvent dit qu'il ne doutoit point qu'on ne pût sauver tous les sujets qui auroient subi ce genre de supplice, en supposant même qu'ils demeurassent suspendus aussi long-temps que celui dont nous venons de parler ; pourvu toutefois qu'il ne se fût fait *aucune fracture* ni *aucune luxation aux vertèbres du cou*, par la violente secousse qu'éprouve le corps du patient, au moment où l'exécuteur le jette hors de l'échelle.

Différences caractéristiques entre la jeunesse et la vieillesse.

Article répondant aux questions de l'article 16.

Degrés de l'échelle (de la vie) du corps humain : ou gradation qu'il suit dans sa formation, son accroissement, son déclin et sa destruction. *Conception*, vivification dans la matrice, naissance, alaitement, sevrage, premier essai des alimens solides et liquides, mais de nature convenable et proportionnée à la foible constitution de l'enfant; premières dents vers la seconde année; l'enfant commençant à marcher, puis à balbutier; apparition des secondes dents vers la septième année; puberté vers l'âge de douze ou treize ans (1), l'homme devenant *habile* à la génération (première

---

(1) De 14, de 15, ou de 16 ans, rarement de 13.

apparition des règles dans l'autre sexe); époque où les jambes et les aisselles commencent à se couvrir de poils; époque où la barbe commence à croître; maximum de l'accroissement en hauteur, lequel a lieu à l'époque précédente, ou un peu plus tard; maximum de force et d'agilité dans les différentes parties et dans le tout; puis la tête grisonne, blanchit, et enfin devient chauve; l'écoulement périodique cessant dans l'un des deux sexes, et l'autre devenant inhabile à la génération (1); âge décrépit (2) (l'homme devenant alors un animal à trois pieds); mort.

L'ame (3) a aussi ses périodes et sa

---

(1) Ces deux époques ne se répondent point du tout; l'homme perdant la faculté d'engendrer, 20, 25 et même 30 ans plus tard que la femme.

(2) Vers l'âge de 70 ans, commencent à paroître sur toute la face des rides longitudinales et des rides transversales, qui, réunies, forment une espèce de *treillis*.

(3) Je prie le lecteur d'observer que le texte original dit *animus*, et non *anima*. Comme la mé-

double gradation ; par exemple, à certain âge, la mémoire commence à diminuer, etc. Mais, comme l'accroissement et le déclin de ses diverses facultés ne suivent point exactement l'accroissement et le déclin du corps, nous ne pouvons, dans notre exposé, rapporter l'une à l'autre, avec précision, ces deux gradations, ni faire correspondre leurs époques respectives. Au reste, ce même sujet sera traité ci-après.

---

moire, l'imagination et le jugement s'affoiblissent en même temps que les organes qui en sont les sièges, et proportionnellement, il est évident qu'à partir de l'époque où ces organes seront entièrement détruits, toutes ces opérations intellectuelles seront plus parfaites.

2. *Différences caractéristiques entre la jeunesse et la vieillesse* (1).

JEUNESSE.	VIEILLESSE.
Peau douce, unie, tendue et développée.	Peau sèche, rude, flasque et *ridée*, principalement sur le front et près des yeux.
Chair tendre et souple.	Chair dure et compacte.
Force et agilité.	Diminution des forces, mouvemens plus difficiles et plus foibles.
Digestion prompte, facile et complète.	Lente, difficile et imparfaite.
Viscères souples et pleins de suc.	Viscères secs, salés et comme *grillés*.

---

(1) Pour éviter de fatigantes répétitions et des refrains très fastidieux, j'ai cru devoir mettre cette double description en tableaux à deux parties symmétriquement opposées. Ce qui sera sans doute plus commode, soit pour la simple lecture, soit pour la réflexion. Car, pour saisir plus parfaitement un faisceau de vérités, ou surmonter plus aisément un faisceau de difficultés, il faut *en considérer ou en prendre les parties une à une*. La plupart de nos erreurs et de nos vices, enfans de ces erreurs, consistant à vouloir *tout comprendre ou tout prendre à la fois*.

JEUNESSE.	VIEILLESSE.
Attitude droite et assurée.	Corps penché et courbé vers la terre (1).
Sûreté et fermeté dans tous les membres.	Foiblesse et tremblement universel.
Humeurs ayant un caractère bilieux; sang très chaud.	Humeurs en grande partie composées de phlegmes et d'une bile aduste ; sang plus froid.
Facilité, promptitude et sensation plus vive dans l'acte de la génération.	Difficulté, lenteur, foiblesse, et sensation plus obtuse dans cet acte.
Substance du corps onctueuse et moëlleuse.	Plus crue et plus aqueuse.
Esprits abondans, et fréquemment dans la pléthore.	En plus petite quantité.
Esprits plus denses et ayant plus de sève.	Plus raréfiés et plus âcres.

(1) Où il va rentrer. Sa substance étant alors plus *terrestre* et spécifiquement plus pesante, l'entraine avec plus de force vers la terre. Depuis la naissance jusqu'à un certain maximum, le principe *ignée* et *actif* qui tend à l'*élever* et à le redresser, prévaut de plus en plus sur le principe terrestre et *amortissant*. Puis, ce principe terrestre et inerte l'emportant par degrés sur le principe actif, l'atterre de plus en plus.

JEUNESSE.	VIEILLESSE.
Sensibilité fine et prompte; tous les sens dans leur intégrité.	Sens viciés, foibles ou nuls; sensibilité lente et obtuse.
Dents fortes et entières.	Foibles, limées, rares et branlantes.
Cheveux colorés et de telle couleur spécifique.	Gris ou blancs, quelle qu'ait pu être leur couleur auparavant.
Chevelure longue et bien fournie.	Tête chauve.
Pouls grand et accéléré.	Obscur et lent.
Maladies aiguës et plus faciles à guérir.	Maladies chroniques et presque toujours incurables (1).

(1) Passé quarante ans, il n'y a point ou presque point de vraie guérison, ni au physique, ni au moral; le vice de l'une ou de l'autre espèce qu'on croit déraciner, ne faisant alors que changer de foyer ou d'objet; et le docteur, moraliste ou médecin, ne pouvant plus emporter la fièvre qu'en donnant la colique. Il n'est pas plus possible de guérir à fond les maladies d'un vieillard par des potions, que de corriger radicalement ses vices par des discours; les unes et les autres étant le produit de l'habitude et de vraies maladies chroniques. Pour qu'une véritable cure fût encore possible, il faudroit que l'action de la cause curative pût être aussi continue et d'aussi longue durée dans le dernier âge, que l'action de la cause morbifique l'a été dans les trois âges précédens; c'est à-dire, qu'un même temps fût tout à la fois court et long; ce qui est doublement absurde.

JEUNESSE.	VIEILLESSE.
Blessures plus faciles à réduire.	Plus difficiles à guérir.
Joues colorées et fleuries.	Joues pâles ou d'un rouge obscur et *diffus*.
Rhumes, fluxions et catarres moins fréquens et de plus courte durée.	Fréquens et plus dangereux.

Nous ne savons trop en quoi le corps d'un vieillard est susceptible d'accroissement; il peut tout au plus engraisser; genre d'accroissement, dont la cause n'est pas difficile à découvrir. Car, dans le corps du vieillard, la transpiration n'est plus assez abondante, ni l'assimilation assez complète. Or, cette substance *graisseuse* dont nous parlons, n'a d'autre cause que l'excédant de la substance alimentaire, et ne se forme que de cette partie qui n'a pu être ni évacuée, ni parfaitement assimilée. On voit aussi des individus qui, en vieillissant, deviennent plus avides et même gourmands, quoique leurs digestions soient plus difficiles et moins parfaites, ce qu'on peut attribuer au caractère d'*acidité* que prennent leurs humeurs (1). Actuellement nos médecins ne manqueront pas d'expliquer toutes ces différences qui distinguent la vieillesse de la jeunesse, en supposant qu'elles ont pour cause la *diminution graduelle de la chaleur innée et de l'humide radical;* explication aussi hazardée qu'inutile dans la pratique. La vérité est que, dans le déclin de la vie, le desséchement précède le refroidissement; lorsque le corps est parvenu au maximum de chaleur, il tend naturellement à se dessécher; desséchement, dont

---

(1) Ce qui peut venir aussi de ce qu'ils tâchent de suppléer par la répétition du petit nombre de plaisirs qui leur restent, au défaut total de ceux qu'ils ont perdus. Les vieillards doivent être plus gourmands et plus bavards, parce qu'ils n'ont presque plus d'autre plaisir que celui de parler et de manger. Voilà peut-être pourquoi ils mangent ce qu'ils ne peuvent plus digérer, et conseillent ce qu'ils ne peuvent plus faire. Quand le corps voyage, l'esprit est sédentaire; et moins le corps chemine, plus la langue trotte.

le refroidissement est une conséquence nécessaire (1).

3. Il y a aussi entre les deux âges extrêmes des différences marquées, relativement aux affections de l'ame, aux passions, en un mot, au caractère. Dans ma première jeunesse, et durant mon séjour à *Poitiers*, j'ai connu un Français, jeune homme très spirituel, mais un peu bavard, qui, depuis cette époque, est devenu un personnage distingué, et qui, n'aimant pas les vieillards, se plaisoit à les tourner en ridicule; il prétendoit que, si l'on pouvoit voir l'ame d'un vieillard, comme on voit son corps, on ne découvriroit pas moins de difformités dans la première que dans le dernier; et se donnant carrière sur ce sujet, il soutenoit même dans son style satyrique et mor-

---

(1) Le desséchement rend tous les mouvemens plus difficiles et plus lents, en *rouillant*, pour ainsi dire, tous les pivots, et coagulant l'huile qui doit faciliter tout le jeu de la machine; lenteur et difficulté de mouvement d'où résulte naturellement la diminution de la chaleur.

dicant, que les vices de l'ame, dans les vieillards, étoient tout semblables et comme parallèles à ceux du corps : la sécheresse de leur peau, disoit-il, annonce leur effronterie ; et la dureté de leurs viscères, celle de leur cœur devenu insensible à la pitié. Leurs yeux chassieux représentent l'œil mal-faisant et meurtrier de l'envie qui les ronge. Leur taille voûtée et leurs yeux tournés vers la terre, décèlent leur athéisme, leurs regards ne s'élevant plus vers les cieux, comme durant leur jeunesse. Le tremblement de leurs membres, et leur démarche mal assurée, figurent leur irrésolution et leur instabilité. Leurs doigts crochus, qui semblent toujours prêts à prendre ou à retenir quelque chose, sont l'emblème de leur avarice sordide et de leur rapacité. Leur démarche chancelante indique leur timidité. Leurs rides désignent leur fourberie et leur dissimulation. Mais, pour traiter ce sujet un peu plus sérieusement, nous dirons que les différences morales dont nous parlons, peuvent se réduire aux suivantes :

LES JEUNES GENS	LES VIEILLARDS
Ont plus de pudeur et sont plus sensibles à la honte.	Ont le front plus dur.
Ont l'ame plus tendre et plus compatissante.	Sont plus affectés de leurs propres maux, et moins sensibles aux maux d'autrui.
Sont animés d'une louable émulation.	Sont envieux et dépréciateurs.
Sont plus religieux et plus enclins à la dévotion, parce qu'ils sont plus ardens, et *n'ont point l'expérience du mal.*	Ont une piété moins fervente; car leur charité est fort attiédie; ils croient plus difficilement, et sont plus familiarisés avec les maux de cette vie (1).
Sont excessifs dans leurs volontés et leurs résolutions.	Sont plus modérés dans les leurs.
Sont légers et inconstans.	Ont plus d'à-plomb, de tenue et de constance.
Ont plus de libéralité,	Sont plus avares, plus

(1) Je prie le lecteur de fixer son attention sur les explications de notre auteur, et d'observer, qu'en parlant du mal avec lequel les vieillards sont, et les jeunes gens ne sont pas familiarisés, il ne dit pas s'il s'agit du mal moral ou du mal physique.

LES JEUNES GENS	LES VIEILLARDS
de bienfaisance, d'humanité.	prudens et plus sages à leur profit (1).
Ont plus de confiance en leurs propres forces, d'audace et d'espérance.	Sont plus timides et plus pusillanimes, se défiant de tous et de tout.
Ont plus de douceur, de complaisance et de facilité.	Sont mécontens de tout, roides, difficiles, *moroses*.
Sont sincères, francs et ouverts.	Sont plus circonspects, plus couverts et plus dissimulés.
Sont ambitieux, et aspirent à ce qu'il y a de plus élevé.	N'aspirent qu'au nécessaire et au repos.
Préfèrent le temps présent au temps passé, et aiment la nouveauté.	Vantent le passé, et tiennent à leurs habitudes.
Respectent et honorent leurs supérieurs.	Censurent et dénigrent les leurs.

(1) Les jeunes gens vont plus étourdiment au but commun, et les vieillards plus prudemment à leur propre but; parce qu'au grand jeu de la vie, comme à ces petits jeux qui en font partie, on commence par être dupe, et l'on finit par être fripon. Les vieillards n'ayant plus assez de forces pour eux-mêmes, et étant, à chaque instant, obligés d'en emprunter, n'en ont plus à prêter; ils sont trop pauvres, à cet égard, pour pouvoir rendre fidèlement et donner libéralement; n'ayant presque plus rien, ils gardent tout.

A quoi l'on pourroit ajouter beaucoup d'autres *différences caractéristiques,* mais qui appartiennent plutôt à la *morale,* qu'à la recherche dont nous sommes actuellement occupés. Cependant, comme les *vieillards* sont encore susceptibles de quelque *accroissement,* par rapport *au physique,* ils peuvent aussi faire quelques *progrès* relativement aux *facultés de l'ame;* par exemple, s'ils sont moins *inventifs* que les *jeunes gens,* en récompense ils ont *plus de jugement,* préférant, dans la *théorie* et la *pratique,* les *choses sûres* et *solides,* aux choses *spécieuses* et *imposantes.* Enfin, ils ne font que *trop de progrès* par rapport au *babil* et aux *vanteries;* car étant devenus *moins effectifs,* ils s'en *dédommagent* par le *discours,* et c'est une *invention* assez *ingénieuse* que celle des poëtes, qui ont feint que le vieux *Tithon* avoit été changé en *cigale* (1).

---

(1) Les *femmes,* les *eunuques,* les *vieillards,* les *hommes très foibles* ou *très affoiblis,* tâchent

Principes et règles provisoires sur la durée de la vie humaine, et la cause formelle de la mort.

Principe I.

La consomption *ne peut avoir lieu dans un corps, qu'autant qu'il* perd une partie *de sa* substance, *et qu'elle* passe *dans quelque autre corps.*

Explication.

Aucune *partie* de la *matière* ne s'anéantit. Ainsi ce qui est *consumé* et *absorbé* se *répand dans l'air ambiant,* ou *passe* dans les *corps adjacens.* Aussi voyons-nous qu'une *araignée,* une *mouche* ou une *fourmi* ensevelie dans l'*ambre* (*jaune*), y trouve un genre de sépulture qui la conserve beaucoup plus long-temps et beaucoup mieux que les monumens les plus solides des *Egyptiens* n'ont conservé les corps de leurs rois, et qui semble l'*éterniser*. A la vérité, les

---

de suppléer, par leurs discours, à la force et au courage qui leur manquent.

corps de ces petits animaux, ainsi ensevelis, sont extrêmement *mous* et *corruptibles*. Mais ils ne sont point environnés d'un *air* où pût se répandre ce qui s'en exhaleroit, si, dans l'état où ils sont, ils pouvoient faire quelque perte. D'ailleurs, la substance de l'*ambre jaune* est tellement différente de la leur, qu'elle n'en peut rien tirer ou recevoir. Je présume qu'on observeroit le même effet, si l'on tenoit plongé dans le *mercure*, du *bois*, une *racine*, ou tout autre corps de ce genre. Au reste, la *cire*, le *miel* et les *gommes* ont aussi la propriété de *conserver les corps*, sans l'avoir au même degré.

Principe II.

Tout corps tangible *contient un* esprit qui s'y trouve environné, enveloppé *des* parties grossières ; *c'est cet* esprit *qui est le vrai* principe *de* consomption *et de* dissolution.

Explication.

Parmi ces *corps* que nous voyons à la *surface de la terre*, il n'en est aucun qui soit totalement *dépourvu d'esprit*, et cet *esprit* qu'ils contiennent est le produit de l'*atténuation* et de la *concoction*, opérée par la *chaleur* des *corps célestes*, ou par l'action de toute autre cause semblable. Car ces petites *cavités* qui se trouvent entre les parties tangibles, ne sont rien moins que *vuides*, mais *occupées* et *remplies*, ou par l'*air*, ou par l'*esprit propre aux composés respectifs*. Or, cet *esprit*, dont nous parlons, n'est pas simplement une *vertu*, une *énergie*, une *entéléchie*, ou toute autre chose semblable qu'on pourra imaginer, mais une vraie *substance*, une *substance*, dis-je, *ténue*, *invisible*, *occupant un lieu*, et *ayant des dimensions*, en un mot, *très réelle*. De plus, de même que le *suc* des *raisins* n'est rien moins que de l'*eau pure*, l'*esprit* en question n'est pas non plus simplement de l'*air pur*, mais une *substance particulière* et très ténue, qui, à certains égards, a sans doute quelque *analogie* avec *ce fluide*, mais qui, à d'autres égards, est *fort différente*. Quant aux *parties grossières* et *tangibles*, comme elles sont naturellement *inertes, paresseuses* et *peu mobiles*, leur *assemblage* seroit par lui-même de *très longue durée;* mais l'*esprit* abrège cette *durée;* c'est lui qui, *fouillant*, pour ainsi dire, en *tous sens, mine* et *dégrade* le composé : il s'empare de l'*humor* qu'il y trouve, *convertissant, en sa propre substance*, tout ce qu'il peut *digérer*, et *engendrant* ainsi de *nouvel esprit.* Puis l'*esprit préexistant*, je veux dire celui qui se trouvoit déja dans l'intérieur du corps, *entraînant avec lui* celui qu'il vient de former, ils s'*exhalent ensemble*. C'est ce que démontre sensiblement cette *diminution de poids* qu'éprouve tout corps *desséché* par la *perspiration*. Car, lorsque cette partie de la substance du corps qui s'est exhalée, étoit *pesante*, et contribuoit, par son poids, à celui du composé, elle n'étoit pas encore convertie en *esprit;* et elle n'a pu s'exhaler qu'après que cette conversion a été faite.

Principe III.

Après l'émission de l'esprit, le corps qui le contenoit se dessèche; et lorsque cet esprit étant retenu dans l'intérieur de ce corps, agit puissamment sur ses parties, il le liquéfie, le putréfie ou le vivifie.

Explication.

L'esprit peut *exercer quatre espèces d'actions,* et *produire quatre espèces d'effets;* savoir : la *dessiccation,* la *liquéfaction,* la *putréfaction* et la *génération,* ou la *vivification.* La *dessiccation* n'est pas l'*effet propre* et *direct* de l'*esprit,* mais celui des *parties grossières* et *tangibles;* effet qui n'a lieu qu'après son *émission* (1), car alors ces parties se rap-

_____

(1) La *dessiccation* est la *privation d'humor;* lorsque cet *humor* s'est *exhalé,* le corps est *desséché.* Si ensuite les *parties tangibles* se rapprochent les unes des autres, l'effet de ce *rapprochement* n'est pas une *dessiccation,* mais une *condensation* et un *durcissement,* une *augmentation de masse* et de *consistance.*

prochent les unes des autres; rapprochement qui a tout à la fois pour cause l'*horreur du vuide* et la *tendance* de ces *parties* à s'*unir à leurs homogènes*, comme on l'observe dans tous les corps dont la *dessiccation* est l'effet du seul *laps de temps*, ainsi que dans les corps où cette *dessiccation* étant opérée par l'*action du feu*, elle est plus *complète;* par exemple, dans les *briques*, le *charbon*, le *pain*, etc. La *liquéfaction* est l'*effet propre* de l'action des *esprits;* encore n'a-t-elle lieu qu'autant qu'ils sont *excités* et *animés* par la *chaleur;* car alors ces *esprits se dilatent*, mais *sans se porter au dehors*, ils se font jour entre les parties tangibles, et se répandant peu à peu dans toute la masse du composé, l'amollissent ainsi et le rendent *fusible*, comme on en voit des exemples dans les *métaux* et la *cire*. Car les métaux et les autres substances *tenaces* ont, en vertu de cette *ténacité* même, la *faculté de retenir les esprits;* et lorsque ces *esprits*, ainsi *excités* par la *chaleur*, tendent à se *porter au dehors*, les *parties tangibles* du composé font *obstacle* à leur *émission*. La *putréfaction*, qui est le produit des *esprits*, dépend aussi de la *nature* des *parties tangibles*. En effet, lorsque cet *esprit* qui *gouvernoit* les *parties* du *composé*, et qui, en les empêchant d'*obéir* à leur *tendance* naturelle, les *maintenoit* dans leurs *situations respectives*, s'est en partie *exhalé*, et en partie *affoibli*, tout l'*assemblage se décompose*, les différens *élémens* du composé *recouvrent* leur *nature primitive*, et chaque *élément* se porte vers *son homogène*, auquel il s'*unit* : tout l'*esprit* qui se trouvoit dans le *composé*, se *réunit* en *une seule masse*; *réunion* d'où résulte cette *odeur fétide* qui s'exhale des corps *putréfiés*; les parties *oléagineuses s'aggrègent* à leurs *analogues*; *aggrégation* qui est la véritable cause de ce foible degré d'*onctuosité* qu'on observe dans toutes les substances *putrides*; les *molécules aqueuses* se *réunissent* de même à leurs *analogues*; enfin, les parties *féculentes* se joignent aussi à leurs *congénères : séparations* et *nouvelles aggrégations*, d'où résulte cet *assemblage indigeste*, cette *confusion* qu'on observe dans les corps *putréfiés*. Enfin, la *génération*, ou la *vivification*, dépend tout à la fois de l'*action des esprits* et de la *nature* des *parties grossières*. Mais elle s'opère par une voie et des circonstances ou conditions très différentes de celles dont la *putréfaction* est le *produit*. Car, dans le cas dont nous parlons actuellement, l'*esprit* est tout-à-fait *détenu* (*retenu*) dans l'intérieur du composé; cependant il se *gonfle*, se *dilate*, et a un *mouvement local* dans ces limites mêmes où il est circonscrit. Quant aux *parties grossières*, elles n'éprouvent alors *aucune solution de continuité*; mais elles ne font que *suivre les mouvemens de l'esprit* qui, les *soufflant*, pour ainsi dire, et les *poussant devant lui selon toutes les directions*, leur fait prendre ainsi *différentes figures*; d'où résulte cette *génération* et cette *organisation* qu'il s'agit d'expliquer. Aussi la *vivification* n'a-

DE LA VIE ET DE LA MORT. 433
t-elle jamais lieu que dans une *matière visqueuse, tenace, glutineuse,* mais en même temps *souple* et *obéissante.* Ainsi les *deux conditions nécessaires* ici sont la *détention de l'esprit* et la *disposition* de la *matière* à *céder aisément* à l'*action* de cet *esprit* qui la *moule* et la *figure* : double supposition sur laquelle il ne restera aucun doute, pour peu que l'on considère de près la *matière première,* tant des *végétaux* que des *animaux* dont la *génération* est le *produit* de la *putréfaction,* ou d'une *matière spermatique*. Car alors on reconnoîtra aisément que la *matière* de tous ces composés est tout à la fois *assez difficile à rompre,* et *disposée à céder à la moindre traction* ou *impulsion.*

Principe IV.

Tous les corps animés contiennent deux sortes d'esprits; savoir : d'abord, les esprits MORTUELS *(1), qui se trouvent aussi dans les corps inanimés; puis les esprits vitaux qui s'y trouvent de plus.*

Explication.

Nous avons dit en commençant que, pour se mettre en état de *prolonger la*

---

(1) Pour rendre exactement son idée, nous sommes obligés de forger, à son exemple, ce mot barbare et effrayant pour le *goût*, mais absolument nécessaire ici, et qui, dans notre langue, n'a point d'équivalent. Car, si nous disions, par exemple, les *esprits morts*, cette expression feroit supposer qu'ils auroient été *vivans*, ce qui seroit faux. Il nous faut une *dénomination* qui soit *en opposition avec celle-ci : esprits vitaux*, et nous ne pouvons dire *esprits mortaux*, ni *mortels*, ni *mortuaires*, etc. Celle que nous employons désigne *des esprits qui ont peut-être le mode et le degré d'activité nécessaires pour la* DESSICCATION, *la* LIQUÉFACTION, *la putréfaction*, etc. mais *peu convenables pour la vivification*.

vie du corps humain, il faut l'envisager successivement sous deux rapports différens; savoir : 1°. comme *inanimé* et *non alimenté*; 2°. comme *animé* et *alimenté*. Les *règles* qui se *rapportent* à la *consomption*, se tirent de la *première* de ces deux *considérations*; et les *règles relatives* à la *réparation* se tirent de la *seconde*. Ainsi nous devons observer d'abord que les *chairs*, les *os*, les *membranes*, les *organes*, en un mot, les différentes parties du corps, contiennent certains *esprits répandus dans toute leur substance*, et semblables à ceux qui se trouvent encore dans cette *chair*, dans ces *os*, dans ces *membranes* et dans toutes les autres parties, lorsqu'elles sont *séparées du corps* et tout-à-fait *mortes*; semblables même à ceux qui restent dans un *cadavre*. Mais l'*esprit vital* est toute *autre chose*; quoiqu'il *gouverne* ceux dont nous venons de parler, et ait avec eux quelque sorte d'*affinité*, il ne laisse pas d'être *spécifiquement différent*, il *subsiste par lui-même*, et forme un *tout à part.* Or, il est *deux différences principales entre les esprits mortuels et les esprits vitaux :* l'une est que les *esprits* du *premier genre* ne forment point un *tout continu,* mais un *tout* dont les *parties* sont *environnées* et *séparées* les unes des autres, par les *parties grossières* et *tangibles* qui *rompent* fréquemment *leur continuité.* En un mot, les *parties* de cet *esprit* se trouvent *disséminées entre ces parties tangibles,* à peu près comme celles de l'*air* le sont dans la *neige,* ou dans une *liqueur écumeuse ;* au lieu que l'*esprit vital* ne forme qu'*un seul tout,* dont les parties mêmes, en se distribuant dans certains canaux où il se porte sans cesse par des *mouvemens tantôt progressifs* et *tantôt rétrogrades, ne laissent entr'elles aucun vuide,* et demeurent toujours *parfaitement contiguës.* Ce dernier genre d'esprit se *subdivise* en *deux espèces ;* savoir: un *esprit simplement rameux* (*branchu*) et coulant dans des *canaux* extrêmement *étroits,* qui ne forment, pour ainsi dire, que des *lignes* très *déliées :* l'autre a de plus *tel réservoir propre*, je veux dire que non-seulement il forme *un seul tout contigu*, mais encore que ses parties se réunissent dans une *cavité particulière*, dans un *viscère*, et même en assez grande quantité, eu égard au volume du corps; *réservoir* d'où *partent* des espèces de *ruisseaux* qui les distribuent à toutes les parties du corps, et qui se *ramifient* à l'infini. Le *principal* et le *plus grand* de ces réservoirs est formé par *les ventricules du cerveau*, qui, dans les *animaux* de l'*ordre inférieur*, sont tellement *étroits*, que ces *esprits* semblent être plutôt *répandus et distribués dans toute la masse du corps*, que *réunis en masse* dans *aucune cavité particulière*; de ce genre sont les *serpens*, les *anguilles*, les *mouches*, etc. dont les différentes *parties*, quoique *séparées du tout*, ne laissent pas de se *mouvoir* encore pendant quelque temps; ainsi que les *oiseaux*, qui, *après l'amputation de la tête*, font encore *différens mouvemens très sensibles;* mouvemens qui viennent de ce que les animaux de ces deux classes ont *la tête fort petite*, ce qui *réduit* à un très *petit espace* le *réservoir* de leurs *esprits vitaux* : au lieu que, dans les *animaux* d'un *ordre supérieur*, ces *ventricules* sont très *spacieux*, sur-tout dans l'*homme*, qui l'emporte, à cet égard, sur tous les autres. La *seconde différence* qui *distingue* les *deux genres d'esprits*, est que l'*esprit vital* est *habituellement* dans un état qui tient un peu de l'*inflammation*, et semble n'être qu'un *fluide très subtil*, composé *d'air et de flammes*, à peu près comme les *sucs tangibles des animaux* sont composés d'*huile et d'eau*. Or, de cette *inflammation* résultent des *mouvemens* et des *facultés d'une espèce particulière* et *tout-à-fait différente*; car la *fumée*, par exemple, est *inflammable*; de plus, *avant son inflammation*, elle est *chaude, ténue et mobile :* cependant, lorsqu'elle a *pris feu* et s'est *convertie en flamme*, c'est toute autre chose; et, dans ce nouvel état, elle est très différente de ce qu'elle étoit avant son inflammation. Mais cette *inflammation* des *esprits vitaux* est beaucoup *plus douce* et *plus légère*, que celle d'où résultent les *flammes les plus foibles* que nous connoissions : par exemple, que *celle* de l'*esprit de vin*, et d'autres semblables liqueurs. De plus, sa *substance* est, en grande partie, *combinée* avec une *substance aérienne ;* ensorte que sa *nature*, comme nous venons de le dire, n'est qu'une *combinaison secrète* et *mystérieuse*, de la *nature de la flamme* et *de celle de l'air*.

PRINCIPE V.

Les ACTIONS (ou FONCTIONS) *naturelles dans le corps humain, sont propres et particulières aux différens organes où elles s'exercent ; mais l'*ESPRIT VITAL *les* EXCITE, *les* AIGUISE, *les* RENFORCE *et les* ANIME TOUTES SANS EXCEPTION.

EXPLICATION.

Les *actions*, ou *fonctions*, propres aux *différens membres* ou *organes*, sont *analogues* à la *nature* même *de ces organes*, nature dont elles dépendent nécessairement; par exemple, l'*attraction*, la *rétention*, la *digestion*, l'*assimilation*, la *sécrétion*, l'*excrétion*, la *perspiration*, et le *sentiment* même, répondent (pour l'*espèce* et la *quantité*, le *degré* ou la *mesure*) aux *organes* respectifs, tels que l'*estomac*, le *foie*, le *cœur*, la *rate*, la *vessie du fiel*, le *cerveau*, l'*œil*, l'*oreille*. Cependant aucune de ces actions ne pourroit être *exercée*, *exécutée*, et actuellement *réalisée*, sans la *présence* et l'*action* de l'*esprit vital* et de sa *chaleur*, de même qu'un *morceau de fer* ne pourroit en *attirer un autre*, si sa *force attractive* n'étoit *excitée* et comme *éveillée* par l'*aimant*, et qu'un *œuf* ne pourroit *devenir fécond*, si la *substance* de la *femelle* n'étoit *animée* et *vivifiée* par son *accouplement avec le mâle* (1).

___

(1) Dans le corps de l'animal, il y a un *principe actif* qui *donne le mouvement*, et un *prin-*

Principe VI.

La substance des esprits mortuels a beaucoup d'analogie avec celle de l'air; mais la substance des esprits vitaux a plus d'affinité avec celle de la flamme (que n'en a celle des esprits de la première espèce).

Explication.

L'explication du *quatrième principe* qui conduisoit naturellement à celui-ci, peut en conséquence servir à l'expliquer. De plus, elle fournit cette autre conséquence, que les *substances grasses et oléagineuses se maintiennent fort long-temps dans leur essence et leur quantité primitive;* ces *substances* n'étant pas très sensibles à l'action irritante de l'air,

---

cipe inerte qui *le reçoit*; en un mot, le *mouvant* et le *mu*. Il paroît que, dans l'*acte de la génération*, outre l'*émission sensible de la semence*, il y a aussi une *émission insensible d'esprit vital*, comme semblent l'annoncer le *desir violent* qui le *précède*, les *mouvemens convulsifs* qui l'accompagnent, et l'*épuisement* qui le *suit*.

ni très *disposées à s'unir* avec ce *fluide.* Car l'opinion qui suppose que la *flamme* n'est autre chose qu'un *air allumé*, est tout-à-fait dénuée de fondement, la *flamme et l'air* n'étant *pas moins hétérogènes* que *l'huile et l'eau.* Mais lorsque, dans l'énoncé de ce principe, nous disions que la *substance* des *esprits vitaux a plus d'affinité avec la flamme*, cela signifioit seulement que cette *affinité* est *plus grande* dans les *esprits vitaux* que dans les *esprits mortuels*, et non que, *dans la composition des esprits de la première espèce*, il entre *plus de flamme que d'air.*

Principe VII.

Les esprits ont deux genres de tendances ou de dispositions, *l'une à* se multiplier, *l'autre à* se porter hors du corps où ils sont renfermés*, et à se* réunir avec leurs homogènes.

Explication.

Ce principe ne concerne que les *esprits mortuels.* Le second genre de tendance ne se trouvant pas dans *l'esprit vital,* qui n'est point du tout disposé à sortir des corps où il est renfermé, attendu qu'il ne trouveroit point ici bas, et dans son voisinage, de *substance analogue à la sienne.* Il peut, à la vérité, se porter quelquefois *vers un objet desirable et placé près de lui;* mais, comme je viens de le dire, il *se refuse* à son *émission absolue;* au lieu que ces *deux tendances* se trouvent *réunies* dans les *esprits mortuels.* Quant à ce qui regarde la première, *tout esprit disséminé entre les parties tangibles et grossières* d'un corps, *n'y est point à son aise;* c'est pourquoi, ne trouvant point d'*analogue* à sa portée dans cette solitude où il se trouve, il n'en est que plus *disposé à créer et à fabriquer* une *substance analogue à la sienne.* Il travaille donc sans relâche à *se multiplier* et à *augmenter sa quantité,* en *s'emparant de la portion* la *plus volatile des parties grossières.* Quant à la seconde tendance, je veux dire *sa disposition à s'exhaler* et *à se répandre dans l'air ambiant*, il est certain que toutes *les substances très ténues*, qui sont toujours *très mobiles*, sont aussi *très disposées à se porter vers* les *substances analogues et environnantes;* comme une *bulle d'eau* se porte *vers une autre bulle d'eau;* une *flamme vers une autre flamme; tendance* toutefois beaucoup *plus forte* et *plus marquée* dans l'*émission* de cet *esprit* qui se *répand* dans l'*air ambiant*, parce qu'alors il ne se porte pas simplement *vers une très petite portion d'une substance analogue à la sienne ;* mais même en quelque manière, *vers la masse* ou *la sphère de ses congénères.* Au reste, il est bon d'observer en passant que cette *émission de l'esprit*, ce *mouvement*, dis-je, par lequel il se *porte dans l'air environnant*, est produit par une *double cause;* savoir, *la tendance* de cet *esprit* même, et *celle de l'air extérieur; l'air commun* qui est, pour ainsi dire, *dans un état d'indigence*, se *saisissant*, avec une sorte d'*avidité*, de tout ce qu'il trouve à sa portée, comme *esprit, rayons lumineux* ou *sonores*, etc.

Principe VIII.

Si l'esprit, quoique retenu dans l'intérieur d'un corps, ne peut y engendrer de nouvel esprit, alors il agit sur les parties grossières et les amollit.

Explication.

L'esprit, *renfermé dans un corps*, ne peut *y engendrer de nouvel esprit*, qu'autant qu'il *trouve à sa portée* des *substances un peu analogues à la sienne*, et telles que sont les différentes espèces d'*humor*. C'est pourquoi, si les *parties grossières*, entre lesquelles il est *disséminé*, sont dans un état *très éloigné* (*très différent*) du sien, quoiqu'alors il ne puisse *les convertir en sa propre substance*; néanmoins *agissant* sur ces *parties* autant qu'il le peut, il *relâche leur assemblage*, il les *amollit*, il les *fond* et les *liquéfie*. Par ce moyen, dans l'*impuissance* où il est d'*augmenter la quantité de sa propre substance,* il se trouve du moins *plus au large, plus à l'aise,* et *environné* de *substances un peu plus analogues à la sienne.* Or, cet *aphorisme* est d'une *utilité* d'autant plus sensible par rapport à notre *but*, qu'il *mène directement* à cette *conséquence pratique;* que, *pour amollir les parties dures et réfractaires, il faut retenir les esprits dans l'intérieur du composé.*

Principe IX.

Les PARTIES DURES *d'un corps* s'AMOLLISSENT PLUS AISÉMENT *lorsque* L'ESPRIT, *qui s'y trouve* RENFERMÉ, *ne peut ni* S'EXHALER, *ni* ENGENDRER DE NOUVEL ESPRIT.

Explication.

Ce principe peut servir à résoudre les difficultés et à lever les obstacles qu'on rencontre ordinairement lorsqu'on veut *amollir un corps en y retenant les esprits;* car, si cet *esprit*, quoiqu'ainsi *détenu*, ne laisse pas de *consumer toute la substance intérieure*, on n'en sera pas plus avancé; et alors les *parties grossiè-*

res, au lieu de *s'amollir*, en *conservant leur nature primitive*, se *décomposeront* et *se corrompront*. Ainsi, pour *amollir* un *corps*, il ne suffit pas de *retenir* les *esprits* dans son *intérieur*, il faut de plus les *rafraîchir* et les *condenser*, de peur qu'ils n'aient trop d'*acrimonie* et d'*activité*.

Principe X.

Pour que la CHALEUR *des* ESPRITS *puisse* MAINTENIR *le* CORPS *dans sa* FRAICHEUR, *il faut qu'elle ait* PLUS DE FORCE *que d'*ACRIMONIE.

Explication.

Ce principe indique aussi un *moyen* pour *résoudre* la *difficulté* dont nous venons de parler, mais il *mène à des conséquences* beaucoup *plus étendues*; car il montre de quelle *nature* doit être la *chaleur* du *corps humain*, pour pouvoir *contribuer à la prolongation de la vie*; considération utile, soit que les *esprits restent* ou qu'ils *se portent au dehors*; car, dans ces deux cas également, la *chaleur* des *esprits* doit être de *nature à agir plutôt sur* les *parties dures*, qu'à *consumer les parties molles*. La *conséquence* naturelle du dernier de ces deux *effets* étant de *dessécher le corps;* et *celle* du *premier*, de *l'amollir*. Ce même principe fournit encore des *indications* pour *rendre l'alimentation* et *la réparation plus complète*. Car une *chaleur* de ce genre a le double effet d'*exciter, d'éveiller la faculté assimilative*, et de *disposer, de préparer*, autant qu'il est nécessaire, la *matière* même *à l'assimilation*. Or, les *conditions* que doit avoir cette *chaleur*, peuvent se réduire aux suivantes.

1°. Ses *effets* doivent être *lents, graduels,* et *non subits;* elle doit *croître lentement, graduellement* et *non tout à coup*.

2°. Elle ne doit pas être *trop forte*, mais *douce* et *tempérée*.

3°. Elle doit être *égale, uniforme, toujours à peu près au même degré*, et non sujette à des *variations alternatives, ir-*

régulières et *très sensibles en plus et en moins*.

4°. Cette *chaleur* doit avoir *assez de force*, pour que, dans les cas mêmes où elle rencontre quelque *obstacle* qui *résiste à son action*, il ne soit pas suffisant pour la *suffoquer* ou l'*affoiblir excessivement*.

Cette *opération* que nous avons actuellement en vue, est extrêmement *délicate*; cependant, comme elle est *essentielle*, il ne faut pas l'*abandonner*, ni *désespérer du succès*. Quant à nous, dans l'*histoire* où nous avons indiqué les *moyens* nécessaires pour donner aux *esprits* une *chaleur vigoureuse*, je veux dire, une *chaleur organisatrice ou réparatrice*, et non une *chaleur déprédatrice* (car telles étoient nos expressions), nous croyons avoir, jusqu'à un certain point, rempli cet objet.

Principe XI.

Les moyens tendant à CONDENSER la SUBSTANCE des ESPRITS, CONTRIBUENT à la PROLONGATION de la VIE.

Explication.

Ce principe est *subordonné au précédent* (1) ; car, lorsque l'*esprit* est suffisamment *condensé*, il a, par cela même, un *mode* et un *degré* de *chaleur*, où se trouvent *réunies* les *quatre conditions requises*, et dont nous avons fait l'*énumération* dans le n°. précédent.

---

(1) Il semble, au contraire, que *le précédent doive être subordonné à celui-ci*; car, peut-on dire, les *effets sont subordonnés aux causes*; et les *conséquences, aux principes*? Cependant cette *chaleur*, dont il parle dans *le précédent*, étant l'*effet* souhaité ou le *but*; et cette *condensation* dont il parle dans *celui-ci*, la *cause* ou le *moyen* nécessaire pour produire cet *effet* ou parvenir à ce *but*; comme d'ailleurs les *moyens* doivent être *subordonnés aux buts*, il s'ensuit que ce principe-ci doit être, comme il le dit, subordonné au précédent.

Quant aux *moyens* nécessaires pour *opérer* cette *condensation*, nous les avons exposés dans l'*article* qui traitoit de *la première des dix opérations*.

PRINCIPE XII.

La SURABONDANCE *des* ESPRITS PROVOQUE *leur* ÉMISSION *et* AUGMENTE *leur* FORCE (*action*) DÉPRÉDATRICE.

EXPLICATION.

Ce *principe* est assez *clair* et assez *évident* par lui-même, l'*effet* ordinaire d'une *augmentation* dans la *quantité* de *matière* de l'*agent*, étant d'*augmenter* aussi l'*intensité* de *son action*. C'est ce dont on voit un exemple sensible dans les *flammes*; plus elles ont de *volume*, et plus leur *éruption* est *violente*, plus aussi elles *consument promptement* la *matière exposée* à leur *action*. Ainsi, la *surabondance* ou la *pléthore* (*de quantité*) de l'*esprit vital*, est *diamétralement opposée* à la *prolongation de la vie*; et l'on doit *régler* son *régime* de manière que la *quantité* de ces *esprits n'excède* jamais celle qui est *nécessaire* pour *exécuter* toutes les *fonctions vitales*, et *opérer* une *réparation convenable*.

Principe XIII.

*Lorsque l'*esprit *est* également distribué entre toutes les parties tangibles*, il est* moins disposé *à* s'exhaler *et à* consumer *la* substance *du* corps, *que lorsqu'il est* distribué plus inégalement.

Explication.

Non-seulement l'*excès*, dans la *quantité totale* des *esprits*, abrège la *durée* de la *vie*; mais même lorsque cette *quantité*, prise en *totalité*, n'a rien d'*excessif*, elle ne laisse pas de produire le même effet si ces *esprits* ne sont pas assez divisés et assez *uniformément distribués*. Car, les *esprits* ont d'autant moins de *force* (d'action) *déprédatrice*, qu'étant *plus atténués* et divisés, ils pénètrent mieux dans les *moindres parties*, et s'insinuent plus également dans toutes; la *dissolution* du *composé commençant* toujours par le *côté* où les *esprits* se trouvent *accumulés* et comme *pelotonnés.* Ainsi, les *exercices du corps* et les *frictions contribuent* puissamment à la *prolongation* de la *vie*; l'*effet* naturel de l'*agitation* étant de *diviser* les *corps*, de les *atténuer,* de les *mêler ensemble par molécules plus petites,* et, en conséquence, de rendre la *combinaison* de leurs *principes plus parfaite,* et leur *composition plus régulière.*

Principe XIV.

Lorsque le mouvement *des* esprits *est* tumultueux, irrégulier, variable *et comme* par soubresauts*, ils sont* plus disposés à s'exhaler *et à* consumer *la* substance *du* corps*, que lorsque ces* mouvemens *sont* doux, graduels, uniformes *et* réguliers.

Explication.

Ce principe s'applique visiblement aux *corps inanimés,* toute *inégalité* étant une *cause,* un *principe* de *dissolution*;

il s'applique aussi aux *corps animés*, mais un peu *moins exactement* et avec *quelques restrictions*; car, dans les *composés* de ce dernier *genre*, ce qu'on a en vue, ce n'est pas seulement de *prévenir* ou de *retarder* la *consomption*, mais aussi de *faciliter* et de *perfectionner* la *réparation* : or, cette *réparation* dépend beaucoup de l'*appétit*; et l'*appétit*, comme l'on sait, est *aiguisé* par la *variété* ou la *nouveauté*. Cependant le *principe* en question ne laisse pas de s'*appliquer*, jusqu'à un certain point, aux *êtres animés* (comme nous venons de le dire), pourvu toutefois que, par ces mots de *variables* et de *variations*, on n'entende point des *variations* tout-à-fait *confuses* et *irrégulières*, mais une *succession alternative de changemens et des variations périodiques*, où une *sorte de régularité* et de *constance* se trouve *combinée* avec l'*inconstance* et l'*irrégularité* même.

Principe XV.

Lorsque l'ESPRIT se trouve RENFERMÉ dans un CORPS dont l'ASSEMBLAGE est FERME et SERRÉ, quoiqu'il fasse EFFORT pour en SORTIR, il ne laisse pas d'y être DÉTENU (RETENU).

Explication.

Tous les *corps résistent* naturellement à la *solution de leur continuité; mais plus ou moins*, et à raison de leur *densité* ou *rareté ;* car les *corps* peuvent se faire un *passage* par des *pores* d'autant *plus étroits*, qu'ils sont eux-mêmes *plus atténués;* par exemple, l'*eau* pourra passer par tels *pores* qui seront pour la *poussière* des *passages trop étroits;* de même où l'*eau* ne passera point, l'*air* passera : enfin, la *flamme* et les *esprits* pourront pénétrer par des *pores* qui seront *impénétrables à l'air* même. Cette *propriété* toutefois n'est pas *illimitée ;* elle a un *terme, un maximum :* car, quelque *forte* que puisse être la *tendance* de l'*esprit* à se *porter* au *dehors,* et quelle que

soit la *force* du *stimulant* qui le *sollicite*
à l'*émission*, comme il ne se laisse *diviser* et *atténuer* que *jusqu'à un certain
point*, lorsqu'il rencontre des *pores excessivement étroits*, il ne peut plus s'y
ouvrir un *passage*. Ainsi, lorsqu'il est
enveloppé d'un *corps dur*, ou même d'u-
ne *substance onctueuse, tenace*, et un
peu *difficile à diviser*, il demeure *resserré* et comme *emprisonné* dans son *intérieur*, sa *tendance* à l'*émission* demeu-
rant alors *sans effet*. Aussi, voyons-nous
que l'*esprit renfermé* dans les *métaux* ou
les *pierres*, ne peut *s'en dégager* qu'à *force* de *temps*, à moins que cet *esprit* ne soit
excité par le *feu*, ou que les *parties grossières* et *tangibles* ne soient *écartées* les
unes des autres par quelque *liqueur active* et *corrosive*. Il en est de même des
substances tenaces, telles que les *gommes;* avec cette différence toutefois qu'u-
ne *chaleur* beaucoup *plus foible* peut
les *fondre* et les *dissoudre*. Ainsi, une
chair ferme, une *peau* d'un *tissu serré*,
et autres conditions semblables, qui sont

l'*effet* des *alimens* de *nature sèche*, des *exercices du corps* et de l'*air froid*, contribuent à la *prolongation* de la *vie*.

Principe XVI.

L'*esprit* est *aisément détenu* (*retenu*) *par les substances oléagineuses et onctueuses*, quoiqu'elles aient peu de ténacité.

Explication.

Lorsque l'*esprit* n'éprouve aucune *irritation* de la part du *corps environnant*, et n'est ni *déterminé*, par sa grande *affinité* avec la *substance* de ce *corps*, à *s'en emparer* et à la *consumer*, ni *provoqué* et *sollicité* à l'*émission* par aucun *corps extérieur;* dans ces trois cas, dis-je, il ne s'*agite* pas *excessivement* dans ses *limites*, et ne fait pas *de trop grands efforts* pour les *passer* et se *porter au dehors* du composé. Or, *aucune* de ces *trois causes* ou *conditions* qui seules pourroient *provoquer l'émission*, ne se trouve dans les *substances oléagineuses* qui, n'ayant pas avec l'*esprit autant d'opposition* ou d'*antipathie* que les *substances dures*, ni *autant d'analogie* que les *substances aqueuses*, n'ont pas non plus *beaucoup d'affinité avec l'air extérieur*.

Principe XVII.

L'effet de la prompte évaporation *de l'*humor aqueux *est de* maintenir plus long-temps *l'*humor oléagineux *dans son* essence *et sa* quantité primitive.

Explication.

Nous avons dit que les *substances aqueuses*, comme étant *consubstantielles* (*analogues*) à *l'air extérieur*, *s'évaporent plus promptement* que les *substances oléagineuses* qui ont *moins d'analogie* et *d'affinité avec ce fluide* : mais, comme ces deux espèces d'*humor* se trouvent *combinées* dans la plupart des corps, il arrive de là que l'*humor aqueux trahissant*, pour ainsi dire, l'*humor oléagineux*, et l'*entraînant avec soi*, en se *portant* lui-même *au dehors*, ils s'exha-

lent ensemble. Ainsi, rien ne *contribue* autant à la *conservation* des *corps qu'une légère dessiccation* qui est *suffisante* pour *déterminer* l'*évaporation de l'humor aqueux*, mais *insuffisante* pour *provoquer* celle de l'*humor oléagineux.* Car alors l'*humor oléagineux* jouit de sa propre nature (*obéit à sa propre nature*), qui ne le *sollicite* point à l'*émission.* Cependant, le *but* de cette *opération* n'est rien moins que de *préserver* de la *putréfaction* le *corps* dont il s'agit, quoique ce *dernier effet* en soit aussi une *conséquence naturelle,* mais seulement de conserver sa *verdeur* (de le maintenir dans sa *fraîcheur*). C'est par cette même raison que les *frictions,* ainsi que les *exercices modérés* et suffisans pour occasionner une *perspiration insensible,* et non une *sueur manifeste, contribuent* puissamment à la *prolongation* de la *vie.*

Principe XVIII.

L'exclusion de l'air, pour peu qu'on sache prévenir les inconvéniens qui en résultent naturellement, peut aussi contribuer à la prolongation de la vie.

Explication.

Nous avons observé un peu plus haut que l'*évaporation* de l'*esprit* est produite par une *double cause*; savoir : *la tendance* naturelle de l'*esprit* à se *porter* au *dehors*, et la *tendance* de l'*air extérieur* à s'*emparer* de cet *esprit*. Ainsi, ôter du moins l'*une* de ces *deux causes*, ce seroit *gagner* un *grand point*; et c'est à quoi l'on parviendra sur-tout à l'aide des *onctions*. Il peut, à la vérité, en résulter *différens inconvéniens*; mais il seroit aisé de les *prévenir* ou d'y *remédier* par les *moyens* exposés dans l'*article* qui traite de la *seconde des dix opérations*.

Principe XIX.

Si l'on pouvoit FAIRE PASSER DANS UN CORPS DÉJA VIEUX LES ESPRITS EXTRAITS D'UN JEUNE, *ce seroit le* MOYEN *le plus* COURT *pour faire* RÉTROGRADER LA NATURE.

Explication.

Les esprits sont comme la grande roue de la machine du corps humain; roue qui fait tourner toutes les autres. Ainsi, parmi les *moyens* tendant à la *prolongation* de la *vie*, ceux qui *agissent* sur les *esprits* doivent être mis au *premier rang*; à quoi il faut ajouter que nous avons, pour *altérer* (*modifier*) les *esprits*, des *moyens plus courts* et *plus directs*, que pour *produire* tous ces *autres effets* dont il a été question. Car l'on peut *agir* sur les *esprits* par *deux voies différentes*; l'une *indirecte*, *longue*, et qui ne mène au *but* que par *une infinité de détours* (savoir, *les alimens*); *l'autre plus courte* et *plus directe* qui *s'ébranche* en deux autres; savoir : *les vapeurs* ou *émana-*

tions, et *les affections de l'ame* ou *les passions*.

Principe XX.

Les moyens *qui donnent à la* substance *du* corps, plus de consistance ou plus d'onctuosité, *tendent aussi à la* prolongation *de la* vie.

Explication.

Ce principe n'a pas besoin d'explication; car nous avons observé plus haut que les *substances dures* et les *substances oléagineuses* ou *onctueuses se dissipent moins aisément* que les autres; avec cette différence toutefois, comme nous l'avons aussi observé en traitant *de la dixième opération*, que la *substance* du *corps*, en acquérant *plus de consistance* et de *solidité*, devient tout à la fois *moins évaporable* et *moins réparable*. *L'avantage* de cette *consistance* est donc *balancé* par un *inconvénient*: ainsi l'on ne doit pas se flatter de faire rien de *grand* ou d'*extraordinaire* par cette voie. Mais les *moyens* qui donnent à la *substance* du *corps* plus *d'onctuosité*, *remplissent ce double objet*, ainsi c'est principalement à ces derniers qu'on doit s'attacher.

Principe XXI.

Toute SUBSTANCE *qui peut* PÉNÉTRER AISÉMENT CELLE *du* CORPS*, mais sans aucune teinte d'*ACRIMONIE *ou de* QUALITÉ CORROSIVE*, donne de l'*ONCTUOSITÉ *à* TOUTE *cette* SUBSTANCE.

Explication.

Ce principe est plus difficile à *pratiquer* qu'à *entendre* ; car il est évident que toute *substance*, qui a *beaucoup de force pénétrante*, mais en même temps je ne sais quoi d'*aigu* et de *mordicant* (comme les *substances âcres* ou *acides*), laisse par-tout où elle passe, quelques *traces* de son *action corrosive*, dessèche les *corps* sur lesquels elle agit, y *fait beaucoup de vuides*, et en rend aussi *l'assemblage moins serré*; car, en *durcissant* la *substance* du *corps*, elle en *enlève certaines parties*; au lieu que les *substances,* qui ne se font jour qu'en vertu de leur seule *ténuité,* qui *pénetrent,* pour ainsi dire, *furtivement* et *sans violence,* sans rien entraîner avec elles, *arrosant toutes les parties en passant,* donnent ainsi *au tout plus de souplesse et d'onctuosité.* Nous avons indiqué un assez grand nombre de moyens tendant à *ce but,* dans les *deux articles* qui traitent de la *quatrième* et de la *septième opération.*

Principe XXII.

Lorsque TOUT MOUVEMENT LOCAL CESSE, *l'*ASSIMILATION *n'en est que* PLUS FACILE *et* PLUS PARFAITE.

Explication.

Ce principe a été suffisamment expliqué dans *l'article* qui traite de la *huitième opération.*

Principe XXIII.

Si l'on pouvoit découvrir quelque MOYEN *pour* NOURRIR *le corps par l'*EXTÉRIEUR*, ou du moins par toute* AUTRE VOIE *que celle de l'estomac, de tels* MOYENS CONTRIBUEROIENT *encore à la* PROLONGATION *de la* VIE.

Explication.

En effet, nous voyons que l'*inconvénient commun* de tous ces *effets* qu'on obtient par voie de *nutrition*, est qu'on ne parvient à ces différens buts que *par de longs détours;* au lieu qu'en produisant ces mêmes *effets* par le *contact immédiat* de *substances analogues au corps humain* (condition qui a lieu dans *les infusions*) (1), on *va droit au but*, et l'on

---

(1) Ce mot *infusions* peut avoir trois significations différentes; 1°. si l'on tient le *corps plongé*, pendant un certain temps, dans quelque *liqueur nutritive*, pour *l'alimenter par l'extérieur*, il y *sera*, pour ainsi dire, *en infusion*; 2°. pour épargner aux *vieillards* et aux *valétudinaires*, la peine de *mâcher* leurs *alimens*, et même, en par-

a *plutôt fait.* Ainsi toute *méthode,* qui serviroit à *alimenter le corps par l'extérieur,* seroit infiniment *utile,* et le seroit d'autant plus qu'aux *approches* de la *vieillesse,* toutes les *facultés concoctives baissent* considérablement et *s'affoiblissent de plus en plus :* si donc on pouvoit y *suppléer* par quelque *moyen auxiliaire d'alimentation,* comme des *bains,* des *onctions,* ou même des *clystères nutritifs;* tels de ces *moyens* qui, *étant isolés,* ne seroient pas *suffisans,* le deviendroient, *étant réunis* (avec d'autres du même genre, ou avec les moyens ordinaires).

---

tie, celle de *les digérer,* notre auteur conseille de *faire macérer,* pendant deux ou trois jours, des *chapons* ou autres *alimens hachés fort menu* dans de la *bierre* ou toute autre *boisson,* et de leur administrer ensuite cette *boisson* vraiment *substantielle ;* 3°. on fait *infuser* différentes *substances* dans des *liqueurs* avec lesquelles elles ont de l'*analogie* et de l'*affinité,* pour en obtenir des *extraits ;* le *premier sens* nous paroît être le *véritable.*

Principe XXIV.

Lorsque la CONCOCTION *est* TROP FOIBLE *et* TROP IMPARFAITE *pour que la* SUBSTANCE ALIMENTAIRE *puisse se* PORTER *ensuite* DU CENTRE VERS LES PARTIES EXTÉRIEURES, *il faut* FORTIFIER *ces* PARTIES *et* AUGMENTER *leur* FORCE ATTRACTIVE; *par ce moyen, elles rappelleront à elles,* ET HAPPERONT PLUS VIVEMENT *cette* SUBSTANCE.

Explication.

L'objet de ce principe est précisément le même que celui du précédent; car, *autre* est l'*opération* qui *tire* la *substance alimentaire* du *dehors au dedans*; *autre*, celle qui la *pousse* du *dedans au dehors*. Mais ces *deux opérations* ont cela de *commun*, qu'elles sont également des *moyens* pour *suppléer* à la *foiblesse* des *concoctions intérieures*.

Principe XXV.

Tout renouvellement ou rajeunissement de la substance du corps humain s'opère, ou par les moyens qui agissent sur les esprits, ou par la voie des émolliens.

Explication.

Il est *deux choses* à considérer dans le *corps humain*, les *esprits* et les *parties tangibles*. Vouloir agir sur les uns et sur les autres par le moyen de la *nutrition*, c'est choisir *la voie la plus longue*; au lieu qu'en *agissant* sur les *esprits* par le moyen des *vapeurs* ou des *affections*, et sur les *parties*, par les moyens qui servent à les *amollir*, on choisit *la voie la plus directe* et *la plus courte*. Cependant on doit bien se persuader que nous ne confondons point du tout les *moyens* qui servent à *nourrir le corps par l'extérieur*, avec ceux qui servent seulement à amollir sa substance ; le but de cet *amollissement* n'étant rien moins que de *nourrir ces parties*.

mais seulement de leur donner *plus de dispositions* et *d'aptitude* à la *nutrition*.

Principe XXVI.

L'*amollissement* s'opère par le moyen de substances, ou analogues (a celle du corps humain), ou insinuantes, ou obstruantes.

Explication.

Il est évident que les *subtances analogues au corps humain* sont proprement ce qui *l'amollit* et *l'assouplit;* les *substances insinuantes* étant ce qui *voiture*, pour ainsi dire, et *fait pénétrer au dedans*, celles avec lesquelles on les combine; enfin les *substances obstruantes*, étant ce qui *détient* (retient) *l'humor intérieur*, et empêche la *perspiration;* genre d'*évacuation* tout-à-fait *contraire* au *but* de l'*amollissement*. Ainsi, comme nous l'avons observé dans l'*article* qui traite de la *neuvième opération*, cet *amollissement* ne peut être *opéré d'un seul coup*, et par *une seule espèce de moyens*, mais à l'aide de *plusieurs pro-*

cédés successifs et enchaînés méthodiquement.

1. C'est par le moyen des *onctions* avec de l'*huile,* jointe à quelque matière qui peut l'*épaissir* et lui donner un *peu plus de consistance,* qu'on empêche le *liquide* du *bain* de *pénétrer dans l'intérieur du corps;* car ce *liquide,* encore composé de *parties grossières,* étant ainsi *introduit par les pores de la peau,* ne donneroit pas assez de *liaison* et de *cohérence* aux *parties* du *corps;* la *substance* destinée à y *pénétrer,* devant être très ténue et d'une *nature un peu analogue* à celle d'une *vapeur.*

2. On *amollit toute l'habitude* du *corps* par sa *corrélation harmonique* avec *d'autres corps,* dont la *substance* est *analogue à la sienne;* tous les corps mis *en contact immédiat avec des substances analogues à la leur,* se *dilatant* et *ouvrant* leurs *pores* pour s'*en pénétrer.*

3. Les *substances insinuantes* ne sont, à proprement parler, *que des véhicules* qui *font pénétrer* quelque peu *dans l'in-*

térieur du corps, ces *substances, analogues* à la *sienne*, et dont nous venons de parler; tandis que ces autres *substances, légèrement astringentes*, qu'on y *mêle*, *arrêtent* quelque peu la *perspiration*.

4. Le *quatrième moyen* est cette *astriction* et cette *clôture parfaite*, opérée à l'aide d'un *enduit* qui a de *la consistance*, et dont on *couvre tout le corps*, *enduit* auquel on *substitue* peu à peu une *simple onction*, jusqu'à ce que la *substance* du *corps*, qui s'étoit *amollie*, se soit de nouveau *consolidée*, comme nous l'avons dit dans le lieu convenable.

Principe XXVII.

Les SUBSTANCES *fréquemment employées pour* AMOLLIR *les* PARTIES RÉPARABLES, ARROSENT AUSSI EN PASSANT *et* RESTAURENT, *jusqu'à un certain point*, *les* PARTIES MOINS RÉPARABLES.

Explication.

Nous avons dit, dans *le préambule* même de cet ouvrage, que *la principale cause de mort* consiste en ce que *les parties les plus réparables sont peu à peu détruites et périssent enfin par leur liaison et leur communication même avec les parties moins réparables.* Ensorte que cette *réparation des parties les moins réparables* est le *but* auquel il faut *le plus s'attacher* et *tendre par tous les moyens imaginables.* C'est pourquoi, guidés par une *observation d'Aristote* sur les *végétaux* ; savoir, *que cette sève, qui produit tous les ans de nouvelles branches, de nouvelles feuilles,* etc. *arrose en passant et restaure aussi le tronc même ;* je présume que, si l'on avoit soin aussi *de renouveller fréquemment la chair et le sang,* dans le *corps humain,* on obtiendroit *un effet semblable ;* je veux dire que les *os,* les *membranes* (et autres parties semblables), qui, de leur nature, sont *moins réparables, étant arrosés et renouvellés,* soit par des *sucs alimentaires* dont le *mouvement* seroit *plus vif,* soit par la *substance* qu'ils pourroient *tirer* de cette *chair* et de ce sang même, *renouvellés,* dont ils seroient revêtus, pourroient ainsi *se réparer,* jusqu'à un certain point, comme les *parties les plus molles.*

Principe XXVIII.

Le REFROIDISSEMENT (*le* RAFRAÎCHISSEMENT) *opéré à l'aide d'une* SUBSTANCE *qui ne passe point par l'*ESTOMAC, *peut* CONTRIBUER *à* PROLONGER *la durée de la* VIE.

Explication.

La *raison* de cet *effet* est d'autant plus facile à saisir, qu'un refroidissement, non *médiocre* et *tempéré,* mais *très sensible* et *très marqué* (sur-tout celui du *sang*), étant le *moyen le plus nécessaire* et *le plus puissant* pour la *prolongation* de la *vie,* on ne pourroit l'opérer *au degré convenable,* par les *substances prises intérieurement,* sans s'exposer à ruiner *l'estomac* et les *autres viscères.*

Principe XXIX.

Cette COMPLICATION *des* EFFETS DE LA CHALEUR, *qui a tout à la fois la propriété de* CONSUMER *et de* RÉPARER, *est le* PLUS GRAND OBSTACLE *à la* PROLONGATION *de la* VIE.

Explication.

De tous les *obstacles* qui nous mettent hors d'état de *produire* de *grands effets*, *le principal* est la *complication des natures diverses et même opposées* (qui se trouvent quelquefois *combinées dans un même sujet*), *l'effet* de cette complication étant que ce qui est *utile, à certains égards, est nuisible à d'autres égards*. Il est donc besoin ici d'*expériences délicates* et d'un *jugement sain*, pour *balancer les inconvéniens avec les avantages*, pour faire prévaloir les derniers, et c'est ce que nous avons nous-mêmes tâché de faire (autant que le comportoient un *sujet* de cette *nature* et *les circonstances* où nous nous trouvions), en *distinguant* avec soin les *chaleurs béni-*

gnes d'avec les *chaleurs nuisibles*, et en faisant les mêmes distinctions entre les *moyens* qui peuvent *produire les chaleurs de l'une ou de l'autre espèce*.

Principe XXX.

Pour GUÉRIR *des* MALADIES, *il suffit d'employer des* REMEDES CONVENABLES PENDANT UN CERTAIN TEMPS; *mais la* PROLONGATION *de la* VIE *dépend du* RÉGIME HABITUEL.

Explication.

Lorsque des *effets* ne sont *produits* que par des *causes accidentelles*, ces *causes ôtées*, les *effets cessent*; mais le *cours* de la *nature* est *continu*, comme celui d'un *fleuve* dont les *eaux s'écoulent sans interruption*. Ainsi, pour *prolonger* la *vie humaine*, il faut *ramer et faire voile, sans relâche, contre le courant*, et *lutter sans cesse, à l'aide du régime*, contre *l'action continue des causes tendantes à détruire le corps humain*. Or il est deux espèces de régimes; savoir, les *régimes périodiques* (ou ceux qu'on se prescrit, *à certaines époques, et seulement pour un temps*), et le *régime habituel*. Mais ce qu'il y a de plus *puissant*, par rapport à notre *but*, ce sont les *régimes périodiques;* je veux dire un *enchaînement méthodique* de *remèdes* employés seulement *pendant un certain temps;* car les *moyens* qui ont *assez d'influence* pour *faire rétrograder la nature*, ont *des effets trop puissans*, et occasionnent des *altérations trop soudaines* pour qu'on puisse, *sans danger*, les *employer journellement* et en faire *une partie de son régime habituel*. Or, dans l'exposé des *remèdes* répondant à nos *trois principaux buts*, on trouvera *trois espèces de régimes périodiques;* savoir le régime des *opiats*, le régime des *émolliens* et le *régime amaigrissant* ou destiné à *renouveller tous les sucs*. Mais, parmi les *moyens* qu'on peut employer *sans inconvéniens* et faire entrer dans son *régime habituel*, les *plus puissans* sont les suivans (*moyens* dont l'*influence* est presque égale à celle du *régime périodi*-

que) : le *nitre*, ainsi que les *substances analogues* et *subordonnées* au *nitre*; des *affections réglées* et des *goûts modérés*; le *fréquent rafraîchissement* opéré à l'aide de *substances qui ne passent point par l'estomac*; les *boissons* qui peuvent *imbiber doucement toute la substance du corps* et lui donner *plus d'onctuosité*; la méthode de donner *au sang plus de solidité*, en le *saupoudrant*, pour ainsi dire, *de temps en temps* de *substances* qui aient plus *de consistance*, telles que les *perles* ou les *bois* ; des *onctions* de nature convenable et tendantes à *garantir le corps de l'action de l'air extérieur* et à *y retenir les esprits*; tous les moyens *extérieurs* et tendant à *échauffer le corps dans le temps même de l'assimilation* qui a lieu *après le sommeil*; l'*abstinence* de tout ce qui peut occasionner *une trop grande inflammation* dans les *esprits* et leur donner une *chaleur âcre*; par exemple, l'*abstinence de vins* et de *substances aromatiques*, à quoi il faut ajouter l'*usage modéré* et *fait à pro-*

pos des *substances* qui peuvent donner aux *esprits* une *chaleur vigoureuse*, telles que le *safran*, le *cresson alénois*, l'*ail*, l'*aunée*, les *opiats composés*, etc.

Principe XXXI.

L'*esprit vital périt immédiatement* dès qu'*une ou plusieurs de ces trois choses* viennent à lui *manquer*, *le mouvement*, *le rafraichissement ou l'aliment*.

Explication..

Tels sont les *trois genres* de déficit que, dans les articles précédens, nous avons appellés *les préliminaires de la mort*; ce sont trois manières dont l'*esprit vital* peut être *affecté directement et immédiatement*. En effet tous les *organes principaux*, toutes les *parties essentielles du corps humain*, sont *destinées* à le *nourrir*, à entretenir son *mouvement* ou à le *rafraîchir* : et réciproquement le *défaut* d'une ou de plusieurs de ces trois choses est une *conséquence nécessaire* de toute *destruction d'organes*, qui est une *cause de mort*. Ainsi toutes les *autres causes de mort* ne sont que des espèces diversifiées de ces trois genres; que des *ébranchemens* ou des *ramifications de ces trois routes où elles viennent toutes tomber;* or la *structure, l'ensemble des parties du corps,* est l'*organe de l'esprit vital;* comme l'*esprit vital* est lui-même l'*organe de l'ame rationnelle et pensante, qui est incorporelle* et une *substance* ANALOGUE A CELLE DE LA DIVINITÉ (1).

―――――――――――――

(1) Passage qui nous rappelle ce grand mot d'un ancien : *Rerum universitas et homo, nihil aliud sunt quàm mens et instrumenta* (les deux élémens essentiels de l'homme et de l'univers sont une *intelligence et des instrumens*), à l'aide desquels cette intelligence *réalise tout ce qu'elle a conçu;* en un mot, *des outils et un ouvrier; le principe actif et le principe inerte, le mouvant et le mu, l'agent et le sujet de l'action, l'esprit et la matière;* (car la supposition *d'une seule substance,* dans un composé tout tissu de *contrastes* et *d'oppositions,* tels que *l'homme* ou *l'univers,* n'est qu'une *absurdité) :* avec cette différence toutefois que *l'homme ne réalise* qu'avec *peine* et avec ef-

Principe XXXII.

La flamme est une substance dont la durée n'est qu'instantanée; au lieu que l'air est une substance fixe; la durée de l'esprit vital qui participe de ces deux substances, doit être, et est en effet moyenne entre celle de l'une et celle de l'autre.

Explication.

Ce principe exige des recherches plus profondes et une explication plus détaillée que n'en comporte un ouvrage de la nature de celui-ci. Cependant nous de-

---

fort ce qu'il a *conçu;* au lieu que *tout* est *facile* à l'*Être* qui *peut tout;* sa *pensée* étant toujours *active,* et sa *volonté* toujours *effective :* ou plutôt, comme dans la *nature divine,* l'*intelligence,* la *volonté* et l'action ne font qu'un, l'Être des êtres a *formé l'univers,* et le conserve par un seul acte qui a son effet dans *toute l'immensité des temps et des espaces : il l'enfante éternellement,* d'une seule pensée : IL EST, et tout est, *avec lui, par lui,* et *pour lui.*

vons observer en passant que la *flamme naît, meurt et renaît continuellement;* ensorte que la *continuité de son existence* n'est qu'*apparente*, et n'est au fond qu'*un remplacement continuel d'un grand nombre de flammes individuelles différentes qui se succèdent* les unes aux autres *sans interruption* (1). Au lieu que

---

(1) La *flamme* d'une *chandelle*, par exemple, est *un ruisseau de matière enflammée, qui coule de bas en haut,* en obéissant à sa *tendance* naturelle, comme *l'eau coule de haut en bas,* en obéissant à la *sienne;* et le *suif*, en *se fondant, se volatisant* et *s'enflammant, nourrit ce ruisseau,* comme les *glaces* et les *neiges* de la *haute Bourgogne,* en *se fondant,* nourrissent la *Seine*, au moment même où j'écris ceci. Le *fleuve* que je vois aujourd'hui, n'est pas celui qui couloit hier sous mes yeux; et la *flamme* que je *vois*, n'est plus celle dont je *parle.* Ce double effet est l'*image de l'univers entier,* de la *pensée humaine,* et du *langage* qui la *représente* et la *ressuscite. Tout s'écoule, tout fuit, tout nous échappe, et restent les noms qui s'évanouiront à leur tour, en faisant place à d'autres noms. Tout échappe à l'homme, et l'homme lui-même échappe à tout.*

l'*air* est un *corps fixe* et qui ne se détruit point. Car, quoique l'*air*, en s'*assimilant l'humor aqueux, engendre de nouvel air*, cependant l'*air préexistant* n'en *subsiste pas moins*, d'où résulte cette *augmentation*, cette *surabondance* dans le *corps de l'atmosphère*, d'où résultent les *vents* (1). Mais l'*esprit vital partici*-

---

(1) Si *l'air s'assimilant continuellement l'humor aqueux, et engendrant* ainsi de *nouvel air*, *ce dernier fluide ne se changeoit jamais en eau*, par *l'opération contraire et réciproque*, la *masse de l'atmosphère iroit toujours en augmentant*, et *à la longue, toute l'eau qui est à la surface de notre globe se convertiroit en air*; conversion dont *l'accélération* iroit aussi *toujours en croissant*; car *plus* il y auroit *d'air*, plutôt *l'eau restante* seroit *absorbée* et *convertie*; *l'une de ces deux conversions suppose nécessairement l'autre*. Il paroît que le *corps de l'atmosphère* est composé des *débris de tous les corps placés à la surface de notre planète*, ou plutôt de leur *partie volatile ou volatilisée*, puisque *certaine partie* de la *surface* de tous ces *corps s'exhale continuellement, s'élève et se répand* dans *l'atmosphère*; composé dont *une eau très atténuée forme la plus grande par*-

pe des deux natures; savoir de la *nature* de la *flamme* et de *celle* de l'*air;* de même que ses *deux alimens* sont l'*huile* qui est *analogue à la flamme,* et

tie, puisque de tous les *corps tangibles,* placés à la surface du globe, l'eau est celui qui a *le plus de volume* et de masse. De là peut-être cette *équivoque* qui, depuis quelques années, semble *faire illusion* aux *chymistes.* A la longue ils découvriront *autant de substances aériformes qu'ils connoissent aujourd'hui de corps tangibles (solides ou liquides)* à la surface de la terre; et cela doit être. Mais *les corps, solides ou liquides, ne sont pas plus composés de ces substances aériformes, que ces substances aériformes ne sont composées de ces corps tangibles; comme la glace n'est pas plus composée d'une eau consolidée, que l'eau n'est composée d'une glace fondue;* la vérité est que ces différentes espèces de matières peuvent être successivement *au moins dans quatre états différens;* savoir, ceux de *solide,* de *liquide,* de *vapeur visible,* et de *substance aériforme.* Or, aucun de ces *états* n'étant *fixe,* on n'a *aucune raison* pour *ramener le tout à l'un de ces états plutôt qu'à l'autre.* Mais, comme nous sommes naturellement portés à *ramener les choses que nous connoissons le moins à celles que nous connoissons*

l'air, qui est analogue à l'eau (1); car *l'esprit* ne se *nourrit* pas seulement d'*humor oléagineux*, ou seulement d'*humor aqueux*, mais *de l'un et de l'autre*; et

---

le mieux, les *chymistes* de notre temps, qui se sont beaucoup occupés des substances aériformes, y ramènent toutes les autres. De plus, il est naturel de *ramener les composés à leurs élémens, qui sont nécessairement en plus petit nombre;* sans compter que *l'objet* propre de la *chymie* est de découvrir *les élémens* des *corps*, ainsi que les *modes* de leurs *compositions* et de leurs *décompositions*. D'un autre côté, toute méthode destinée à *l'enseignement* doit être *analytique;* et toute *méthode* vraiment *analytique* procède *du connu à l'inconnu, du particulier au général*. Ainsi la *chymie actuelle* qui (même en parlant à la *jeunesse*) part des *derniers élémens des corps*, les compose et les surcompose de plus en plus, pour expliquer *la composition* et *la formation des corps les plus connus*, procédant *par la voie synthétique*, renverse *l'ordre naturel* : cette marche ne convient qu'aux savans.

(1) Et *l'eau qui est analogue à l'air*, devoit-il dire.

quoique l'*air* ne se combine pas bien avec la *flamme*, ni l'*huile*, *avec l'eau* (quand ces *substances prises deux à deux* se trouvent *seules*), ils ne laissent pas de se *combiner assez exactement* dans un *mixte* (1). De plus l'*esprit vital* doit à l'*air*, qui entre dans sa *composition*, sa grande *susceptibilité*, cette facilité, dis-je, avec laquelle il *fait* ou *reçoit les impressions les plus délicates*, et *modifie* ou est *modifié*; mais c'est à la *flamme* qu'il doit ces *mouvemens rapides* et *puissans, dont il est susceptible,* et son *extrême activité*. De même, la *durée de l'esprit vital* est *composée de celles de ces deux substances élémentaires*, et tient une sorte de *milieu entre ces deux extrêmes;* elle n'est, ni aussi *instantanée* que celle la *flamme,* ni aussi *longue* que celle de l'*air*. Aussi sa *manière d'exister* et de *se conserver*, est-elle fort

---

(1) Parce qu'elles y trouvent des substances *intermédiaires* qui facilitent leur combinaison.

différente de celle de la *flamme;* car chaque *flamme individuelle* est *éteinte sur-
le-champ* par les *substances de nature
contraire* et *destructive* dont elle est *environnée;* au lieu que l'*esprit* n'est point
exposé à l'action de *causes* qui puissent
le détruire promptement (1). Au contraire les *esprits vitaux*, à mesure qu'ils
s'*exhalent,* sont *réparés* et *remplacés*
par ceux que fournit le *sang vigoureux*
et *plein de vie* des *artérioles* dont les
innombrables *rameaux s'insèrent* dans

(1) L'analogie se soutient pourtant beaucoup
mieux qu'il ne le dit. Une *chandelle dure plusieurs
heures,* parce que sa *flamme dévore le suif* qu'elle
fond et *volatilise.* L'*homme dure un grand nombre d'années,* parce qu'à mesure qu'il s'éteint, *il
met des bûches au feu* et *de l'huile dans la lam-
pe :* mais l'homme étant une *chandelle* dont la
mèche qui a beaucoup de volume et de consistance, est environnée d'une très grande quantité de
suif, doit en conséquence durer beaucoup plus
long-temps, en donnant une lumière tantôt vive
et tantôt obscure.

la *substance* du *cerveau*. Mais quels sont *le mode* et *les causes* de cette *répararation*? C'est un sujet qui, n'ayant qu'un *rapport très éloigné et très indirect* avec celui de cet ouvrage, doit être traité dans un autre.

Fin du dixième tome.

www.ingramcontent.com/pod-product-compliance
Lightning Source LLC
Chambersburg PA
CBHW060236230426
43664CB00011B/1666